Journalismus in der digitalen Moderne

Leif Kramp • Leonard Novy
Dennis Ballwieser • Karsten Wenzlaff
(Hrsg.)

Journalismus in der digitalen Moderne

Einsichten – Ansichten – Aussichten

 Springer VS

Herausgeber
Dr. Leif Kramp
Universität Bremen, Deutschland

Dr. Leonard Novy
Berlin, Deutschland

Dr. Dennis Ballwieser
Hamburg, Deutschland

Karsten Wenzlaff
Berlin, Deutschland

ISBN 978-3-658-01143-7
DOI 10.1007/978-3-658-01144-4

ISBN 978-3-658-01144-4 (eBook)

Die Deutsche Nationalbibliothek verzeichnet diese Publikation in der Deutschen Nationalbibliografie; detaillierte bibliografische Daten sind im Internet über http://dnb.d-nb.de abrufbar.

Springer VS

Springer VS ist eine Marke von Springer DE. Springer DE ist Teil der Fachverlagsgruppe Springer Science+Business Media.
www.springer-vs.de

Inhalt

Leif Kramp/Leonard Novy/Dennis Ballwieser/Karsten Wenzlaff
Journalismus in der digitalen Moderne: Einführung   7

Teil I: Einsichten

Leonard Novy
Vorwärts (n)immer? Normalität, Normativität und die Krise des
Journalismus   17

Leif Kramp
Profession am Scheideweg. Journalismus zwischen Aufbruch
und Existenzängsten   33

Bernd Oswald
Vom Produkt zum Prozess   63

Jörg Sadrozinski
Zwischen Beruf und Berufung. Wie sich das Bild des
Journalisten wandelt   81

Teil II: Ansichten

Philip Grassmann
Das Leben der Community   99

Simone Janson
Woher kommen die Innovationen im Journalismus? Was Verlage
von freien Journalisten lernen können   105

Emily Olson
The Open Newsroom   117

Hardy Prothmann
Warum hyperlokale Blogs so erfolgreich sind   125

Nicolas Kayser-Bril
Wie Computer den Journalismus verändern   135

Ansgar Mayer
Digital first. Und dann…? Die zentralen Herausforderungen für
Deutschlands Medienhäuser   141

Karsten Wenzlaff
Bezahlbarer Journalismus in der digitalen Moderne   147

Teil III: Aussichten

Stefan Plöchinger
Innovation | Journalismus | INNOVATION   161

Jens Radü
Technologie als Chance. Auf welche Weise Smartphones,
Tablets und die Medientechnologie der Zukunft journalistische
Qualität sichern helfen   173

Dan Gillmor
Unternehmer werden den Journalismus retten (und Sie können
einer von ihnen sein)   185

Knut Bergmann / Leonard Novy
Zur Konkretisierung der Debatte über philanthropische
Finanzierungsmodelle   201

Stephan Weichert
Der dritte Weg. Warum wir stiftungsfinanzierte Medien brauchen   213

Fazit

Leif Kramp / Leonard Novy
Journalismus in der digitalen Moderne: Aufbruch in eine
ungewisse Zukunft   235

Die Autoren und Herausgeber   241

Register   245

Journalismus in der digitalen Moderne: Einführung

„Surfen der Zeitung die Leser davon?", „Bürgerjournalismus contra Qualitätsjournalismus" „Qualität unter Druck", „Lokalzeitung 2020 – Leitmedium oder Auslaufmodell", „Das Ende des Journalismus: Ist unsere Mediendemokratie noch zu retten?" – eine kursorische Titelauswahl von Diskussionsveranstaltungen über Status Quo und Perspektiven des Journalismus in Deutschland ergibt ein einhelliges Bild: Über Journalismus zu debattieren, bedeutete in den vergangenen Jahren vor allem Krisenbewältigung. Die auf den Podien präsente Branche, bestehend aus Verlegern, Geschäftsführern, Chefredakteuren und freien Journalisten, entwickelte in dieser Zeit eine eigentümliche Routine darin, ihre Sorgen ob der unsicheren Zukunft ihres Kerngeschäfts kontinuierlich untereinander und mit wechselnden Gästen aus Wissenschaft, Politik und Blogosphäre zu teilen.

Mittlerweile ist das fatalistische Parlieren scheinbar einem optimistischeren, auch konstruktiveren Diskurs über Möglichkeiten eines kreativen Umdenkens gewichen. Dank des zumindest in Deutschland ausgebliebenen wirtschaftlichen Totalfiaskos in den Reihen der Presseverlage herrscht ob der Aussicht auf bessere Zeiten vorsichtige Zuversicht. Und in Teilen des (digitalen) Mediensektors ist dank konjunkturellen Rückenwinds sogar Euphorie spürbar. Doch die Umsätze steigen vorerst fast ausschließlich auf journalismusfremden Plattformen oder verknüpften Geschäftsbereichen, die historisch gewachsene Erlösstruktur des Journalismus aus Anzeigenvermarktung und Vertrieb erodiert. Gleichzeitig sieht sich der etablierte Journalismus nicht nur in Europa, sondern viel drastischer noch in den USA dem Vorwurf ausgesetzt, seinen Aufklärungs- und Orientierungsaufgaben nur unzureichend gerecht zu werden – ein Performanzproblem, das sich angesichts ökonomischer Krisentendenzen und gestiegenen Wettbewerbsdrucks noch verschärft.

Das Internet, die Digitalisierung von Kommunikation, Information und damit auch von Öffentlichkeit, ist Ausdruck und Treiber dieser Veränderungen. Wir verstehen den signifikanten Relevanzgewinn der Digitalisierung in zentralen gesellschaftlichen Feldern wie den Medien, der Wirtschaft, der Politik und dem Alltagsleben als wesentliche Kennzeichen einer digitalen Moderne.[1] Mit diesem

---

[1] Roesler und Stiegler konstatierten bereits 2005 „eine Diffusion des Terminus ‚digital' (...), die diesen mit nahezu allen Aspekten der – eben – ‚digitalen Revolution' aktueller Medienentwicklungen mehr oder weniger gleichsetzt (Roesler/Stiegler 2005: 14).

expliziten Bezug auf die sozio-kulturelle Modernisierung zeitgenössischer Gesellschaften wird dementsprechend nicht einseitig auf Medien und Journalismus als Objekt des Wandels oder auf Technologien als Treiber der Transformation Bezug genommen. Vielmehr wird der Bedeutungsgewinn (digitaler) Medien im Kontext anderer, teils langfristig wirkender Metaprozesse wie Individualisierung und Globalisierung betrachtet. Folglich in den Blich rücken somit die Wechselwirkungen zwischen medialen Wandel, sich verändernden kulturellen Praktiken und Kulturen sowie letztlich der sich potenzierenden Dynamisierung gesellschaftlicher Verhältnissen.

So erfahren primär die Kommunikations-, Informations- und damit die Mediennutzungsgewohnheiten in der Bevölkerung einen grundlegenden Wandel. Mit inzwischen einer Milliarde Nutzer hat sich Facebook zu einem aus heutiger Sicht nicht mehr wegzudenkenden Bestandteil der kommunikativen Infrastruktur moderner Gesellschaften entwickelt (vgl. Röhle/Leistert 2011), welches allein durch seine Reichweite die tradierte Unterscheidung von (publizistischen) Massenmedien und „persönlicher" Kommunikation in Frage stellt. In Folge des Aufstiegs von digitalen Medien, Web 2.0 und Mobilkommunikation zu zentralen Kommunikations- und Informationsvehikeln stehen die Funktionen und Einflussbereiche von Medienorganisationen und deren Ökonomien, aber auch ihrer Protagonisten zur Debatte. Die traditionellen Intermediäre in Medien wie Politik sehen sich mit neuen Akteuren, Faktoren und Phänomenen beim Zustandekommen öffentlicher Debatten und Entscheidungsprozesse konfrontiert. Neue Akteure treten auf das Spielfeld, während Medien und Politik vielerorts lange Vorstellungen der analogen Welt der Massenkommunikation verhaftet blieben (vgl. Vowe 2011). Tangiert sind Logik und Kultur des Journalismus, angefangen bei, aber bei weitem nicht ausschließlich bezogen auf die Produktion und Verbreitung journalistischer Güter. Diese waren schon immer auch eine originär renditeorientierte Unternehmung. So ist – abgesehen von im Laufe des 20. Jahrhunderts aufkommenden öffentlich-rechtlichen Organisationsmodellen – die ins 19. Jahrhundert zurückreichende Geschichte der Massenmedien maßgeblich geprägt von kapitalistischen Triebkräften und der Konkurrenz bei der Besetzung von Aufmerksamkeits- und Anzeigenmärkten. Journalismus ist jedoch weder irgendein kulturelles Produkt noch irgendeine kreativ-innovative Industrie. Journalismus und Medien gelten, nach dem britischen Philosophen Isaiah Berlin (1909-1997), als zentraler Teil unserer „allgemeinen Erfahrungsstruktur" („general texture of experience", Berlin 1999: 114), als Kommunikationsmittel und Bindeglied moderner Gesellschaften. Sie stiften Sinn und Orientierung und entscheiden wesentlich darüber, in welchem Ausmaß es uns gelingt, unsere Welt zu begreifen – oder eben nicht. So normativ dieses Postulat auch sein mag: Eine freie und durch Vielfalt geprägte Presse- und Medienlandschaft schafft Informations-,

Erklärungs- und Reflexionsinstanzen, welche gerade in Zeiten der Veränderung von Lebens- und Arbeitswelten wichtige Orientierung bieten können. Und selten wandelten sich Kultur und Gesellschaft so rapide wie in der zeitgenössischen digitalen Moderne.

Dies ist umso wichtiger, als die angenommene Krise öffentlicher Kommunikation keine Krise mangelnder Information ist, Verknappung und Reglementierung gerade nicht die kennzeichnenden Zwänge der digitalen Medienlandschaft sind. Vielmehr führt die exponentiell steigende Vielfalt an Informationen durch das Internet dazu, dass heute immer mehr Informationen gesichtet, analysiert und aufbereitet werden (müssen). Komplexität und Geschwindigkeit nehmen zu, die Gefahr von Fehlinformation und der Einfluss von interessensgeleiteter PR wird größer. Der Gesellschaft droht ihr wohl wichtigstes Korrektiv zu zerfallen: Seriöse, sachgerechte Berichterstattung erreicht schon heute jüngere, schlechter ausgebildete Bevölkerungsschichten mehr schlecht als recht – und dies zu einer Zeit großer und komplexer sozio-kultureller, globaler Herausforderungen und Bedrohungen, für deren Bewältigung der Bedarf an sorgfältig recherchierten, professionell aufbereiteten und nicht zuletzt wahrheitsgetreuen Informationen größer denn je ist. Letztlich berühren die hier nur kursorisch skizzierten Veränderungen somit nicht nur Kommunikationskulturen und Strukturen gesellschaftlicher Selbstverständigung sondern ganz umfassend betrachtet demokratische Prozesse. Damit muss nicht notwendigerweise Niedergang und Verfall einhergehen. Doch zeigt sich Veränderungs- und Erneuerungsfähigkeit einer Gesellschaft unter den Vorzeichen der Digitalisierung gerade in der Rekonfiguration ihrer Selbstverständigung (und Selbstbeobachtung), bei der sich allen voran der Journalismus als primäre Agentur der Öffentlichkeit veränderten Voraussetzungen stellt – angesichts ökonomischer Krisentendenzen und gestiegenen Wettbewerbsdrucks leichter gesagt als getan.

Der vorliegende Sammelband hinterfragt die Ambivalenzen bei der Bestimmung von Wohl und Wehe des zeitgenössischen Journalismus und unternimmt dabei den Versuch, Zustand und Zukunft des Arbeitsfeldes sowohl aus theoretischer als auch aus Praktikerperspektive zu diskutieren. Dabei werden Ursachen und Ausmaße der Medien- und Journalismuskrise ebenso analysiert wie die Herausforderungen für das Handwerk und die professionelle Rollenverteilung. Der Band umfasst jedoch auch Erfahrungsberichte, die konkrete Eindrücke davon vermitteln, welche Wege von Journalisten in digitalen Medienumgebungen bereits beschritten werden. Zuletzt werfen eine Reihe von Beiträgen einen Blick in die (nahe) Zukunft und fragen, welche zum Teil ungewohnten Konzepte und Alternativen wichtiger für den Journalismus werden könnten, als sie es heute sind. In seiner Gesamtheit soll das Buch das Verständnis schärfen für die Prozesse, die den Journalismus in der digitalen Moderne umgestalten, und ein Bewusstsein schaffen für die Möglichkeiten, die sich im und für den Journalismus erschließen lassen – immer gemäß der Leitfrage, wie Journalisten in der digitalen Moderne ihre zentralen Funktion für die Demokratie gerecht werden können. Es soll erörtert werden,

- welche Strukturen und Akteure Journalismus in der digitalen Moderne prägen,
- welche Schwierigkeiten, aber auch Chancen sich aus neuen technologischen und ökonomischen Rahmenbedingungen hinsichtlich der Finanzierung und Produktion journalistischer Inhalte ergeben und
- mit welchen neuen Anforderungen Journalisten insgesamt konfrontiert werden.

Gegliedert ist der Sammelband in drei Sektionen, die jeweils unterschiedliche Perspektiven auf den Journalismuswandel werfen. Zunächst liefern fünf Beiträge *Einsichten* über die aktuelle Lage des Berufsfeldes: Von der Annahme ausgehend, dass Krisen auch diskursive Phänomene sind und als solche analysiert werden müssen, seziert **Leonard Novy** in seinem Beitrag „Vorwärts (n)immer?" die verschiedenen (teils langfristigen) Ursachen und Folgen der Strukturkrise. Diese entziehen sich oberflächlichen Erklärungen und einfachen Lösungsvorschlägen: Zu dynamisch und teils widersprüchlich sind die ihnen zugrundeliegenden Entwicklungen, zu unterschiedlich die Auswirkungen für verschiedene Marktteilnehmer.

Leif Kramp widmet sich in seinem Beitrag „Profession am Scheideweg" der gespaltenen Situation von Journalisten vor dem Hintergrund gewandelter Mediennutzungsgewohnheiten und dem daraus folgenden Wandel ihrer Arbeitsbedingungen: Einkommensklüfte zwischen Jung und Alt und Rationalisierungszwänge bei Sendern und Verlagen stehen einem wachsenden Experimentiergeist und Möglichkeiten der publizistischen Selbstvermarktung gegenüber. Der Fokus der Überlegungen liegt auf den strukturellen Herausforderungen einer sich wandelnden Informationsökonomie in Beziehung zu den Handlungsperspektiven und Rollenmustern der Akteure.

Bernd Oswald beschreibt die wesentlichen Wandlungsprozesse, die das journalistische Handwerk ergriffen haben: In „Vom Produkt zum Prozess" hinterfragt er, wie Facebook, Twitter und Bürger-Blogs die Produktlogik des journalistischen Arbeitens infrage stellen. Als Kernkompetenz der journalistischen Praxis in der heutigen Medienwelt wird das dialogorientierte Publizieren ausgemacht: Der Input des Publikums und eine durchweg digitale Produktionstechnik ermöglichen ein interaktives und multimediales Erzählen, das eine Informationstiefe von neuer Qualität schafft.

Jörg Sadrozinski setzt sich in seinem Beitrag „Zwischen Beruf und Berufung" mit dem Wandel des Berufsbildes im Journalismus auseinander: Wie sehr prägen die Arbeitsbedingungen das Selbstverständnis, welchen Einfluss hat das traditionell problembehaftete Verhältnis zur PR und was bedingen die Möglichkeiten des Online-Storytelling in den sozialen Medien? Als Leiter der Deutschen Journalistenschule in München zieht Sadrozinski auch kritische Schlüsse für die Anforderungen einer zeitgemäßen Journalistenausbildung.

Im Anschluss versammelt die Sektion *Ansichten* sechs Beiträge von Praktikern, die sich von unterschiedlicher Warte und ihren persönlichen Erfahrungshorizonten aus Gedanken darüber machen, wie sich Journalismus verändern muss, um den Anforderungen der digitalen Moderne zu genügen. **Philip Grassmann** gibt Einblick in das innovative Kollaborationskonzept der Wochenzeitung *der Freitag*, als deren Chefredakteur er nicht nur einer Redaktion aus professionellen Journalisten vorsteht, sondern auch eine Leser-Community zu integrieren versucht, die mit unzähligen Blogs ein umtriebiges Eigenleben entwickelt hat. Die Berufs- und Medienberaterin **Simone Janson** meint, dass es die großen Pressehäuser längst verlernt haben, nachhaltig innovativ zu sein. Sie glaubt, dass Verlage in dieser Hinsicht viel von freien Journalisten lernen könnten und auf sie hören sollten. Es gelte, Strategien für mehr Flexibilität und Innnovationsfreude zu entwickeln und dabei kleine unabhängige Journalismusprojekte zu integrieren anstatt die Distanz zu ihnen zu vergrößern.

Emily Olson wiederum stellt mit ihren Erfahrungen als Redaktionsleiterin der wirtschaftlich geschwächten US-amerikanischen Tageszeitung *The Register Citizen* ein Modell vor, wie Verlage in der Krise das Ruder selbst herumreißen können, um die Leserbindung zu erhöhen: Mit einem ‚Open Newsroom' gelang es der Zeitung, redaktionelle Arbeitsprozesse für interessierte Nutzer zu öffnen und den Dialog mit der Leserschaft zu intensivieren. Dabei setzt die Redaktion nicht nur digitale Werkzeuge ein, sondern setzt auch auf ein eigenes Newsroom Café, in dem Redakteure und Leser aufeinander zu- und eingehen. **Hardy Prothmann** beschreibt in seinem Beitrag, wie er mit seinem *Heddesheimblog* publizistisch in die lokale Opposition zu etablierten Verlagen ging und deren Journalisten herausforderte. Blogs können nach Ansicht des freien Journalisten, Bloggers und Unternehmers den Journalismus auf signifikante Weise bereichern, auch weil sie die einstmals exklusiven Funktionen des Journalismus – die Herstellung einer kritischen Öffentlichkeit – in Interaktion mit den Bürgern zum Teil besser erfüllen können als klassische Zeitungsredaktionen. Als Special-Interest-Medienangebote hätten sie eine bleibende Relevanz und wichtige demokratische Funktion.

Der französische Informatiker und Journalist **Nicolas Kayser-Bril** befasst sich wiederum mit einem zunehmend wichtiger werdenden Arbeitsfeld im zeitgenössischen Journalismus: der Visualisierung komplexer Daten als multimediale journalistische Darstellungsform. Unter der Fragestellung, wie Computer den Journalismus verändern, vertritt er die These, dass nicht Journalisten als Innovationsbereiter fungieren, sondern der technologische Fortschritt und der Code allein die maßgeblichen Entwicklungstreiber sind. Journalisten müssten sich deshalb auf Augenhöhe mit Softwareentwicklern begeben, um zu lernen und zu profitieren wie viele andere Informationsarbeiter auch. Mit dem ökonomischen Handlungsbedarf auf Ebene von Nachrichtenorganisationen beschäftigt sich wiederum der Journalist und Unternehmensberater **Ansgar Mayer** und setzt sich kritisch mit den Herausforderungen auseinander, die sich hinter der in Branchenkreisen allgegenwärtigen Formel „Digitial first" verbergen. Mit seinem Statement versucht Mayer zu erklären, weshalb Verlage konsequent auf journalistische Qualität setzen und sich als Service-Provider mit individualisierbaren Premium-Inhalten verstehen müssen.

    Karsten Wenzlaff präsentiert wiederum eine Variante, wie Journalismus wieder profitabel werden und dabei auf eigenen Füßen stehen kann, wenn das Wertbewusstsein der Nutzer für journalistische Inhalte geweckt wird. Nicht in vermeintlich innovativen Geschäftsmodellen wie ‚Paywalls' oder ‚Freemium'-Angeboten sieht er Aussicht auf wirtschaftlichen Erfolg. Vielmehr findet er in der Spiele-Industrie Analogien bei der medialen Produktvermarktung und Argumente für die Refinanzierung von Journalismus im Internet.

    Mit innovativen Konzepten und Alternativen zu den klassischen Auffassungen und Gewissheiten im und über den Journalismus setzen sich die Beiträge in der dritten Sektion auseinander: Programmatisch und fundiert werden in den fünf Beiträgen *Aussichten* formuliert, die geschäftliche, arbeitskulturelle und zivilgesellschaftliche Aspekte des Journalismus neu verhandeln. **Stefan Plöchinger**, Chefredakteur von *Süddeutsche.de*, sieht im Aufbau einer Innovationskultur für den Journalismus den größten Nachholbedarf in Redaktionen und Medienunternehmen. Gefordert seien die Führungsebenen, denn Innovation lasse sich nur dann nachhaltig im journalistischen Arbeitsprozess durchsetzen, wenn die Freiräume dafür geschaffen würden. Publizistische Innovation endet nach Auffassung des Autors nicht mit der Technologie, sondern werde von ihr erst ermöglicht.

    Jens Radü, Multimedia-Redakteur von *Spiegel Online*, schließt an die Frage des Einfluss von Technologie auf die Umwälzungen im Journalismus an und glaubt, dass neu ebenso wenig gefährlich sein muss wie Technik immer unjournalistisch sei. Die wachsende Abhängigkeit journalistischen Arbeitens von digitalen Medientechnologien sieht Radü optimistisch, weil sie Dialogfähigkeit, Multimedialität und Verfügbarkeit fördere, warnt jedoch auch vor dem trügerischen Schein der Automatisierung in Form von technischen Assistenten und

Algorithmen, die das Kerngeschäft des Journalisten nicht übernehmen könnten und nicht übernehmen dürften.

Mit Blick auf die tektonischen Verschiebungen auf dem US-amerikanischen Pressemarkt sieht der Medien- und Journalismusforscher **Dan Gillmor** eine neue Start-Up-Kultur im Journalismus entstehen. Die Zukunft des Berufsfeldes werde stärker vom Unternehmertum geprägt sein als jemals zuvor, weil sich die Branche durch die wirtschaftliche Schwächung des Machtoligopols von einigen wenigen Großunternehmen nun durch zahlreiche Klein- und Kleinstprojekte und Initiativen fragmentarisiere und in unterschiedliche Arbeits- und Angebotsfelder diversifiziere. Der Beitrag ist ein Auszug in deutscher Sprache aus Gillmors Buch *Mediactive*, in dem er Einflüsse der durch das Internet ermöglichten Aktivität und Partizipation von Nutzern auf das mediale Ökosystem diskutiert.

Kontrastierend zu ausschließlich renditeorientierten Szenarien widmen sich **Knut Bergmann** und **Leonard Novy** den Chancen und Grenzen der Journalismusförderung durch gemeinnützige Organisationen. Ihr Beitrag „Zur Konkretisierung der Debatte über philanthropische Finanzierungsmodelle" liefert einen Überblick darüber, warum, wo und wie sich zivilgesellschaftliche Akteure für Meinungsvielfalt engagieren können. **Stephan Weicherts** Beitrag spitzt den Gedanken der zivilgesellschaftlichen Förderung von journalistischer Arbeit zu und liefert eine Erklärung, warum der ‚dritte Weg' über die Finanzierung journalistischer Projekte mit Stiftungsmitteln für einen kritischen wie souveränen Umgang mit Medien und Journalismus immer unabdingbarer werden.

Letztlich regt der Diskurs über die Marktfähigkeit und die zivilgesellschaftliche Verwurzelung von Journalismus nicht nur zum Nachdenken darüber an, was einer Gesellschaft Journalismus wert ist, sondern wie es dem Journalismus gelingen kann, sich in einen wirkungsvollen Bezug zu seinen Publika zu setzen und somit letztlich seiner Rolle als Kernbestandteil modernder Demokratien auch unter neuen Rahmenbedingungen nachzukommen. Den Band beschließt ein kompaktes *Fazit*, indem der Versuch unternommen wird, Einheiliges und Disparates zu resümieren und den Bogen der oftmals pointierten Beiträge nicht zu schließen, sondern für eine fortlaufende Diskussion zu spannen.

Die Herausgeber im November 2012

Literatur

Berlin I (1999) Concepts and categories. Philosophical essays. Pimlico, London
Roesler A, Stiegler B (2005) Grundbegriffe der Medientheorie. Analog/Digital. Fink,
   Paderborn, S 9-16
Röhle T, Leistert O (2011) Generation Facebook. Über das Leben im Social Net. Tran-
   skript, Bielefeld
Vowe G (2011) Vom Steuerrad zum Netzwerk. Zwölf Thesen zur Medienpolitik in der
   Online-Welt. Funkkorrespondenz 35/11, S 3-10

Teil I: Einsichten

Leonard Novy

Vorwärts (n)immer?
Normalität, Normativität und die Krise des Journalismus

Abstract
Die These von der Krise des Journalismus wird inflationär diskutiert, entzieht sich jedoch oberflächlichen Erklärungen und einfachen Lösungsvorschlägen: Zu dynamisch und teils widersprüchlich sind die ihr zugrundeliegenden Entwicklungen, zu unterschiedlich die Auswirkungen für verschiedene Marktteilnehmer. Konsolidierungstendenzen im Medienbereich lassen sich nicht erst seit Aufkommen des Internets beobachten. Doch stehen Google, Facebook und Apple stellvertretend für grundlegende Umwälzungen, die journalistische Akteure weltweit unter massiven Anpassungsdruck setzen. Neue Strukturen entstehen, die Chancen, Risiken und Nebenwirkungen bereithalten. Diese sind nicht nur ökonomischer Natur. Letztlich geht es um die Strukturen gesellschaftlicher Selbstverständigung und somit um die Funktionsfähigkeit von Öffentlichkeit – der kommunikativen Infrastruktur unserer Demokratie.

Irgendetwas ist da schiefgelaufen. Wie vorher Telegrafie, Radio und Fernsehen weckten auch die digitalen Informations- und Kommunikationstechnologien euphorische Erwartungen. Im ausklingenden 20. Jahrhundert überboten sich Wissenschaft und Publizistik mit optimistischen Vorhersagen zum Wissens- und Informationszeitalter. Der Zusammenbruch des Ostblocks, der Glaube an das „Ende der Geschichte" (Fukuyama 1992) und eine (vermeintlich) universale Entwicklung in Richtung liberaler Demokratien sowie die *New Economy* taten ihr übriges (vgl. Starr 2012: 235-236). Mit der Jahrtausendwende und der Erkenntnis, dass das Internet für publizistische Medien nicht nur Chancen, sondern – gerade für das Zeitungswesen - auch ökonomische Probleme mit sich bringt, wichen Utopien und teleologischer Fortschrittsglaube vielerorts zunächst Verunsicherung, dann Fatalismus. Ab 2008 traf schließlich die Wirtschafts- und Finanzkrise die traditionell von der konjunkturellen Entwicklung besonders abhängige Branche hart. Vorwärts nimmer – mit einer Mischung aus Empörung, Trotz und morbider Faszination wird seitdem über Qualitätsverfall, zu „Echokammern" zersplitternde Öffentlichkeiten und das Ende der sozial-integrativen Funktion der Medien diskutiert. Und so war die Auseinandersetzung mit Zustand und

Zukunft des Journalismus in den letzten Jahren – Ausnahmen bestätigen die Regel – geprägt von einer Rhetorik des Niedergangs. Ihren medienpolitischen Ausdruck fand diese Kombination aus Kulturpessimismus und Strukturkonservatismus in der „Nationalen Initiative Printmedien – Zeitungen und Zeitschriften in der Demokratie" des Beauftragten der Bundesregierung für Kultur und Medien (2008), die Qualitätsjournalismus wie selbstverständlich mit der Distributionsform Print gleichsetzte. Dieses im Kern antimoderne Krisenparadigma stand und steht in einem eklatanten Missverhältnis zur Tragweite der technologischen und soziokulturellen Umbrüche, die unsere Gesellschaft erfasst haben, zu den sich daraus ergebenden Chancen und zu der Notwendigkeit, sich mit der Frage auseinanderzusetzen, worum es eigentlich geht. Geht es um das bedruckte Papier als Datenträger? Um die Kulturform des Journalismus in der Prägung des 20. Jahrhunderts? Oder nicht doch um die Frage, wie ein kritischer, unabhängiger und bestimmten professionellen wie ethischen Standards verpflichteter Journalismus seinen Funktionen für die Demokratie auch in Zukunft, unter sich verändernden technischen und gesellschaftlichen Rahmenbedingungen, gerecht werden kann?

Krisen als Diskursphänomene

Krisendiskurse sind selbstverständlicher Bestandteil gesellschaftlicher Selbstverständigung und Reflexion, sie sind „Ausdruck einer ‚reflexiven Moderne', die sich ihrer eigenen Grundlagen, Defizite und Nebenfolgen bewusst wird, zugleich aber als veränderungsoffen und lernfähig erweist." (Sarcinelli 2011: 1; zur Moderne als „Krisenkultur" vgl. auch Schulze 2011: 43-47) Ursprünglich den Höhe- oder Wendepunkt einer Krankheit bezeichnend, die den Organismus des Patienten entweder zerstört oder von ihm überwunden wird, fand der Begriff der Krise im Laufe des 18. Jahrhunderts allgemein Verbreitung. Seitdem spricht man auch im Zusammenhang mit politischen, sozialen, ökonomischen, ökologischen oder demographischen Sachverhalten bei schwierigen Situationen, die eine Unterbrechung von Routinen und somit eine Abkehr von der Normalität markieren, von Krisen – „in Analogie zum Arzt, der eine Krankheit diagnostiziert, um sie zu heilen", so der Soziologe Gerhard Schulze (2011: 55-56). Meist damit verbunden ist die „Hoffnung auf Besserung und Rückkehr zu einem akzeptierten, gewünschten Normalzustand" (Schulze 2011: 21). So erfährt handlungswirksames Krisenwissen erst durch Normalitäts-, Diagnose- und Kausalmodelle seine Bedeutung. Bereits hier wird deutlich, dass die Wahrnehmung und Bewertung von Krisen immer auch eine Frage des eigenen Standpunkts ist. Jeder Krisendiagnostik liegt also ein bestimmtes, aus der Erfahrung und Beschreibung des Gewohnten abgeleitetes Verständnis des Normalen zugrunde. Gesellschaftlich wirksam werden Krisenperzeptionen im Prozess sozialer Konstruktion.

Gerade wenn es um die in den letzten Jahren vielfach bemühte These der Krise des Journalismus geht, bringt es wenig, die journalistischen Institutionen des 20. Jahrhunderts liebgewonnenen Möbelstücken gleich zu verklären. Stattdessen gilt es, sie in ihrer Funktion zu „analysieren, in Frage [zu] stellen, vielleicht neu [zu] entdecken und aus dieser Erkenntnis heraus Anforderungen an deren Qualität und Leistungsfähigkeit ab[zu]leiten." (Wyss 2011: 31) Wovon ist die Rede, wenn von Niedergang und Qualitätsverfall die Rede ist? Was ist der Maßstab, die theoretische Referenz und empirische Basis, auf Basis derer Krisendiagnosen gestellt werden. Mit anderen Worten: „Was ist eigentlich *das Normale?*" (Schulze 2011: 20) Auch wenn die relativ stabile jüngere Geschichte des Journalismus in der Bundesrepublik – von Ausnahmen wie der SPIEGEL-Affäre oder der Einführung des dualen Rundfunksystems abgesehen – etwas anderes nahelegt: Gesellschaftliche, politische, kulturelle und technologische Veränderungen haben den Journalismus immer verändert, haben bewährte Kommunikationsstrukturen und -muster herausgefordert und neue hervorgebracht. Ein Verständnis der Umbrüche der Gegenwart setzt voraus, dass wir das Imago der Normalität hinterfragen. Es gilt, sich der historischen Kontingenz institutioneller Strukturen – konkret: der Entstehungsbedingungen, Evolution und Erscheinungsformen des Journalismus – zu vergegenwärtigen, die gegenwärtige Situation, ihre Ursachen und mögliche Entwicklungstendenzen zu verstehen und schließlich Reflektionen darüber anzustellen, welche Implikationen sich daraus für einen gesellschaftlich anschlussfähigen, die sich aus der Medienkonvergenz ergebenden Möglichkeiten nutzenden und ökonomisch tragfähigen Journalismus ergeben.

Der neue Strukturwandel der Öffentlichkeit

Journalismus und Medien sind nicht irgendein Produkt, irgendeine Industrie. Als zentrale gesellschaftliche Intermediäre moderner Gesellschaften sind sie Kommunikationsmittel und Bindeglied, stiften Sinn und Orientierung und entscheiden wesentlich darüber, in welchem Ausmaß es uns gelingt, unsere Welt zu begreifen – oder eben nicht. Indem sie die qualifizierte Teilnahme an demokratischen Meinungsbildungs- und Partizipationsprozessen und die Kontrolle politischer Macht ermöglichen, gelten sie, ganz unabhängig davon, wo man sich demokratietheoretisch verortet, als zentrales Funktionselement moderner Demokratien. Soweit Norm und Theorie. Über den Verlust all dieser Funktionen wird nicht erst seit dem Aufstieg des Internet zum Massenmedium in den 1990ern diskutiert. Kann

die Klage über den Qualitätsverfall der Medien schon fast als zum Standardrepertoire publizistischer Selbstbetrachtung gehörend betrachtet werden, lassen
sich Debatten über die Fragmentierung der Medienlandschaft, Verflachung und
die vermeintliche Erosion der Integrationskraft der Medien mindestens seit Ende
der 1980er beobachten – einer Zeit, in der im Übrigen mit Veränderungen im
Nutzungsverhalten und abnehmender Zeitungsverbreitung bereits eine Reihe von
Anzeichen für Konsolidierungs- und Abwärtstrends im Zeitungsgeschäft sichtbar
waren, die meisten Zeitungen aber sehr profitable Unternehmen waren (vgl.
Faulstich 2012: 280; 328-329, Witschge 2011: 113). Neu ist die Kritik insofern,
als sie vor dem Hintergrund eines tatsächlich tiefgreifenden Strukturwandels
verhandelt wird, der maßgeblich, aber nicht ausschließlich mit der Verbreitung
digitaler Medien zu tun hat und der Medienunternehmen weltweit, insbesondere
die Verlagsbranche, hart getroffen hat. Der Aufstieg digitaler Medien, die technisch-strukturell „soziale Medien" sind, also Individual- und öffentlichkeitsbezogene Kommunikation in Form dessen zusammenführen, was Manuel Castells
„Massenselbstkommunikation" (Castells 2007: 246. Übersetzung LN) nennt,
verändert Verbreitungsformen und Rezeptionsgewohnheiten, stellt klassische
Geschäftsmodelle und Wertschöpfungsmuster in Frage und fordert tradierte
Arbeits- und Denkweisen heraus. Mit gravierenden Folgen.

Ökonomie der Netzkommunikation

Über mehr als ein Jahrhundert erfolgte die Refinanzierung publizistischer Leistungen, insbesondere für Printmedien, über den Verkaufspreis und, überwiegend,
das Anzeigengeschäft (vgl. Lünenborg 2012: 6). Die Blütezeit erlebte dieses
System nach 1945, jenen Jahren, als der Journalismus ein De-facto-Monopol
über die Selektion, Aufbereitung und massenmediale Verbreitung von Nachrichten hatte und für an aktuellen Informationen interessierte Bürger praktisch kein
Weg an der Zeitung vorbeiführte. Vor allem dem Printjournalismus ist dieses
Geschäftsmodell in den letzten Jahren weggebrochen.
    Die Ökonomie des Internets, das für die große Mehrheit der Bevölkerung
zum zentralen Lebensbestandteil geworden ist[1], untergräbt das Gatekeeper-
Geschäftsmodell der Medien – und aller anderen Anbieter von Dienstleistungen

---

[1] Mittlerweile sind über drei Viertel der Deutschen (75,9 Prozent) online. Mit 53,4 Millionen Internetnutzern hat sich die Zahl der Internetnutzer in den letzten 12 Jahren laut ARD/ZDF-Onlinestudie
2012 nahezu verdreifacht. Insbesondere der Erfolg von mobilen und internetfähigen Endgeräten wie
Tablets und Smartphones hat diesen Trend in den letzten Jahren verstärkt. Die mobile Internetnutzung hat sich in den letzten drei Jahren mehr als verdoppelt (2009: 11 Prozent; 2012: 23 Prozent).
Dabei ersetzen Smartphones und Tablet PCs nicht den stationären Zugang, sondern sie schaffen neue
Nutzungssituationen (vgl. van Eimeren/Frees 2012).

und Inhalten, deren Marktstellung auf dem technisch begrenzten Zugang zur Öffentlichkeit beruhte. Nicht nur kämpfen in den „multi-media-saturierten Gesellschaften" (Keane 2010: 737. Übersetzung LN) der Gegenwart hunderttausende meist kostenlose Nachrichtenangebote um Aufmerksamkeit. Dazu kommt, dass Zeitungen in der konvergenten Informationsumgebung des Netzes nicht nur mit anderen, vormals distinkt operierenden Medienorganisationen, sondern auch mit unzähligen neuen Anbietern – Blogs, Unternehmensseiten, Suchmaschinen und Nachrichten-Aggregatoren wie Google und sozialen Medien wie Facebook und Twitter – um die Aufmerksamkeit der Rezipienten konkurrieren.[2] Apple, Facebook und Google sind nur die prominentesten Beispiele für Medienunternehmen eines neuen Schlages, „makers of ‚everything' in our digital lives" (Pew Research Center for the People and the Press 2012; vgl. Hachmeister 2012). Entsprechend verschieben sich die Erlösanteile der Mediengruppen. Die meisten Online-Nutzer erreichen journalistische Angebote mittlerweile über Google oder Facebook. In der Folge haben die Verlage ihr jahrzehntealtes Monopol als Vermittler zwischen Werbenden und Konsumenten verloren. Während das Anzeigengeschäft der Zeitungen insbesondere bei Großkunden, aber auch in den Rubriken- und Kleinanzeigenmärkten stark rückläufig ist, fließen die Gelder zusehends ins Netz, wo sie aber in großen Volumina bei Internetaggregatoren wie Google landen und damit nicht mehr der Finanzierung des journalistischen Angebots zugute kommen. Gleichzeitig geht die Zahl derjenigen, die für Journalismus in gedruckter Form bereit sind zu zahlen, über alle Alterskohorten hinweg tendenziell zurück: Während 1984 noch 71 Prozent der 14- bis 19-Jährigen in Deutschland Tageszeitungen konsumierten, sind es heute nur noch 33 Prozent (vgl. Mogg/ Teichmann/Rotter 2012: 6). So kommt es, dass einige Zeitungen, ihre Online-Ausgaben eingerechnet, mehr Leser als je zuvor erreichen (vgl. Philips/Wischge 2011: 12). Nirgends gelang es bisher indes, diese Reichweiten zu monetarisieren und die Verluste bei den Vertriebserlösen und im Anzeigengeschäft durch zusätzliche Einnahmen im Netz zu kompensieren. Bislang erlösen Verlage in Deutschland mit ihren Online-Angeboten pro Leser im Schnitt nur zwölf Prozent dessen, was sie mit gedruckten Publikationen erzielen (vgl. Mogg/Teichmann/Rotter 2012: 8).

Ein Blick über den Atlantik bestärkt diese Eindrücke. Dem „State of the News Media 2012"-Bericht des Pew Research Center for the People and the

---

[2] Diese neuen Akteure und Empfehlungsmaschinerien, aber auch die Fragmentierung des eigenen Internetangebots durch die zusehends wichtiger werdenden mobil-optimierten Angebote, Apps etc. führen letztlich auch dazu, dass die klassische Homepage als Einstieg ins Onlineangebot eines Mediums an Relevanz verliert. Stattdessen sind insbesondere beim Onlineverkehr in den USA deutliche Verschiebungen zu verfolgen: mehr und mehr Nutzer gelangen über Empfehlungen in sozialen Medien oder Links in kuratierten Angeboten wie der *Huffington Post* direkt auf die Seiten einzelner Geschichten statt den Einstieg über die zentrale Homepage zu suchen (vgl. LaFrance 2012).

Press (2012), der jährlich Entwicklungen des US-amerikanischen Nachrichten-Journalismus zusammenfasst, zufolge schrumpften die Anzeigenerlöse von US-Zeitungen 2011 im sechsten Jahr in Folge (im Vergleich zum Vorjahr um 7,3 Prozent). Insgesamt konnte die Zeitungsindustrie dort Umsätze von 34 Milliarden US-Dollar erzielen; 2000 waren es noch 59,2 Milliarden. Dieser Rückgang spiegelte sich auch 2011 in schrumpfenden Redaktionen wider. Häufig konnten sich Medienkonzerne und Verlagshäuser ihre Profitabilität nur durch Spar- und Rationalisierungsmaßnahmen bewahren. Natürlich sind die aktuellen Umbrüche nicht allein den disruptiven Effekten technologischer Entwicklungen geschuldet, sondern im Kontext länderspezifischer Strukturen und Traditionen, politischer und unternehmerischer Entscheidungen zu sehen. Erst die Liberalisierung der Regeln für Cross-Ownership (vgl. Starr 2012) beispielsweise machte es möglich, dass US-amerikanische Traditionshäuser wie die Chicagoer *The Tribune Company* zuerst von branchenfremden, rein renditefixierten Investoren übernommen, dann drakonischen Profitmaximierungsprogrammen unterworfen und schließlich dem Konkurs überlassen wurden (vgl. Nielsen/Levy 2010: 9-10). Auch sind Verlage in den USA in weit höherem Maße abhängig von Anzeigenerlösen, die dort 87 Prozent der Zeitungsumsätze ausmachen, mehr als in jedem anderen Land der Welt (vgl. OECD 2010). Hier steht zu erwarten, dass weiter massiv an der Sparschraube gedreht, ganze Zeitungen eingestellt, zusammengelegt oder nur noch online veröffentlicht werden (vgl. Pew Project for Excellence in Journalism 2012a). Dagegen finden der dramatische Abwärtstrend und der Umschwung von Print zu Online, wie ihn die US-Amerikaner erlebt haben, in Europa keine Entsprechung. In vielen westeuropäischen Ländern wie beispielsweise Deutschland sind Mediennutzungsmuster und Loyalitäten zu etablierten Medienmarken – nicht zuletzt aufgrund der starken regionalen Printmarken – stabiler (vgl. Reuters Institute 2012: 13f.).

Trotz aller Unterschiede und obwohl sich die konjunkturelle Lage seit 2008 wieder aufgehellt hat und sich vielerorts wieder vorsichtiger Optimismus breit macht, manifestieren sich in den Entwicklungen des US-amerikanischen Medienmarktes jedoch die strukturellen Herausforderungen, mit denen sich Branche weltweit konfrontiert sieht. Lagen ihre Werbeumsätze in Deutschland 2000 noch bei mehr als 6,5 Milliarden Euro, konnten die Verlage 2011 gerade noch 3,6 Milliarden Euro erlösen. Dieser Rückgang hat die Einnahmestruktur der deutschen Tagespresse völlig verändert (vgl. Röper 2012: 269). Jahrzehnte lang finanzierten sich die Tageszeitungen in Deutschland etwa zu zwei Dritteln aus Werbeeinnahmen und nur zu einem Drittel aus dem Zeitungsverkauf. Heute muss der Leser mit seinem Abonnement oder Kauf am Kiosk mehr als die Hälfte (52 Prozent) der Erlöse finanzieren. Gleichzeitig ging die kumulierte tägliche Auflage der deutschen Tageszeitungen zwischen 2000 und 2011 um über 7 Mil-

lionen auf knapp 21,4 Millionen Exemplare zurück. Das bedeutet einen Rückgang um ein Viertel der gesamten Auflage. Mit der *Frankfurter Rundschau*
musste ein ehemaliges Aushängeschild links-liberalen Journalismus in Deutschland im November 2012 Insolvenz anmelden; Zukunft ungewiss. Selbst die *Süddeutsche Zeitung*, Leitmedium mit Auflagenrekorden und für ihre Inhalte hoch-
gelobt, ächzt unter der Schuldenlast ihrer Eigentümer, der Südwestdeutschen
Medienholding. Die für die publizistische Versorgung besonders wichtigen Regionalzeitungen wiederum, in ihren Verbreitungsgebieten häufig Monopolisten,
sehen sich seit Jahren massiven Sparvorgaben ihrer Verleger ausgesetzt. Der
Trend, Redaktionen zusammenzulegen oder auszulagern, ist ungebrochen. Die
Ruhrgebiets-Titel des WAZ-Konzerns (*WAZ, Neue Ruhr Zeitung/Neue Rhein
Zeitung, Westfälische Rundschau*) werden seit zwei Jahren von einem zentralen
Content-Desk in der Essener Zentrale beliefert, auf Kosten der alten regionalen
Stammredaktionen und Lokalbüros. Auf dem Zeitschriftenmarkt wiederum ver-
zeichnen die meisten Publikumsblätter, darunter *Der Spiegel, Focus* und *Stern*,
stetig Auflagenverluste. All das hat auch Folgen für die Zahl der beschäftigten
Redakteure und Volontäre in deutschen Zeitungsunternehmen. Waren 2000 noch
insgesamt 15.306 Redakteure bei deutschen Tages- und Wochenzeitungen beschäftigt, verringerte sich die Zahl bis 2011 auf nur noch 12.966 (-15 Prozent).
Die Zahl der Volontäre ging im gleichen Zeitraum von 1378 auf 1128 (-18 Prozent) zurück (vgl. Röper 2012: 270). Für kosten- und personalintensive Segmen-
te wie den Lokal- und Auslandsjournalismus, für Arbeitsweisen wie investigativen Journalismus, aber auch für Ausstattung, Ausbildung und Innovation werden
die Mittel knapper. Die publizistische Meinungsvielfalt leidet. In vielen anderen
Märktem darunter Frankreich, wo *France Soir* und *La Tribune* eingestellt wurden, England, Japan oder Spanien bietet sich ein ähnliches Bild. Radio- und
Fernsehanbieter schienen von diesen Entwicklungen lange weniger getroffen.
Doch konkurrieren auch sie im Netz mit zahllosen Anbietern um Aufmerksam-
kcit und Erlöse, während neue, durch höhere Übertragungsgeschwindigkeiten
erst möglich werdende Angebote das traditionell lineare Verständnis von Rund-
funkprogrammen grundsätzlich in Frage stellen. Sieben Jahre nach seiner Gründung investiert YouTube, mit vier Milliarden Videoaufrufen pro Tag die am
dritthäufigsten frequentierte Internetseite der Welt, zusehends in mit professionellen Exklusivinhalten bestückte Special Interest-Kanäle und macht damit klassischen Fernsehanbietern Konkurrenz. Zudem ist das zu Google gehörende Unternehmen drauf und dran, mit Amateurvideos und redaktionell erstellten Angeboten etablierter Nachrichtenmarken wie *The Wall Street Journal, Reuters* oder
dem kalifornischen *Center for Investigative Reporting* seine Stellung als Nach-
richtenplattform auszubauen (Pew Research Center for Excellence in Journalism
2012b).

Output und Leistungsfähigkeit des publizistischen Systems

Der Aufstieg der Online-Medien und die Krise des gedruckten Worts bedingen sich wechselseitig, und so lässt sich die These von der Krise des Journalismus, in qualitativer Hinsicht, auch auf den Output und die Leistungsfähigkeit des publizistischen Systems beziehen. Diese Dimension umfasst auf der strukturellen Ebene eine sich ausdifferenzierende und zusehends unübersichtliche Kommunikationslandschaft, in der professioneller, redaktionell organisierter Journalismus, obwohl nachwievor zentrales Medium gesellschaftlicher Selbstverständigung, es im Markt für Nachrichten und Information mit neuen Mitspielern zu tun hat. Bis Mitte der 1990er Jahre gab es für Konsumenten, die über das aktuelle Zeitgeschehen informiert sein wollten, keinen Weg an der Zeitung vorbei. Die hohen Investitionen in Druckmaschinen und Distribution garantierten den Verlegern einen Markt mit knappem Angebot und hoher Nachfrage. Die Medien fungierten als Flaschenhälse: Das heißt, dass ein paar Medien und die *dpa* darüber entschieden, was die Bürger erfahren. Aus dieser Zeit stammt der schöne, von Karl Valentin überlieferte Satz: „Es ist komisch, dass in der Welt immer gerade soviel passiert, wie in die Zeitung passt." Diese Monopole sind mit der offenen Architektur des Internet und dem Aufkommen einer Vielzahl neuer Angebote und Formen der Kommunikation – von Google News bis zum User Generated Content Einzelner in Form von Blogs oder Tweets – gefallen. Unter den Bedingungen des „kommunikativen Überflusses" (Keane 2010: 737. Übersetzung LN) und in einem Umfeld, in dem dieselben Inhalte von einer nie dagewesene Zahl von Medienorganisationen meist umsonst angeboten werden, sinkt der Marktwert von Nachrichten – oft unter die Produktionskosten.

Die gängige Klage über den Verlust journalistischer Qualität (zum umstrittenen Konzept des Qualitätsjournalismus vgl. Krone 2010) wiederum bezieht sich auf die journalistische Inhalteproduktion. Gemeint sind knapper werdende Ressourcen, Kostendruck und Zeitmangel in Folge verschärfter Konkurrenz, die seriöse, hintergründige Berichterstattung erschweren, sowie sich auf die journalistischen Produkte auswirkende Asymmetrien im Kräfteverhältnis zwischen einem vielerorts unter strengen Sparvorgaben leidenden Journalismus und einem zusehends wachsenden Feld professionalisierter PR (vgl. Sarcinelli 2011: 13-14). Wettbewerbsdruck und Renditedruck verstärken die Dominanz neuer, marktgetriebener medialer Selektions-, Interpretations- und Inszenierungslogiken, die Emotionalisierung, Skandalisierung und Personalisierung betonen (vgl. Imhoff 2008: 47).

Ein weiterer, aus Sicht der Funktions- und Leistungsfähigkeit des publizistischen Systems wichtiger Befund: Zeitungen haben es sich bisher dank ihrer Exklusivstellung leisten können, eine Quersubventionierung von Themenberei-

chen zu betreiben: „News" waren nur im Gesamtpaket zu haben, im Verbund mit
Hintergrundreportagen und Analysen; Sportberichterstattung musste mit dem
Kulturteil, Wirtschaftsdaten mit der Arbeit teurer Auslandskorrespondenten im
Paket gekauft werden. Beim Leser, vielleicht ursprünglich nur durch Interesse an
einer bestimmten Rubrik zum Kauf animiert, entstanden so Effekte „zufälligen
politischen Lernens" (Starr 2012: 238. Übersetzung LN). Mit dem Wegfall der
hohen Kosten für den Markteintritt ist diesem „integralen" Inhalte-Modell Konkurrenz in Form kleinerer Anbieter, die spezifische Zielgruppen und Interessen
bedienen, erwachsen. Vor allem aber forciert der Erfolg von sozialen Medien
und Nachrichtenaggregatoren wie Google News mit ihren personalisierten Empfehlungen die „Entbündelung" des Journalismus und lassen ihn von einem De-
facto-Angebotsmarkt zu einem Nachfragemarkt werden. In einem zusehends
„perfekteren", nach Zielgruppen segmentierten Informationsmarkt verändert sich
die Nachrichtenökonomie grundlegend. Einzelne Medieninhalte können gezielt
angesteuert und abgerufen werden, Medienkonsum wird zusehends über Freun-
des- und Empfehlungsnetzwerke sozial kuratiert – entlang von thematischen,
politischen oder lokalen Interessen. Social Reader wie Flipboard schließlich
ermöglichen es, Nachrichtenangebote maßgeschneidert auf der eigenen Benut-
zer-Oberfläche zu kompilieren.

„Gäbe es keine Zeitungen, würde jemand auf die Idee kommen, sie zu erfinden?" (Preston 2012. Übersetzung LN) Skeptiker befürchten jedenfalls, dass
wir trotz der theoretischen Zugriffsmöglichkeiten auf eine nie dagewesene Vielfalt an Informationen in selbstreferenziellen „Filterblasen" (Pariser 2011) leben
werden, in der alle unserer Meinung sind und man nicht mehr mit Themen konfrontiert wird, die man sich nicht selbst ausgesucht hat (vgl. Sunstein 2002).
Solchen Einschätzungen kann freilich entgegengehalten werden, dass sie auf
einem vereinfachenden, mechanischen Menschenbild basieren, das die Vielfalt
sich teils überlappender sozialer Bezugsgruppen und Identitäten (zugunsten der
Fiktion der einen, homogenen ‚Echokammer') unterschätzt. Trotzdem entstehen
aus dem Zusammenspiel von stärkerer Nachfrageorientierung, Kommerzialisierung und der Möglichkeit, Erfolg oder Misserfolg einer Geschichte in Echtzeit
zu analysieren, Probleme für einen pluralitätsbildenden Journalismus. Aufwen-
dig zu recherchierende Artikel, Nischenthemen und jene, die ein weniger attrak-
tives Anzeigenumfeld liefern, haben es in einer rein an Effizienz ausgerichteten
Logik schwer (vgl. Carr 2009). Sie begünstigt einen Fließband- und „Algorith-
menjournalismus", wie er insbesondere in den USA zusehends Verbreitung findet. Hier lassen sich Verlage von externen Nachrichtendienstleistern wie dem
2006 gegründeten Unternehmen Demand Media, das ausschließlich Inhalte produziert, die auf häufige Netz-Suchanfragen zugeschnitten sind, oder der auf hyperlokalen, auf die unmittelbare Umgebung des Lesers fokussierten, aber nicht

mehr vor Ort recherchierten Geschichten spezialisierten Content-Fabrik Jour-
natic (vgl. Havertz 2012) beliefern.

Krise öffentlicher Information?

In Folge all dieser Entwicklungen sind wir mit einer paradoxen Situation konfrontiert. Noch nie standen Nutzern so viele Quellen zur Verfügung, um sich ihr eigenes Bild über Geschehnisse im In- und Ausland zu machen, praktisch in Echtzeit
und häufig umsonst. Das Internet hat uns – und anderen Gesellschaften noch
mehr – Meinungs- und Informationsfreiheit beschert und durch den Markteintritt
neuer Akteure vielerorts auch zu einer Belebung des Journalismus beigetragen.
Mit Facebook, YouTube, Twitter oder individuellen Blogs haben sich die Möglichkeiten, sich Gehör zu verschaffen, vervielfacht. Die spektakulären Erfolge von
aus der Zivilgesellschaft entstandenen Projekten wie Guttenplag-Wiki oder Wikileaks aber auch die nicht mehr aus der Berichterstattung wegzudenkenden,
häufig durch Mobiltelefone übermittelten Zeugenberichte aus den Krisen- und
Katastrophengebieten der Welt zeugen davon. Doch das Bild ist komplexer.
Wenn es um die Freiheit der Presse geht, so der US-Soziologe Paul Starr, fällt die
Bilanz gemischt aus, insbesondere, wenn man darunter „nicht nur die formalen,
grundrechtlich geschützten Rechte, sondern die tatsächliche Unabhängigkeit der
Presse versteht." (Starr 2012: 234. Übersetzung LN) In der Summe lässt sich eine
abnehmende „institutionelle Kapazität" (Starr 2012: 240. Übersetzung LN) mit
vielerorts, etwa in den USA, schon jetzt spürbaren und potentiell weitreichenden
Folgen für die Demokratie konstatieren. Journalismus ist – in der Spitze des Seg-
ments – wahrscheinlich besser und unabhängiger als jemals in seiner jahrhundertealten Geschichte. Trotzdem kann die Versorgung mit qualitativ hochwertigem
Journalismus nicht als gesichert gelten (vgl. Wunsch-Vincent 2010: 37). Ähnliches ist, wenngleich unter weniger dramatischen Vorzeichen, auch für Deutschland zu konstatieren (vgl. auch Kramp in diesem Band).

Dabei ist unabhängiger, professionell betriebener Journalismus heute notwendiger denn je, waren die Leistungsanforderungen an seine Protagonisten nie
höher. Gerade in Anbetracht des wachsenden Angebots medialer Informationen
steigt der Bedarf an Kontext, Einordnung und Hintergrund. Journalismus bleibt
notwendig, doch muss er sich nicht nur unter den veränderten Rahmenbedingungen bewähren, er muss sich auch verändern. Dies bedeutet nicht, dass Journalisten ihre Alleinstellungsmerkmale und ihren Anspruch – professionelle Recherche, Einordnung und gute Schreibe – aufgeben, das Kind gleichsam mit dem
Bade ausschütten sollten. Im Gegenteil. Neue Technologien „können uns von
unseren alten Verpflichtungen nicht entbinden." (Starr 2009) Es gilt, diese Ver-

antwortung und für die Demokratie konstitutiven Funktionen der Medien unter veränderten Rahmenbedingungen zu verteidigen und sogar auszuweiten. Doch die Zeiten der Massenmedien als exklusiver Makler von Informationen und Wissen und das identitätsstiftende Moment, das gerade den gedruckten Massenmedien seit dem 19. Jahrhundert zugeschrieben wurde, sind passé. In den Worten des *Atlantic Monthly*:

> „The cultural sameness and conformity that prevailed after World War II – the era of *Father Knows Best* and Betty Crocker – have been replaced by a popular pursuit of difference and self-expression." (Powers 2005)

Auch das Fernsehen ist dabei, seine Rolle als Lagerfeuer der Nation zu verlieren. Doch die Idee der einen Öffentlichkeit war ohnehin nur ein Mythos; eine Chiffre, für eine Vielzahl von Teilöffentlichkeiten (vgl. Fraser 1995; Gestrich 2006). Diese muss sich professionell betriebener Journalismus nun, in einer neuen, hyperkompetitiven Kommunikationslandschaft immer wieder neu erschließen. Als der US-Wissenschaftler Philip Meyer (2004) vor beinahe zehn Jahren prognostizierte, dass die letzte Zeitung um das Jahr 2040 von der Druckwalze laufen könnte (nicht einmal 400 Jahre nach Erscheinen der ersten Tageszeitungen), wurde diese These als absurd abgetan. Heute sind sich Experten sicher, dass das auf Papier gedruckte Wort zwar wenigstens als Nischen- und Liebhabermedium eine Zukunft haben wird, wir aber journalistische Inhalte mittelfristig überwiegend in digitaler Form und über elektronische Geräte wie PCs, iPads oder Smartphones rezipieren werden. In Organisation, Timing und einer individuellen, der eigenen Marke und den Bedürfnissen der eigenen Zielgruppen entsprechenden Gestaltung dieses Übergangs von Print zu Online besteht für Verlagshäuser die zentrale strategische Herausforderung der nächsten Jahre. Sie birgt Chancen, aber auch die Gefahr von Zielkonflikten und Verlusten. Vielerorts, etwa in den porösen Bezahlgrenzen (‚metered paywalls') von Zeitungen wie der *New York Times* oder der *Neuen Zürcher Zeitung*, lässt sich eine Tendenz erkennen, Print- und Digital-Abonnements zu bündeln, um so die Voraussetzungen dafür zu schaffen, Printprodukte langfristig auslaufen zu lassen (oder in einer selteneren Frequenz als die Online-Ausgaben anzubieten). Schon heute spielen Tablets und mobile, Android- und iOS-betriebene Endgeräten wie iPad und iPhone, die nicht nur das bequeme Konsumieren sondern auch den einfachen Erwerb von digitalen Inhalten ermöglichen, eine vor wenigen Jahren nicht für möglich gehaltene Rolle. Diese Entwicklung wie auch die positiven Erfahrungen, die *New York Times*, *Financial Times* oder die britische *Times* mit ‚Paywalls' machen, lassen es, anders als von Carr (2009) und anderen prognostiziert, aus heutiger Perspektive durchaus möglich erscheinen, dass sich journalistische Bündelprodukte unter bestimmten Bedingungen auch in der digitalen Zukunft refinanzieren lassen. Dass die Bezahlschranken der oben genannten Online-Angebote im Übrigen gänzlich unterschiedlich konzipiert sind (und von hermetischen Bezahlmauern wie bei *Times* und *Financial Times* bis zu den offeneren Modellen von *New York Times* und *Neuer Zürcher Zeitung* reichen), zeigt in jedem Fall, dass Geschäftsmodelle vielfältiger und komplexer, der Erfolg voraussetzungsvoller wird. Denn mit austauschbaren Inhalten, die andernorts umsonst zu bekommen sind, wird sich auch in Zukunft im Netz kein Geld mehr verdienen lassen. In der Zwischenzeit stehen vielen Redaktionen, gerade in Zeitungshäusern, weitere Umstrukturierungen und schmerzhafte Einsparrunden bevor, werden sich die Strukturen publizistischer Versorgung ausdünnen, wird die Qualität der Vermittlungsleistungen in der Breite abnehmen.

Die vielzitierte Krise des Journalismus ist vor allem eine Krise der Massenmedien – ein Konzept, das im Laufe seiner über 150 jährigen Geschichte zum Normalzustand erklärt wurde, dessen Ära sich aber in Wahrheit dem Ende zuneigt. Ihre zentrale Stellung in einer sich zusehends ausdifferenzierenden digitalen Kommunikationslandschaft sichern sich die Protagonisten dieser Ära nicht, indem sie digitale Innovation und Investitionen in die Weiterentwicklung originär journalistischer Arbeit mit Ausfallschritten in nichtjournalistische digitale Projekte wie Datingsites oder Preissuchmaschinen verwechseln und ansonsten weitermachen wie bisher. Natürlich ist die Digitalisierung längst in deutschen Verlagshäusern angekommen, doch in ihrem Kerngeschäft hinken sie dem kulturellen und gesellschaftlichen Wandel, der sich im und durch das Internet vollzieht, nachwievor hinterher. Das ist aus individueller Perspektive nachvollziehbar. Psychologie und Verhaltensökonomie haben beispielsweise festgestellt, dass Individuen (unter Umständen gänzlich zufällig entstandene) gegenwärtige Zustände stets gegenüber Veränderungen bevorzugen („Status-quo-Bias") und dazu neigen, Informationen, die Widersprüche zu existierenden Überzeugungen und damit „kognitive Dissonanzen" erzeugen, herauszufiltern (vgl. Taleb 2008). Google (gegründet 1998), Wikipedia (2001) und Facebook (2004) stehen für an Tempo und Tragweite kulturhistorisch wahrscheinlich beispiellose Veränderungen, die nicht nur bestehende Strukturen sondern auch gewohnte Routinen und soziale Identitäten in Frage stellen und mit denen Schritt zu halten leichter gesagt als getan ist. So können auch die reflexhafte Empörung vieler Mitglieder der Bundespressekonferenz über den twitternden Regierungssprecher Steffen Seibert, die Aberkennung des Nannen-Preises von Spiegel-Autor René Pfister in Folge der „Märklinaffäre" sowie die Debatte um Heribert Prantls (nicht gerade zwischen der Produktion von Klickstrecken und dem Umschreiben einer *dpa*-Meldung in den Sweatshops des Online-Journalismus erdachte) Schilderungen der Küche des Bundesverfassungsgerichtspräsidenten Andreas Voßkuhle als

Beispiele für eine gewisse Verunsicherung angeführt werden, die über das übliche Maß an Nabelschau und Branchen-Hickhack hinausgeht. Es nimmt kein Wunder, dass viele Journalisten und Medienmanager lange dazu neigten, die Vergangenheit als Modell für die Zukunft zu nehmen und sich schwer damit taten, den gegenwärtigen Wandel als das anzuerkennen und anzunehmen, was er ist. Doch das Beharren auf bewährte Strukturen und Gewissheiten mag der kurzfristigen Stabilisierung eigener Identitäten dienen, zur Lösung von Problemen, die sich dem Zugriff bewährter Herangehensweisen entziehen, trägt es nicht bei und wird daher in institutioneller Perspektive zum Problem.

Vor beinahe 80 Jahren warf Egon Erwin Kisch dem rigorosen Medienkritiker Karl Kraus vor, sich nur an der Vergangenheit orientiert zu haben. Kraus habe den „Federstiel gegenüber der Schreibmaschine" gepriesen, „die Laterna magica gegenüber dem Kino", und dabei übersehen, dass ein ganz anderes Zeitalter angebrochen war (zitiert nach Schütz 1978: 321). Und er rief dazu auf, sich auf die Bedürfnisse der großen Massen einzustellen, ohne die Prinzipien der „bürgerlichen Bildungstradition" (ebd.) über Bord zu werfen. Eine Aufforderung, die aktueller denn je erscheint. Google, Wikipedia und Facebook stehen stellvertretend für grundlegende Umwälzungen, die journalistische Akteure weltweit unter massiven Anpassungsdruck setzen. Neue Strukturen entstehen, die Chancen, Risiken und Nebenwirkungen bereithalten. Diese sind nicht nur ökonomischer Natur. Letztlich geht es um unsere gesamte Kommunikationskultur, um die Strukturen gesellschaftlicher Selbstverständigung und somit um die Funktionsfähigkeit von Öffentlichkeit – der kommunikativen Infrastruktur unserer Demokratie.

Krisen ist immer auch die Chance auf Erneuerung immanent. „Zum Unheil" wird eine Krise „erst, wenn wir auf sie mit schon mit Geurteilten, also mit Vor-Urteilen antworten. Ein solches Verhalten verschärft nicht nur die Krise, sondern bringt uns um die Erfahrung des Wirklichen ... die gerade durch sie gegeben ist", schreibt Hannah Arendt zur Krise der Gegenwartsphilosophie (Arendt 2000: 256). Das gilt auch für die Frage nach dem Zustand und der Zukunft des Journalismus. Was ist eigentlich das „Normale"? Diese eingangs gestellte Frage ist letztlich nur normativ zu beantworten. Es ist die Frage danach, „wie viel" und welche Art Journalismus sich eine Gesellschaft wünscht und leisten möchte, in welchem Maße sie einer Ökonomisierung der medialen Angebote entgegentreten und inwieweit sie etwa das privatwirtschaftlich organisierte Mediensystem durch öffentlich-rechtliche beziehungsweise gemeinnützige Angebote ergänzen will. Diese Debatte – wie auch die Diskussion über Anspruch, Ausgestaltung, und Leistung der deutschen Medienordnung insgesamt – muss gesellschaftlich geführt und substanziell durch die Medienpolitik unterfüttert und vorangetrieben werden. Doch Medien und Journalismus sind in Deutschland mehr denn je ein

Nischenthema, Gegenstand hochspezialisierter Fachdebatten oder eitler Nabel-schau.[3] Ironischerweise scheinen just die medienpolitischen Debatten der letzten Jahre das kulturpessimistische Lamento von der Fragmentierung und Desorien-tierung der Öffentlichkeit zu bestätigen. Die Zeit der großen grundsätzlichen Auseinandersetzungen der 1970er und 80er Jahre, als der medienpolitische „Ur-knall", die Einführung des Privatfernsehens, lebhafte Diskussion über die Risi-ken der Medialisierung zur Folge hatte, sind jedenfalls vorbei. Nur punktuell, etwa aus Anlass von Gebührenerhöhungen, Urheberrecht und Talkshowflut oder wenn es um Eingriffe in die Medienfreiheit durch autokratische Regime geht, sind Medien und Journalismus Gegenstand öffentlicher Diskussionen. Dabei ist eine grundsätzliche Auseinandersetzung mit der Zukunft des Journalismus im Kontext medialer Interdependenz notwendiger denn je. Schließlich ist das Kon-zept des professionellen, überparteilichen, unabhängigen Journalismus trotz seiner jahrhundertealten Geschichte historisch betrachtet eine relativ neue, und keineswegs unangefochtene Errungenschaft. Und obwohl er gemeinhin als Kernvoraussetzung funktionsfähiger Öffentlichkeit erachtet wird, heißt das nicht, dass wir seinen Fortbestand als gegeben betrachten können. Akteure in Medien, Politik und Gesellschaft müssen sich den massiven Umbrüchen in der Medien-branche stellen – und gemeinsam die normativ wie praktisch entscheidende Fra-ge beantworten: welchen Journalismus wir uns leisten wollen.

Literatur

Arendt H (2000) Die Krise in der Erziehung. In: Arendt, Hannah, Zwischen Vergangen-heit und Zukunft. Übungen im politischen Denken. Pieper, München, S 255-276

Beauftragter der Bundesregierung für Kultur und Medien (2008) „Nationale Initiative Printmedien – Zeitungen und Zeitschriften in der Demokratie". Konzeptpapier. bit.ly/Oby83R. Zugegriffen: 4. September 2012

Van Eimeren B, Frees B (2012) 76 Prozent der Deutschen online – neue Nutzungssituati-onen durch mobile Endgeräte. Ergebnisse der ARD/ZDF-Onlinestudie 2012. Media Perspektiven 7–8: 362-379

Faulstich W (2012) Die Mediengeschichte des 20. Jahrhunderts. Wilhelm Fink, München

Carr N (2009) The Big Switch: Rewiring the World, from Edison to Google. W. W. Nor-ton & Company, New York

Castells M (2007) Communication, Power and Counter-power in the Network Society. In: International Journal of Communication 1: 238-266

---

[3] Zu recht kritisieren Lutz Hachmeister und Thomas Vesting (2011) das Fehlen einer umfassenden Debatte über Status Quo und Perspektiven unserer Medienverfassung.

Fraser N (1995) Politics, Culture, and the Public Sphere. Toward a Postmodern Conception. In: Nicholson, L, Seidman, S (Hg), Social Postmodernism. Beyond Identity Politics. Cambridge University Press, Cambridge, S 287-312

Fukuyama F (1992) The End of History and the Last Man. Penguin Books, London

Gestrich A (2006) The Public Sphere and the Habermas Debate. German History, 3: 413-430

Hachmeister L, Vesting T (2011) Rundfunkpolitik und Netzpolitik. Zum Strukturwandel der Medienpolitik in Deutschland. Funkkorrespondenz, 13: 3-11

Hachmeister L (2012) Ihr seid nicht besser – Google als drittgrößter Medienkonzern der Welt. Süddeutsche Zeitung. 19. April 2012, S. 20

Havertz R (2012) Der Journalismus der Zukunft? Schon da. Taz, 16. August 2012, bit.ly/MM7DFL. Zugegriffen: 4. September 2012

Keane J (2009) The Life and Death of Democracy. Norton, London/New York

LaFrance, A (2012) Coming in the side door: The value of homepages is shifting from traffic-driver to brand. Nieman Journalism Lab, 22. August 2012. bit.ly/Pf9xMg. Zugegriffen: 4. September 2012

Levy D, Nielsen R (2010) The Changing Business of Journalism and its Implications for Democracy. In: Levy D, Nielsen R (Hg) The Changing Business of Journalism and its Implications for Democracy. Reuters Institute, Oxford, S 3-16

Lünenborg M (2012) Qualität in der Krise? APuZ – Aus Politik und Zeitgeschichte 29-31: 3-8

Meyer P (2004) The Vanishing Newspaper: Saving Journalism in the Information Age. University of Missouri Press, Columbia, MO

Mitchell S (2008) Komplexitäten. Warum wir erst anfangen, die Welt zu verstehen. Suhrkamp, Frankfurt/M

Mogg S, Teichmann D, Rotter T (2012) Aufbruch in eine neue Ära – gibt es eine digitale Renaissance des Publishings? Roland Berger Strategy Consultants, München. http://bit.ly/Pkd5RF. Zugegriffen: 4. September 2012

Pariser E (2011) The Filter Bubble: What the Internet Is Hiding from You. Penguin, New York

Pew Project for Excellence in Journalism (2012a) The Search for a New Business Model. 5. März 2012, bit.ly/yOXUiB. Zugegriffen: 4. September 2012

Pew Research Center for Excellence in Journalism (2012b) YouTube & the News: A New Kind of Visual Journalism. 16. Juli 2012, bit.ly/ODl8Ua. Zugegriffen: 4. September 2012

Pew Research Center for the People and the Press (2012) State of the News Media 2012, 19. März 2012, bit.ly/FPwhYw. Zugegriffen: 4. September 2012

Phillips A, Witschge T (2011) The changing business of news: sustainability of news journalism. In: Lee-Wright P, Phillips A, Witschge T (Hg) Changing Journalism. Routledge, London, S 3-20

Powers P (2005) The Massless Media. The Atlantic, February 2005, http://bit.ly/PIo6ri. Zugegriffen: 4. September 2012

Preston P (2012) News industry struggles with the fear that general interest has had its day. The Observer, 22 Juli 2012. bit.ly/OP2fAu. Zugegriffen: 4. September 2012

Reuters Institute Digital News Report 2012, bit.ly/Pzc1J5. Zugegriffen: 4. September 2012

Rodgers D (2011) The Age of Fracture. Harvard University Press, Cambridge, MA

Röper H (2012) Zeitungsmarkt 2012: Konzentration erreicht Höchstwert. Daten zur Konzentration der Tagespresse in der Bundesrepublik Deutschland im I. Quartal 2012. Media Perspektiven 5: 268-285

Sarcinelli S (2011) Medien und Demokratie. In: Friedrich-Ebert-Stiftung (Hg) Demokratie in Deutschland 2011, http://www.demokratie-deutschland-2011.de. Zugegriffen: 4. September 2012

Schütz E (1978) Nachwort: Aktualität aus Widersprüchen – Egon Erwin Kisch. In: Kisch E (1978) Reportagen. Reclam, Stuttgart, S 309-326

Starr P (2009) Goodbye to the Age of Newspapers (Hello to a new Era of Corruption): Why American Politics and Society are about to be changed for the worse. The New Republic, 4. März 2009, S 28-35

Starr P (2012) An Unexpected Crisis: The News Media in Postindustrial Democracies. The International Journal of Press/Politics: 234-242

Sunstein C (2002) Republic.com. Princeton University Press, Princeton

Taleb N (2008) Der schwarze Schwan. Die Macht höchst unwahrscheinlicher Ereignisse. Hanser, München

Witschge T (2011) The 'tyranny' of technology. In: Lee-Wright P, Phillips A, Witschge T (Hg) Changing Journalism. Routledge, London, S 99-114

Wunsch-Vincent S (2010) Online-News: Recent Developments, New Business Models and Future Prospects. In: Levy D, Nielsen R (Hg) The Changing Business of Journalism and its Implications for Democracy. Reuters Institute, Oxford, S 25-37

Wyss V (2011) Narration freilegen. Zur Konsequenz der Mediensystemrelevanz als Leitdifferenz des Qualitätsjournalismus. In: Blum R, Bonfadelli H, Imhof K, Jarren O (Hg) Krise der Leuchttürme öffentlicher Kommunikation. Vergangenheit und Zukunft der Qualitätsmedien. VS Verlag, Wiesbaden, S 31-47

Leif Kramp

Profession am Scheideweg
Journalismus zwischen Aufbruch und Existenzängsten

Abstract
Die wirtschaftliche Talfahrt von Pressehäusern zwingt auch Journalisten zum Umdenken. Im Mittelpunkt der nachfolgenden Überlegungen steht der digitale Medienwandel als Motor sozio-kultureller Veränderungen und die daraus folgenden Implikationen für die Arbeit im journalistischen Berufsfeld und dessen organisatorische Verfasstheit. Dabei werden die strukturellen Herausforderungen einer sich wandelnden Informationsökonomie mit den Handlungsperspektiven und Rollenmustern der Akteure zueinander in Beziehung gesetzt.

„Sie wollen also Journalist oder Journalistin werden? Sind Sie sich da wirklich sicher? Die fetten Jahre sind vorbei." Die Eingangsworte der Medienjournalistin Ulrike Langer vor dem Verein junge Presse (Langer 2010) glichen mit ihrem Rekurs auf ein längst vergangenes ‚goldenes Zeitalter' einem bitteren Kassandraruf. Den vierteljährlichen Branchenzahlen nach hat das Pressewesen die Zeiten wirtschaftlicher Prosperität, als die Auflagen noch hoch und die Spesenkonten der Journalisten prall gefüllt waren, lange hinter sich gelassen. Dagegen kann der Durchschnittsjournalist heute, folgt man Langer, finanziell bei weitem nicht mehr aus dem Vollen schöpfen, sondern hält sich, schlimmer noch, nur schwerlich über Wasser   zumindest diejenigen, die als Berufsanfänger in den Job starten.

Ironic der Geschichte: In den USA bringen die Pensionsansprüche alternder Redakteure, die über Jahrzehnte einem hervorragend dotierten Beruf nachgingen, nun sogar ganze Zeitungshäuser in die Bredouille (vgl. Picard 2010: 23; Carr 2012). Dort hält der Journalismus-Professor Philip Meyer die ausbleibende Geschäftserfolge aber nicht für den einzigen Indikator einer längst vergangenen Blütezeit: Die Welt habe sich weiterbewegt, während sich die Journalisten genauso wie ihre Verleger über andere Dinge Gedanken gemacht hätten als den Fortschritt ihrer eigenen Branche. Sie hätten schlicht die Zeichen der Zeit verkannt, sich trügerisch in Sicherheit gewogen und sehnten sich nun in die Ära finanzieller Sorglosigkeit zurück (Meyer 2009: 187). Noch verzeichnen Zeitungsverlage Milliardenumsätze, auch in Deutschland, doch das rückläufige

Anzeigengeschäft und fehlende tragfähige Ausgleichkonzepte für neue Medienmärkte machen die Branche ratlos. Die tiefe Verunsicherung des Nachrichtenwe-
sens stürzt ob der strukturellen Wandlungsprozesse nicht allein ein womöglich
langsam überkommendes Medium – die Tageszeitung – in existenzielle Nöte,
sondern bedroht durch die enge Verwobenheit des Journalismus mit klassischen
Medienorganisationen wie vorrangig Zeitungsverlagen die wirtschaftliche Basis
der journalistischen Profession insgesamt.

Érosion institutionelle

Thomas Birkner (2010; 2011a; 2011b; 2012) argumentiert, dass in erster Linie
ökonomische und politische Faktoren zurate gezogen werden müssen, um die
historische Genese des Journalismus in Deutschland zu verstehen. So erkämpfte
sich der Journalismus hierzulande erst durch die wirtschaftliche Erstarkung der
mit ihm verbundenen Medienorganisationen seine politische Unabhängigkeit und
Staatsferne und konnte sich später zur apostrophierten ‚Vierten Gewalt' auf-
schwingen. Diesen Status erlangte der Journalismus letztlich als „Konsumgut"
(Requate 2009: 36), das sich inhaltlich an ein Massenpublikum wandte, zugleich
indes auch an die Werbewirtschaft als attraktive Vermarktungsplattform. Journalismus war die längste Zeit angewiesen auf Medieninstitutionen, welche die
technische Massenproduktion, den Vertrieb und das Anzeigengeschäft organisierten. Als Kernaufgabe des Journalismus manifestierte sich die Erstellung von
Inhalten, und es erwuchs eine klare Aufgabenteilung zwischen Journalismus auf
der einen und Medien auf der anderen Seite als jeweils distinkte Organisationen
(vgl. Altmeppen 2006; 2007).

Altmeppen (2012) erkennt in dem Miteinander von Journalismus und Medi-
en eine „einseitige Tauschpartnerschaft": Während Journalisten sich auf die
Geschäftsbereiche von Medienunternehmen verlassen konnten (und mussten),
um eine massenmediale Reichweite für ihre Angebote zu erzielen, waren Medienunternehmen nie ausschließlich auf journalistische Inhalte angewiesen, um
Erlöse zu erwirtschaften. Das bedeutet, dass zwar konjunkturelle Schwierigkeiten sehr wohl im Rahmen regulärer Geschäftsstrategien ausgeglichen werden
können. Eine strukturelle Krise dagegen, wie sie durch den digitalen Medienwandel angestoßen wurde, stellt die Zukunftsfähigkeit des bestehenden Abhän-
gigkeitsverhältnisses in Frage. Zwar ist das Gros der Pressehäuser weit davon
entfernt, ihrem journalistischen Erbe zu entsagen, doch floriert das (Digital-)
Geschäft auch ohne die teuren und unrentableren Redaktionen. Das zeigen nicht
zuletzt die Erfolge der Axel Springer AG, deren Hauptinteresse nicht mehr ihren
journalistischen Geschäftsfeldern gilt, sondern den hohen Zuwächsen mit nicht-

journalistischen Online-Portalen. Springers Digitalchef Jens Müffelmann wird in der Fachpresse zitiert: „Wenn sich das Geschäft so weiter entwickelt, wäre Axel Springer alleine mit seinem Digitalgeschäft größer als die gesamte WAZ-Gruppe – Europas größter Regionalzeitungsverlag" (zitiert nach: Städele 2012). Ein Vorbild für die Erweiterung des Unternehmensportfolios journalistisch profilierter Medienorganisationen ist zudem die Washington Post Company, die sich in den Zeiten des eklatanten Anzeigen- und Auflagenrückgangs froh wähnte, dass sie mit dem Weiterbildungsunternehmen Kaplan mehr als die Hälfte ihrer Erlöse erwirtschaften und damit die Umsatzeinbrüche im Zeitungsgeschäft auffangen konnte. Mittlerweile führt das Unternehmen nicht mehr den Zusatz *media and education company*, sondern *education and media company*. Redaktionelle Angebote werden dadurch tendenziell an den Rand gedrängt, was sich unter anderem darin äußert, dass die Abhängigkeit der Redaktionen von Querfinanzierungsstrategien noch größer wird.

In erster Linie handelt es sich bei der aktuellen Krise des Journalismus folglich ursächlich um ein Finanzierungsproblem, dessen Lösung in einer Auflösung der historisch gewachsenen Partnerschaft zwischen Journalismus- und Medienorganisationen bestehen könnte, da die angestammten institutionellen Gerüste, an denen Journalismus zum Vorzugsprodukt der „Informationsgesellschaft" (Arnold/Quandt 2003) heranwachsen konnte, mit ernsthaften Anpassungsschwierigkeiten zu kämpfen haben. Eine Option sieht der US-amerikanische Autor und Journalistenausbilder Clay Shirky (2009) darin, dass Journalismus nicht mehr an Organisationen, also Zeitungshäuser, Rundfunksender, Nachrichtenagenturen gebunden sein muss, um seine Funktion zu erfüllen.[1] Idealtypische Finanzierungsmodelle für Journalismus, bei denen Erlöse aus Nutzungsentgelten, Werbung oder aus zivilgesellschaftlicher Unterstützung generiert werden (vgl. Übersicht bei van der Wurff 2012), können von Journalisten und Redaktionen über das Internet denkbar effektiv und direkt für ihre Zwecke umgesetzt werden, da die Fixkosten für die Herstellung von publizistischer Reichweite im Vergleich zu Presseverlagen (u.a. Druck, Distribution) oder Rundfunksendern (u.a. Sendezentren) signifikant geringer sind. Das verlangt nach selbständigen Organisationsmodellen, die es zulassen, vormals fremde Geschäftsbereiche wie Marketing und ggf. die Betreuung von Werbekunden zu integrieren. Dennoch ist ein in annähernder Weise tragfähiger Ersatz für das bis dato vorherrschende Geschäftsmo-

---

[1] Die drei New Yorker Journalismusforscher Christopher Anderson (CUNY), Emily Bell (Columbia University) und Clay Shirky (NYU) gehen gemeinsam sogar einen Schritt weiter und rufen ein „postindustrielles" Zeitalter des Journalismus aus: „This restructuring will mean rethinking every organizational aspect of news production – increased openness to partnerships; increased reliance on publicly available data; increased use of individuals, crowds and machines to produce raw material; even increased reliance on machines to produce some of the output." (Anderson/Bell/Shirky 2012: 13)

dell, das Journalismus in ausgeprägter Vielfalt und personeller Komplexität möglich machte, nicht in Sicht.[2]

Es könnte sich herausstellen, dass weder philanthropische noch kapitalistische Finanzierungsmodelle allein die Lösung für den Rezessionstrend auf den betroffenen Pressemärkten sind (vgl. auch Jarvis 2009; Shirky 2011). Umso wichtiger erscheinen redaktionsbezogene Geschäftsmodelle, die originär aus dem Journalismus kommen und die finanzielle Absicherung seiner Prinzipien zum Ziel haben. Aus organisationstheoretischer Sicht ist das Jahrhundert des Journalismus also längst nicht vorbei (vgl. Weischenberg 2010), sondern womöglich die Epoche einer organisatorischen Tandem-Variante von Journalismus. Wie Redaktionen unabhängig von Medienorganisationen erfolgreich arbeiten und dabei gesellschaftliche Breite, lokale Differenzierung und professionelle Verbindlichkeit erhalten können, zeigt das New Yorker Redaktionsbüro *ProPublica* schon heute, indem es zwar wechselnde Partnerschaften mit Medienunternehmen eingeht (z.B. mit den US-amerikanischen Leitmedien *New York Times*, CNN und National Public Radio), seine Beiträge aber grundsätzlich auch auf der eigenen Website veröffentlicht, die sich nach der Gründung Anfang des Jahres 2008 als ein Portal für investigativen Journalismus etabliert hat, einschließlich einer wachsenden Informanten-Datenbank. Die für den publizistischen Erfolg (zwei Pulitzerpreise in Folge) entscheidenden Freiräume in Form von zeitlichen und personellen Ressourcen konnten bisher jedoch nur durch die zivilgesellschaftliche Förderung mit Stiftungsmitteln in Millionenhöhe bewerkstelligt werden.

Unterhöhlte Systemrelevanz?

Die organisatorische Unterscheidung zwischen Medien und Journalismus ist mit Blick auf die dramatischen Entwicklungen auf den internationalen Pressemärkten[3] weder beckmesserisch noch sonderlich trivial: Handelt es sich bei der Strukturkrise der gedruckten Presse um einen Wirtschaftssektor in Not, dessen Wohl und Wehe letztlich nur begrenzte Konsequenzen für Arbeitsmarkt und Gesellschaft zeitigt und von komplementären Modellen aufgefangen werden könnte, träfe eine Bedrohung des Journalismus den Kern der demokratischen Gesellschaftsordnung. Journalismus sorgt für demokratische Teilhabe, indem Journalis-

---

[2] Nichtsdestotrotz gilt es darauf hinzuweisen, dass die Konzentrationsprozesse auf dem Pressemarkt schon seit Jahren einer Monopolisierung bestimmter Verlagshäuser und Zeitungen Vorschub leistete ('Ein-Zeitungskreise') und insofern das Gebot der Vielfaltssicherung nicht eingehalten wird.
[3] In den Jahren 2007 bis 2011 sanken die Einnahmen aus dem Anzeigengeschäft der Zeitungsverlage weltweit um etwa 41 Prozent, wobei der US-amerikanische Pressemarkt die einschneidendsten Einbußen verkraften musste (vgl. Kornfeld 2012).

ten die Bevölkerung beständig mit Informationen versorgen, als ‚Vierte Gewalt' die Mächtigen in Politik, Wirtschaft und Gesellschaft kontrollieren, den unterschiedlichen Stimmen im öffentlichen Diskurs ein Forum bieten, als Vermittler zwischen den gesellschaftlichen Schichten und Sphären auftreten und sich anwaltschaftlich stark machen für die Belange der Bürger.[4] Trotz aller Schwächen, Unzulänglichkeiten und Irrwege, die dem Journalismus von der wissenschaftlichen als auch von der nutzerseitigen Medienkritik regelmäßig attestiert werden, stünde mindestens aus normativer Perspektive eine tragende Stütze und Instanz der Meinungs- und Informationsfreiheit zur Disposition; denn „democracy requires publishers or journalists only to the extent that their presence is necessary to sustain an informed, unrestrained, and stimulated public sphere" (Esser/Brüggemann 2010: 51-52).

Entsprechend viel Beachtung fand die Eröffnungsrede des Ressortleiters Innenpolitik der *Süddeutschen Zeitung* Heribert Prantl auf der Jahrestagung der Journalistenvereinigung Netzwerk Recherche im Jahre 2009, in der er sich mit der „Systemrelevanz der Presse" beschäftigte (Prantl 2009). Es war laut des Bundesverbands deutscher Zeitungsverleger (BDZV) das Jahr der empfindlichsten Umsatzrückgänge der Verlage in der deutschen Zeitungsgeschichte (vgl. Grabitz 2009). Prantl kritisierte „einen merkwürdigen journalistischen Dekadentismus", der eine Mischung „aus Melancholie, Leichtlebigkeit, Weltschmerz und vermeintlicher Ohnmacht gegenüber Anzeigenschwund und Internet, gegenüber dem Stand und dem angeblichen unaufhaltsamen Gang der Dinge" sei. In den USA seien die Zeitungsverlage ihrer eigenen Geldsucht zum Opfer gefallen. Die Existenzkrise sei hierzulande wiederum nur vermutet, gar herbeigeschrieben und als „Todesnähe" eine willkommene Hysterie, die dem „Kikeriki-Journalismus" dazu diene, in Wonne „sein eigenes fin de siecle" zu schreiben (Prantl 2009). Den Zeitungsverlagen gehe es gut, so Prantl, auch wenn es schwindende Umsätze zu beklagen gebe. Durch Blogs und das Internet verschwinde guter Journalismus aber, so seine Überzeugung, nicht einfach im Bermuda-Dreieck. Die Funktion des Journalismus, war von Prantl anderswo zu hören, bleibe notwendigerweise lebendig und unersetzlich: Journalismus treibe den unbändigen demo-

---

[4] Aalberg und Curran (2012a) haben einen der seltenen Versuche unternommen, in einem Sammelband die Fragen nach und Debatten über die demokratiefestigende Funktion des Journalismus international komparativ zu diskutieren und kommen dabei zu dem Schluss, dass es ein Demokratieproblem darstellt, wenn Nachrichten zu einer Ware werden, die einfach auszuwählen oder zu ignorieren ist. Dies sei unter anderem in den USA der Fall, wo v.a. durch fehlenden Rückhalt journalistischer Angebote im Angebotsspektrum kommerzieller Fernsehveranstalter eine signifikante Zahl an (zudem hauptsächlich bildungsschwachen) Bürgern sich aus dem Nachrichtenstrom ausklinke und damit nicht mehr ausreichend informiert sei, um an der demokratischen Selbstverständigung der Gesellschaft teilzuhaben (Aalberg/Curran 2012b: 199).

kratischen Diskurs an, indem er moderiere und Veränderungen antreibe. Dabei müsse sich natürlich auch die Presse veränderungsbereit zeigen (Prantl 2011).

Man muss in Extremen denken, um nicht nur die Systemrelevanz von Zeitungen, sondern des Journalismus insgesamt in Frage zu stellen: Auch wenn die wirtschaftlichen Einschnitte im deutschen Pressewesen glimpflicher verlaufen als beispielsweise in den USA, wo beträchtlich mehr Zeitungen ihr Erscheinen einstellen mussten, zeigt auch die rezessive Entwicklung hierzulande, dass es dem Journalismus durchaus an den Kragen gehen kann, wenn Nachrichtenorganisationen wirtschaftlich ins Schlingern geraten und nicht mehr ausreichend imstande sind oder zu sein drohen, journalistische Arbeit im notwendigen Maße zu finanzieren. Dass mit ökonomischem Kahlschlag Vielfalt verhindert und Einheitsbrei gefördert wird, wie der Presseforscher Horst Röper diagnostiziert (vgl. Röper 2012), zeigt empirisch messbare Einbußen an journalistischer Qualität – mit allen denkbaren Konsequenzen für die weitere Gängelung der Profession. Als Voraussetzung für die Systemrelevanz steht auch für Prantl das Argument journalistischer Qualität an erster Stelle: Der normative Anspruch an ein „ständiges Verbindungs- und Kontrollorgan zwischen dem Volk und seinen gewählten Vertretern in Parlament und Regierung" – der ehemalige Staatsanwalt Prantl zitiert hier das Bundesverfassungsgericht – ist Privileg und nicht grundlos staatstragende Verpflichtung zugleich. Ein solch „guter Journalismus" habe gute, nein „große Zeiten" vor sich, so Prantl (2009).

Die Metapher großer oder goldener Zeiten verfehlt beim Lamentieren über den Zustand des Journalismus ihre Wirkung als Kontrastmittel in der Regel nicht, und so nimmt es kaum wunder, dass sie in Krisenzeiten gern eingesetzt wird, um Mut machende Zukunftsvisionen zu skizzieren (vgl. u.a. Blau 2010: 138; Neffe 2009). Mut ist bitter nötig, denn längst scheint festzustehen: „Journalismus hat seine exklusive Funktion, durch aktuelle und relevante Informationen zur öffentlichen Selbstverständigung beizutragen, unwiderruflich verloren" (Lünenborg 2012: 8). Mehr noch: Journalismus, ehemals integrales Schmiermittel und Voraussetzung einer kritischen Öffentlichkeit, hat in der digitalen Moderne auf allen wesentlichen Ebenen gesellschaftlicher Kommunikation an Relevanz, Reputation und schlichter Präsenz verloren. Die Kommunikationswissenschaftlerin Lünenborg beschreibt, wie sich die journalistische Aussagenproduktion mit vielfältigen weiteren Formen der öffentlichen Kommunikation zu etwas vermengt habe, das gesammelt mit dem Begriff „Content" bezeichnet wird, zu Inhalten, die von der Mehrzahl der Nutzer kaum noch voneinander unterschieden werden können. Dadurch dass sich die Zahl der Multiplikatoren potenziert hat und damit die Möglichkeiten, über digitale Kanäle selbst publizistisch ein Publikum zu erreichen – sogar mitunter effektiver als über den journalistischen Filter –, sinkt auch die „Aufmerksamkeitsdividende" der Journalisten (Russ-Mohl/

Fengler 2007: 103) erkennbar: Das höchste Privileg des Journalisten ist die öffentliche Präsenz, die ihm seine Arbeit bereitet, sein Zugang zu Macht und Prominenz, der ihm auch einen zeitlichen Vorsprung gegenüber anderen Mitgliedern der Gesellschaft verschafft. Durch die rückläufige, weil nun nicht mehr ungeteilte Aufmerksamkeit, die Journalisten sowohl von ihren Berichterstattungssubjekten als auch von ihrem Publikum zuteil wird, ist auch seine Refinanzierung gefährdet, da selbst diese – über Auflagenzahlen und Einschaltquoten – von der ‚Aufmerksamkeitsdividende' abhängt.

Das Professionalisierungs-Paradoxon

Die wirtschaftlichen Einbußen treffen den Journalismus zudem an seiner empfindlichsten Stelle: an der existentiellen Absicherung seines Personals. Im Laufe der Geschichte waren die Professionalisierungsschübe im Journalismus eng gekoppelt an die Herausbildung, Etablierung und bald Exklusivierung journalistischer Arbeit in Form eines eigenen medialen Wirtschaftszweigs, der durch die hohen Eintrittshürden, die mit den Voraussetzungen zur Informationsdistribution verbunden waren, kaum Konkurrenz fürchten musste und deshalb hochprofitabel wurde. Unter dem Dach von Zeitungshäusern konnte er florieren, sich seine Unabhängigkeit erstreiten und ein ums andere Mal verteidigen. Werden diese organisationalen Rahmungen, in denen der Journalismus traditionell agiert, geschwächt, drohen sich auch die Professionalisierungscharakteristika aufzulösen, was in der Vermischung von Anzeigen und redaktionellen Inhalten Ausdruck findet oder auch in der Lage vieler freier Journalisten, die mit als erste unter den Sparmaßnahmen der Medienhäuser zu leiden hatten und sich verbreitet nicht mehr mit Journalismus allein ernähren können, sondern auch Aufträge im Bereich der Öffentlichkeitsarbeit/PR annehmen müssen und damit notgedrungen in Gewissenskonflikte und eine *déformation professionelle* geraten.

Journalismus hat sich zu einem Niedriglohnsektor entwickelt, in dem seit Jahren Leiharbeit und Scheinselbständigkeit Einzug halten. Die Besetzung frei werdender Redakteursstellen mit freien Journalisten, die bei gleicher Arbeit als Pauschalisten weitaus weniger verdienen und sich um ihre Gesundheits- und Altersvorsorge selbst kümmern müssen, oder auch die Auslagerung ganzer Redaktionen in Servicegesellschaften machen den journalistischen Arbeitsmarkt zum sozialpolitischen Problemfall. Zugleich wird die Preisspirale für journalistische Leistungen weiter nach unten getrieben: Sogenannte ‚Content-Farmen' lassen Journalisten zu Niedrigsthonoraren maßgeschneiderte Inhalte zu momentan populären Suchmaschinenbegriffen erstellen, deren einziges Ziel es ist, Klicks zu generieren (vgl. Bakker 2012; Spanger 2010).

Zeilenhonorare bewegen sich vielerorts auf dem Niveau der 1980er Jahre (vgl. Biermann 2008). Praktika für Berufsanfänger werden nicht oder mit nicht nennenswerten Stundenlöhnen von unter drei Euro vergütet (vgl. Schmidt/Hecht 2011: 21). Vermehrt werden deshalb die Konsequenzen der fragwürdigen Honorierung für die Arbeitszufriedenheit und Lebenssituation von Journalisten zum öffentlich diskutierten Thema: Für eine auflebende Debatte über den Wert journalistischer Arbeit sorgten im Rahmen von Tarifverhandlungen die Pläne der Arbeitgebervertreter, das Einstiegsgehalt von Journalisten um 30 Prozent zu reduzieren (vgl. Roth 2011). Der Eindruck, Journalisten gehörten bei wachsender Arbeitsbelastung zu den „größten Gehaltsverlierern des Jahrzehnts" (Kietzmann et al. 2011), trieb vor allem junge Nachwuchsberichterstatter auf die Straße. Mancher fühlte sich gar als „Content-Sklave" (Voigtländer 2011: 11) missbraucht. Auch international wird diese Tendenz mit Sorge beobachtet: „All this amounts to a heteronomous situation which cuts journalists off from the practice they want to conduct." (Couldry 2012: 194)

Dagegen scheint die Anziehungskraft des Berufs ungebrochen: Journalismus-Studiengänge an Universitäten und Fachhochschulen erleben einen nahezu ungebremsten Bewerberansturm. Die Journalistenschulen in Hamburg, München und Berlin tragen weiterhin den Nimbus von Edelfederschmieden, die hervorragende Einstiegs- und Vernetzungsmöglichkeiten in die Branche versprechen. Journalismus wurde vom „Anlernberuf" (Meier 2007: 58) zu einem Job, den heute zum überwiegenden Großteil Akademiker ergreifen (vgl. Lilienthal/ Schnedler 2012): Hervorragend ausgebildete, zudem (auch international) sprachgewandte und vielfach praxiserfahrene Hochschulabsolventen, die für ihren Traumjob nicht nur prekäre Arbeitsbedingungen in Kauf nehmen, sondern zum Teil auch ein erhebliches finanzielles Risiko eingegangen sind. Während in den USA zahlreiche Redaktionen schließen und in nur wenigen Jahren zehntausende Journalisten ihren Job verloren haben, zahlen Journalismus-Studenten an der renommierten Columbia University 75.000 US-Dollar pro Studienjahr. In Deutschland kostet ein Journalismus-Studium mancherorts immerhin einen mittleren vierstelligen Eurobetrag im Semester. Ob sich die Investition auszahlt, ist eine von vielen unbeantworteten Fragen in der Diskussion um die Zukunft des Arbeitsfeldes. Erklärungsversuche für die aufopferungsvolle Hingabe von Jungjournalisten bemühen nicht selten das Argument der Leidenschaft, der „Liebe auf den ersten Blick" (Friedrichs 2012), und streichen den Spaß am Beruf heraus (Lill 2012), der im Journalismus trotz allem einen signifikanten Ausschlag für die Jobwahl gebe.

Der Spaß-Faktor ist sicherlich nicht zu unterschätzen, doch wird ebenso gern der Aufopferungswille beschworen und das Bonmot bemüht: „Qualität kommt von Qual" (Prantl 2010). Sicherlich sind damit nicht nur die (Jung-)

Journalisten, sondern auch die Geschäftsführer ihrer Medienhäuser gemeint, die sich quälen, um ihren Journalisten angemessene Arbeitsbedingungen zu ermöglichen. Demgegenüber steht eine existentielle Verängstigung tausender Journalisten, die auch in Deutschland im Rahmen von Rationalisierungsprozessen in großen Zeitungsverlagen wie DuMont Schauberg, Springer, Süddeutsche Medien Holding oder WAZ ihre Festanstellung verloren haben. Journalismus heute gibt sich als ambivalente Leidensgeschichte, deren Protagonisten in teils selbstaufopfernder, teils abgestumpfter Leidenschaft ihrer Berufung nachstreben. Nicht erst die jungen Mitarbeiter werden durch die soziale Unsicherheit potenziell gehemmt in ihrer Leistungs- und Veränderungsbereitschaft, auch bei der Förderung erfahrener älterer Redakteure wird systematischer Nachholbedarf angemahnt (vgl. Russ-Mohl 2012).

Die Qual der Wahl

Aus der Nutzerperspektive stellt sich die Gesamtsituation durchaus weniger dramatisch dar: Bis auf wenige Ausnahmen (wie die Streikwelle im Jahr 2011) erscheinen Zeitungen regelmäßig, nur sehr vereinzelt stellten Titel in der jüngeren Vergangenheit ihr Erscheinen ein (u.a. *Deister-Leine-Zeitung, Rheinischer Merkur*). Die öffentlich-rechtlichen Rundfunkanstalten haben ihr journalistisches Angebot sogar ausgeweitet, hauptsächlich über ihre neuen Digitalkanäle und die begleitenden Webangebote der Nachrichtensendungen *Tagesschau* und *heute*. Auch die Nachrichtenwebsites von Pressehäusern erfuhren eine immense Aufwertung und werden als komplementäre oder alternative Informationsquelle zu den regulären Verlagsangeboten genutzt. Kurzum: Es stellt sich der Eindruck ein, dass es heute mehr Nutzer journalistischer Inhalte gibt denn je. Die Nutzungszahlen von Nachrichtenwebsites übertreffen die Auflagenrückgänge der Schwesternzeitungen zurzeit in der Regel noch beachtlich. Hinzu kommt eine überbordende Vielzahl anderer Destinationen im Internet, die sich als Informationsquellen wachsender Beliebtheit erfreuen – eine goldene Zeit also für den Nutzer: „For citizens, this is a golden age of news, a time when people have never had greater access to more news and information." (Ryfe 2012: 198)

Das Netz hält nicht nur zahlreiche journalistische Angebote bereit, einschließlich unabhängige Blogs von freien Journalisten, sondern in der Masse deutlich mehr nicht-journalistische Informationsquellen, die sich dem Nutzer ebenfalls andienen, darunter frei zugängliche enzyklopädische Ressourcen (z.B. Wikipedia), themenspezifische Datenbanken (z.B. Internet Movie Database), Diskussions-Foren (z.B. urbia.de, gutefrage.net), Aggregationsdienste (z.B. Flipboard, BuzzFeed), soziale Netzwerke (z.B. Facebook, Xing, Linkedin), Kommu-

nikationsdienste (z.B. Twitter, WhatsApp) bis hin zu interaktiven, standortge-
bundenen Diensten/Location Based Services (z.B. Google Places, Foursquare),
Verkaufsportalen (z.B. Amazon) und unzähligen weiteren Angebotsformen für
thematisch, geographisch oder zielgruppenspezifisch zugeschnittene Inhalte. Für
jedes Informationsbedürfnis scheint es im Netz eine befriedigende Lösung zu
geben, die jedoch nicht (mehr) zwingend journalistischer Natur sein muss. So
finden sich unter den zeitgenössischen Granden bei der Distribution von Information und der Herstellung von Öffentlichkeit nicht mehr allein klassische
Nachrichtenmarken wie *Der Spiegel, Süddeutsche Zeitung, Deutschlandfunk*
oder *Tagesschau*, sondern auch Plattformen ohne journalistisches Angebotsprofil
wie Google, YouTube, Facebook, Twitter, Flickr oder Instagram, die einen hohen Zulauf erfahren.

Der digitale Wandel nun hat diese Entwicklung angestoßen und zeigt schon
jetzt eindrucksvoll, wie grundlegend sich die Voraussetzungen der Mediennutzung und des publizistischen Handelns verändert haben: sowohl für die Verarbeitung, Verbreitung und Nutzung von Information als auch für die interpersona-
le Kommunikation. Es ist die unbändige technologische Evolution, die den Aufstieg des Journalismus erst möglich machte, ihn jetzt allerdings durch die mit
digitalen Informations- und Kommunikationstechnologien gewachsene Fülle an
Quellen zunehmend unter Druck setzt sich anzupassen, neue Formen und Wege
zu erschließen und gleichzeitig seine Stärken und Pflichten nicht aus dem Blick
zu verlieren (vgl. Conboy 2013: 148-168; Gordon 2012). So bietet sich dem
Nutzer ein medial verschmolzenes Potpourri aus Informationsangeboten, dank
internetfähigem Endgerät und Browseranwendung mit wenigen Klicks erreichbar. Dies verändert die Voraussetzungen für die Nutzung von Medieninhalten
radikal: Journalistische Angebote standen schon immer im intermedialen Wettbewerb mit anderen Informationsquellen, doch waren die Mediengrenzen klar
vermessen. Inhalte waren an mediale Gefäße gebunden, ob an das Zeitungspapier
oder das Buch, den Fernsehapparat oder den Radioempfänger. Demgegenüber
bietet das Internet Multimedialität in einer integrierten Medienumgebung:
„Merging Media ist die Konsequenz der Konvergenz auf allen Ebenen der medi-
envermittelten Kommunikation, es ist gewissermaßen ihr Superlativ." (Fle-
cken/Hege 2012)

Die mediatisierte Lust am Publizieren

Die Verbreitung des Internet trieb die Konturierung einer ganzen Reihe neuer
Paradigmen der Weltwahrnehmung voran, die als Metaprozesse der Individualisierung, Globalisierung und Kommerzialisierung beschrieben werden und sich

nach und nach verdichtet haben und unter dem prägenden Einfluss digitaler Medientechnologien zu einem vorläufigen Höhepunkt der Mediatisierung aller Lebensbereiche führten. Unter Mediatisierung ist nach Krotz (2001; 2007) ebenfalls ein starker Metaprozess des sozialen Wandels zu verstehen, der die Prägung der Alltagswelt durch eine Vielzahl technischer (Kommunikations- und Informations-) Medien beschreibt. In diesem Zusammenhang ist die These leitend, dass „sich im Rahmen der gesellschaftlichen Entwicklung Kommunikation durch immer neue Medien immer weiter in verschiedene Formen ausdifferenziert. Genauer sind nicht die Medien dabei der aktive Teil, sondern die Menschen in ihrem Umgang mit den Medien" (Krotz 2001: 19). Im Konzert der hier angesprochenen Metaprozesse wandeln sich Kultur und Gesellschaft mit und durch die Medien, die in ihnen wiederum wandelbar zur Anwendung kommen. Damit ist die Mediennutzung ebenso Veränderungen unterworfen und damit auch die Bedeutung einzelner Medien für die Nutzer. Durch die Omnipräsenz technischer Kommunikations- und Informationsmedien sinkt zum einen die Abhängigkeit von Einzelmedien, doch ist davon auszugehen, dass die Relevanz und Abhängigkeit von Medientechnologien insgesamt in allen Lebensbereichen zunimmt.

Eine wichtige Rolle spielt hierbei die schiere Verfügbarkeit von Inhalten und Findwerkzeugen, die das digitale Medienumfeld in Bezug auf ihren Umfang, die Vielfalt und Effizienz in bisher ungekanntem Maße bereithält. Die Durchdringung alltäglicher Lebenswelten mit Informations- und Kommunikationstechnologien, insbesondere mobilen Endgeräten, die es dem Nutzer erlauben, jederzeit und überall medial vernetzt zu sein und damit auch medial vernetzt zu agieren, hat dazu geführt, dass für weite Teile der Bevölkerung die medialen Sphären in erstaunlicher Rasanz zum bevorzugten, weil kommoden Lebensraum geworden sind (vgl. Deuze/The Janissary Collective 2012). Deshalb sind die Handlungsebenen des Individuums heute weitestgehend technologischen und ökonomischen Imperativen ausgesetzt. Das betrifft erst recht die Mediennutzung und ihre Aneignung. Die Mediatisierungsprozesse in der digitalen Moderne stellen den Journalismus deshalb vor neue, wenn auch nicht unvorhergesehene Herausforderungen. Anders aber als beim Aufkommen der Druckmedien, der Fotografie, des Hörfunks und des Fernsehens, die die Konturierung und das Erstarken des Journalismus als Mittel der gesellschaftlichen Selbstbeobachtung und Selbstverständigung erst möglich gemacht haben, hat das Berufsfeld nun mit immensem Nachholbedarf zu kämpfen: Zu spät machte es sich die neu etablierten Medientechnologien zu eigen und fremdelte zu lange mit dem Internet, das sich durch seine Asynchronität, Non-Linearität und kommunikative Pluridimensionalität primär als Netzwerkmedium auszeichnet, weniger aber als Massenmedium. Betroffen waren – und sind – sowohl redaktionelle Arbeitsroutinen als auch bewährte Geschäftsmodelle, die sich, übertragen auf das Internet, bald als problematisch erwiesen.

Im Zentrum dieses Netzwerkmediums stehen die Bedürfnisse der Nutzer: Diese scannen nicht mehr nur journalistische Bastionen nach Neuigkeiten und Wissenswertem, sondern durchforsten sämtliche ihnen zur Verfügung stehenden Ressourcen und bestimmen damit selbst die Bedingungen, unter denen sie sich informieren. John Hartley sieht die Prägkräfte der Medien (vgl. auch Hepp 2012) als stärker denn je, den Journalismus jedoch als eine Quellengattung von vielen marginalisiert:

> „Individuals will exercise their right to communicate – but won't bother with other journalism, whether individual or industrial. The public will comprise more writers than readers. Such an eventuality contradicts the historic achievement of journalism itself as a textual system, namely the creation oft he most important reading public of modernity – the public itself. The prospect of the democratization of public writing is therefore a serious threat to journalism as we know it." (Hartley 2000: 43)

Eine daraus erwachsende „redaktionelle Gesellschaft" (vgl. ebd.) zeichnet sich demnach dadurch aus, dass sie den traditionellen gesellschaftlichen Institutionen und ihren Auswahlvorgaben eigene Kompetenzen bei der Selektion und auch Produktion von als relevant erachteten Informationen entgegensetzt. Journalismus versteht Hartley nicht mehr primär als Profession (die ohnehin keine geschützte und insofern zertifizierte Berufsbezeichnung ist), sondern als eine Form von Medienkompetenz für Jedermann, die er in der Befähigung zum kreativen Auswählen, zum öffentlichen Artikulieren und Publizieren erkennt. Dass Jugendliche und junge Erwachsene in Deutschland laut einer Studie der TU Dresden gravierend weniger klassische Nachrichtenangebote nutzen als über 30-Jährige (Donsbach 2012: 4-6), muss demzufolge nicht zwangsläufig von einer Unlust am Diskurs und Ignoranz gegenüber dem Weltgeschehen zeugen, sondern im Gegenteil als Emanzipation gegenüber der Wirklichkeitskonstruktion massenmedialer Nachrichtenorganisationen und damit als „gelungene Medienbildung" (Weber 2012).[5]

Die Lust des deutschen Durchschnittsbürgers an der elektronischen Medienwelt insgesamt ist kontinuierlich gestiegen und befindet sich auf einem Allzeithoch: Nie wurde mehr Zeit vor einem Bildschirm verbracht als heute (vgl. ARD/ZDF 2012). Laienkommunikation erhält im frei zugänglichen Internet wie z.B. bei YouTube oder auf Blogs (Open Web) wie auch in zugangsbeschränkten

---

[5] Beispielsweise haben Emmer und Kollegen (2011) am Forschungsgegenstand der politischen Online-Kommunikation in Deutschland erhebliche Unterschiede zwischen jüngeren und älteren Mediennutzern beim Umgang mit klassischen Informationsmedien und den Kommunikationsalternativen im Internet nachgewiesen.

Bereichen wie z.B. in sozialen Online-Netzwerken (Closed Web) hohe Publizität – bei, verglichen mit analogen Publikationsformen, sehr niedrigem Aufwand. Über den Kurzmitteilungsdienst Twitter erreichen Nutzer Abonnentenzahlen in vierstelligem Umfang. „Human Brands" (Gauß 2005) beziehungsweise „Personenmarken" (Kaufmann 2005) wie Lady Gaga oder Justin Bieber scharen dort mehrere Millionen Nutzer um sich. Eine Wette zwischen Ashton Kutcher und dem Nachrichtensender CNN, wer zuerst eine Million ‚Follower' sammelt, entschied der Schauspieler in bloß einer Woche für sich und stilisierte sich vielsagend selbst zum „king of the media", der im Alleingang ein News Network bezwungen habe (zitiert nach: Cross 2011: 124).

53 Prozent aller Internetnutzer in Deutschland im Alter ab zehn Jahren kommunizierte im Jahr 2012 privat über Social Network Sites (SNS), unter den 16-24-Jährigen waren es sogar 91 Prozent (Statistisches Bundesamt 2012). Jeden Tag generieren die Mitglieder der zurzeit mächtigsten Netzwerk-Plattform Facebook eine Datenmenge von ca. 500 Terabyte, die sich aus etwa 2,7 Milliarden empfohlener Websites und 300 Millionen hochgeladener Fotos zusammensetzen (vgl. Tam 2012). Auch wenn Facebook möglicherweise bald einen ebensolchen Popularitätsabfall erleben sollte wie die vormals so beliebten Plattformen MySpace und StudiVZ, markiert der Siegeszug des Social Web eine Evolutionsstufe in der öffentlichen Kommunikation, hinter die vermutlich weder die soziale noch die mediale Entwicklung zurückspringen wird. Für den Journalismus mag das noch weitaus tiefgreifendere Folgen haben als durch vorhergehende Meilensteine der Mediengeschichte wie die Einführung des Live-Fernsehens oder des Mobiltelefons. Mitglieder solcher sozialen Online-Communities nutzen die Netzwerkstrukturen vor allem auch zur informationellen Selbstversorgung: Chris Anderson, ehemaliger Chefredakteur des Technologie- und Lifestyle-Magazins *Wired*, sieht den schlagenden Vorteil der interpersonalen Netzwerkkommunikation gegenüber journalistischen Angeboten in der Glaubwürdigkeit und vermeintlichen Authentizität des persönlichen Freundeskreises: „Was könnte glaubwürdiger sein, wenn Menschen über das berichten, was ihnen selbst am wichtigsten ist? Es gibt eben Wege, um Ansehen, Glaubwürdigkeit, Autorität, Genauigkeit zu erreichen, die nicht journalistisch sind" (zitiert nach: Kramp/Weichert 2011: 94). Dabei gehe es laut Anderson auch um Prinzipien, mit denen man sich das Vertrauen anderer Mediennutzer erarbeite, zum Beispiel indem man sich auf Augenhöhe mit ihnen verknüpfe, konsequent seine Fehler offenlege und sie transparent korrigiere – Prinzipien, deren Nichtbeachtung bei Journalisten häufig kritisiert wird. Die Kommunikationswissenschaftlerin Helena Sousa, die einst als Journalistin arbeitete, bewertet die hierbei zugrundeliegenden Strukturveränderungen der Öffentlichkeit als unumkehrbar:

„The exponential proliferation of information production centres and the extraordinary expansion of audiences' participatory power appear to be at the heart of the paradigmatic shift. In this irreversible structural reconfiguration of the public sphere, journalism has lost its monopoly as the principal narrator of the present in the public sphere. Journalism might well maintain its core professional values and techniques but the digital age has fundamentally eroded its role as the actuality storyteller."
(Sousa 2006: 380)

Wenn sich die Zivilgesellschaft vor diesem Hintergrund anscheinend vermehrt durch „öffentliche Eigenartikulation" (Lünenborg 2005: 145) organisiert, dient sich als alternativer Partner des Journalismus der Nutzer selbst an: Unter dem Begriff der ‚Participatory Culture' werden seit einigen Jahren vorrangig in den USA Konzepte diskutiert, in denen der Bereitschaft der Bürger, ihre Haltungen und Meinungen über das Internet mit anderen Bürgern zu teilen, ein enormes Potenzial für die Stärkung zivilgesellschaftlichen Engagements beigemessen wird (vgl. Jenkins 2009; Rosenbaum 2011). Damit diese „Massen-Selbstkommunikation" (Castles 2010: xxvii-xxxi) auch produktiv für die Herstellung einer kritischen Öffentlichkeit urbar gemacht werden kann und nicht zwangsläufig zu einer Unterminierung professioneller journalistischer Produktions-, Auswahl- und Emissionsprozesse ührt, setzen innovative Konzepte auf Kooperationen zwischen Redaktionen und artikulationsbereiten Nutzern. Im Idealfall helfen Bürger dem Journalismus dadurch, seine Aufgaben effektiver zu erfüllen.

Noch gilt klassischer Journalismus Vertretern eines ‚Public Journalism', der die Perspektive und Angelegenheiten der Bürger stärker in den Vordergrund der Berichterstattung rücken möchte, vielmehr als Ursache denn als Lösung von Politikmüdigkeit und Unlust am zivilgesellschaftlichen Engagement, weil sich Journalisten in der Praxis mitunter Tendenzberichterstattung, Elitarismus, Unfähigkeit zur Selbstkritik und fehlende Sorgfalt vorwerfen lassen müssen (vgl. Lünenborg 2005: 145). Was erodiert, ist die Zuversicht netzaktiver Nutzer in den Journalismus als lohnende Quelle für das persönliche Informationsverhalten.[6] So kommen Journalisten nicht selten zu spät und können allenfalls aufgreifen, (re-) kontextualisieren oder weiterspinnen, was sich im Netz zu Themen, Diskussionen oder gar neuen Diskursphänomenen wie ‚Shitstorms' (vgl. Wefing 2012) verdichtet. Journalisten verwandeln sich auf diese Weise von Themensetzern in Themenverwalter, weil sie immer seltener das für sich behaupten können, was der Journalismus-Professor Jay Rosen als Motto des Berichterstatters von gestern beschrieben hat: „I'm There, You're Not, Let Me Tell You About It." (Rosen 2012) Wenn heute ein Flugzeug abstürzt, ein Amokläufer sein Unwesen treibt

---

[6] Diese Skepsis findet ihren Niederschlag unter anderem in Bevölkerungsbefragungen, bei denen Journalisten in der Regel weit weniger Ansehen zuteil wird als anderen Berufsständen (Institut für Demoskopie Allensbach 2008; 2011; Donsbach 2009; vgl. auch Pöttker 1997).

oder Waldbrände beginnen zu wüten, gibt es darüber meist zuerst aus Nutzerperspektive etwas zu lesen oder zu sehen, wenn Augenzeugen kamerafähige Mobiltelefone bei sich führen. Wenn Bürgern vormals exklusiv Medienunternehmen vorbehaltene Instrumente zur Herstellung von Öffentlichkeit zur Verfügung stehen, werden sie zwar nicht automatisch zu ‚Bürgerjournalisten‘, sie übernehmen aber einen Teil der Kontrolle über die Konstruktion von Öffentlichkeit: „The people formerly known as the audience are simply the public made realer, less fictional, more able, less predictable." (Rosen 2006)

Unique Selling Point

Die Furcht, diese Ermächtigung der Nutzer könne journalistische Angebote überflüssig machen, ist unbegründet (empirische Belege liefert Neuberger 2012). Allein die Möglichkeit, sich publizistisch zu betätigen und über Medientechnologien auch eine signifikante öffentliche Reichweite herzustellen, bedeutet nicht, auch journalistische Werte und Normen zu reflektieren und die normativen Regelstrukturen des Journalismus zu akzeptieren und anzuwenden. Dennoch verliert der Journalismus auch deshalb im Netz der Vielen, in dem jeder News publizieren kann, seine hegemoniale Rolle als erste Erzähl- und Sinnagentur der Öffentlichkeit, weil die *eine* massenmediale Öffentlichkeit nur noch schwerlich herzustellen ist. Vielmehr ist Journalismus mit der Aufgabe konfrontiert, neue Vermittlungs- und Rollenkonzepte für ein Geflecht an personenzentrierten Paralleöffentlichkeiten zu erproben – mit der Schwierigkeit, dass in diesen sich gegenseitig überlappenden öffentlichen Sphären allein das zählt, was Nutzer individuell als relevant einschätzen, auswählen und selbst weiter verbreiten – häufig über soziale Netzwerke. Jan Schmidt (2011: 107-134) spricht deshalb von „persönlichen Öffentlichkeiten", durch die sich die Praktiken des Identitäts-, Beziehungs- und ganz wesentlich auch des Informationsmanagements wandeln. Andererseits behaupten sich Netznavigatoren wie Google, die mit automatisierten Algorithmen die Informationssuche unter den Einfluss kommerzieller Interessen stellen. Die Herausforderung für Journalisten besteht darin, einerseits neu entstehende Formen von Öffentlichkeit zu antizipieren und in ihre Arbeit zu integrieren, andererseits ihren eigenen Einfluss bei der Herstellung von Öffentlichkeit angesichts des Medien- und Gesellschaftswandels wenn nicht zu erweitern, dann doch zu stabilisieren (vgl. auch Fraas/Meier/Pentzold 2012: 36-45).

So sehr sich die öffentliche Kommunikation an die gesellschaftliche Peripherie verlagert und gleichzeitig bar geeigneter Alternativen kommerziell ausgerichteten Suchalgorithmen unterworfen wird, haben es journalistische Angebote schwerer, wahrgenommen zu werden. Mit Blick auf junge Alterskohorten, deren

Mediennutzung sich zuweilen durch den weitgehenden Ausschluss journalistischer Angebote auszeichnet, kann sogar angenommen werden, dass dem Journalismus bereits der öffentliche Auftrag von Information, Kritik und Kontrolle zumindest von diesem Teil der Bevölkerung entzogen wurde oder nicht mehr exklusiv zugerechnet wird. Journalistische Informationsbouquets werden in den individuellen Medienmenüs der Nutzer bedarfsgerecht ersetzt durch alternative Angebote, deren primäres Ziel es nicht sein mag – und gemessen an den normativen Bedingungen journalistischen Arbeitens auch nicht sein kann – journalistische Angebote zu substituieren. De facto werden sie aber alternativ genutzt und setzen sich in den Repertoires der einzelnen Nutzer zu höchst differenten Quellen-Mosaiken zusammen.

Die daraus resultierende Gretchenfrage: Wie kann seine Kernaufgabe ansprechend und wettbewerbsfähig wahrgenommen werden, was ist das Alleinstellungsmerkmal des Journalismus in einem sich rasant wandelnden und ausdifferenzierenden Angebotsspektrum in der digitalen Medienumgebung? Die Chance des Journalismus im Kampf um das Interesse und Zeitbudget der Mediennutzer liegt unter anderem in deren Bequemlichkeit: Je komplexer, unübersichtlicher und damit auch unsicherer und potenziell zusammenhangloser die Quellen- und Informationslage ist, desto alternativloser werden Angebote, die professionell, zuverlässig, kenntnisreich und verständlich Informationen aufbereiten und vermitteln und damit den Nutzer von der Aufgabe entlasten, sich mühsam selbst einen Überblick zu verschaffen, die mitunter disperse und kleinteilige Informationslage zu ordnen und daraus Sinn zu schöpfen.

Der klassische Nachrichtenjournalismus hat das Meldungswesen darüber, was vor Ort und in der Welt geschieht, bereits sukzessive an den unablässigen News-Strom im Internet abgetreten, der gespeist wird aus Blogs, Kommentaren, Kurzmitteilungen, Fotos und Videos über die zahlreichen Kanäle und Verteilplattformen des Social Web. Dieser Prozess wird sich wahrscheinlich noch verstärken. Schon jetzt besinnen sich Nachrichtenanbieter in Fernsehen und Radio, der gedruckten Presse und auch im Internet auf ihre journalistischen Kernkompetenzen, die nicht im „Nano-Publishing" (vgl. Gillmor 2006: 153) liegen, sondern in der Herstellung kritischer Publizität durch die Darstellung von Zusammenhängen, Hintergründen und verborgenen Missständen angesichts der Durchsättigung informationeller Angebotsstrukturen mit nicht-journalistischen und insgesamt am Marktprimat ausgerichteten Konsumgütern. Die Stärke des journalistischen Organisationsapparats – sofern intakt und finanziell abgesichert – liegt im (Erfahrungs-) Wissen seiner Mitarbeiter, die es ermöglichen, für die Gesellschaft relevante Themen unabhängig und in steter Verbindlichkeit zu erkennen und zu problematisieren – gerade auch solche, die nicht für die Öffentlichkeit bestimmt sind – und eine gesellschaftliche Auseinandersetzung mit ihnen zu ermöglichen.

Das bedeutet einen offensiven Einsatz von Dossiers, ausführlichen Features, Reportagen, Portraits, Dokumentationen – großen Erklärstücken und Geschichten, die große Autoren hervorbringen – aber nicht Meldungen, Nachrichten, so exklusiv sie auch sein mögen. Natürlich bleibt das schnelle Nachrichtenwesen ein Kernbestandteil der Branche, kann aber durch den zusammengeschalteten Informationsfluss im Netz nur noch von wenigen potenten Anbietern geleistet werden. Der eigentliche Mehrwert liegt daher im Lokalen wie mit globaler Perspektive zukünftig noch stärker auf der Einordnung und Herstellung von Zusammenhängen, eine Funktion, die im Wettrennen um die schnelle Berichterstattung im Netz der Echtzeitkommunikation schnell vergessen wird (vgl. Pöttker 2012). Nur sind die Voraussetzungen für einen solchen ausgeruhten, durchdachten und sorgfältigen Journalismus mit langem Atem ungenügend kompatibel mit dem Spardiktat in vielen Medienhäusern und mit der begleitenden Arbeitsunzufriedenheit, die letzten Endes droht, in Deprofessionalisierung zu münden (vgl. Weischenberg/Malik 2006: 189-190).

Innovationsverdruss

Der digitale Markt für Kommunikations- und Informationsdienstleistungen hat sich bereits als hochprofitabel erwiesen. Startups generierten innerhalb weniger Jahre Millionen- und Milliardenwerte. Auch bei der Vermarktung von journalistischen Inhalten hatten bislang journalismusfremde Anbieter die Nase vorn, mit Geschäftsmodellen, die sich darauf verstanden, Nachrichten zu aggregieren, zu vertreiben oder zu kommentieren – aber nicht, Nachrichten zu produzieren (vgl. Phillips/Witschge 2011: 19-20). „Innovate or die" – lautet deshalb der Rat, den der Londoner Medienberater Juan Señor (u.a. 2008; 2009) seinen Kunden aus dem Nachrichtengeschäft rund um den Globus mit auf den Weg gibt. Seine Argumentation ist einfach und zugespitzt: Wer sich nicht neu erfinde und von Medienunternehmen zu Informationsmaschinen wandle, bekomme ernsthafte ökonomische Probleme. Dass revolutionäre Transformationen gelängen, davon zeuge eindrucksvoll der Technologiekonzern Apple. Bei Nachrichtenorganisationen sollten aber die Inhalte im Vordergrund stehen, nicht die Technologie oder die Plattform. Daher müssten die Redakteure, die Journalisten oder vielmehr „Journalysten" nicht die Techniker in ihrem Medienunternehmen, sondern sich selbst als Innovatoren begreifen. Señor trifft damit die Verlage und Sender empfindlich, beschränkten sich deren Innovationsstrategien in jüngster Zeit doch hauptsächlich auf die Entwicklung von Anwendungen für neue technologische Endgeräte (v.a. Apps für Smartphones und Tablet-PCs), also neuen Verwertungsmöglichkeiten für das klassische journalistische Produktportfolio, und galt eben nicht dem Vorhaben, das journalistische Angebot selbst zu hinterfragen und neu zu denken. Statt die Diskursmodalitäten der Netzöffentlichkeiten nachzuahmen, sollten neue eigene „narratives of the digital world" entwickelt werden.[7] Mit anderen Worten: Journalisten müssten in die Offensive gehen, ihre ureigene Kompetenz auf das neue Medienumfeld anwenden. Rationalisierungen statt Investitionen in die redaktionellen Kernbereiche schaffen wiederum ein denkbar ungünstiges Innovationsklima, das von Mitarbeiter-Motivation beziehungsweise. -Anreizen, Arbeitszufriedenheit und der Lust an der Veränderung angetrieben wird.[8] Richard Gringras, Leiter der Abteilung Nachrichtenprodukte beim Internetkonzern Google, schlug in seiner Keynote auf der Jahreskonferenz 2012 der Association for Education in Journalism and Mass Communication in dieselbe Kerbe:

> „In light of these dramatic changes, we need to rethink *every* facet of the journalism model. I'm not suggesting that everything MUST change, but a comprehensive rethinking is a necessary and valuable intellectual process. We owe it to ourselves, we owe it to the importance of our journalist mission to consider and reconsider all options, all opportunities for positive change. Frankly, that re-thinking, that re-creation will happen whether we want it to or not." (Gringras 2012 – Hervorh. i. Orig.)

In journalistischen Reihen wird dieser Ruf keineswegs überhört. Alan Rusbridger, Chefredakteur der britischen Tageszeitung *The Guardian*, betont in nicht minderer Radikalität die veränderten Rahmenbedingungen der digitalen Medienwelt, die Journalisten ernst nehmen müssten: „I think the only way to do digital is to remember that it's a completely new world, and you have to play by that new world's rules." (zitiert nach: Clark 2012) Praxisprojekte wie das internationale Netzwerk Hacks/Hackers aus Journalisten und Programmierern (hackshackers.com) versuchen genau dies: Innovative Werkzeuge für den digitalen Journalismus zu entwickeln und dabei das Knowhow von Daten- und Software-Spezialisten mit journalistischem Impetus zu nutzen.

Der Journalismus und seine Medienorganisationen haben in der digitalen Evolution viel verpasst. Nicht erst die grassierende „Erwartungsunsicherheit"

---

[7] Die Suche nach transmedialen, insbesondere non-linearen Narrativen im Journalismus berührt auch die Diskussion in anderen Sektoren bezüglich der Vermarktung von Medieninhalten, bei denen neue Wege des ‚Storytellings' erkundet werden, wie zum Beispiel mit Blick auf Fernsehformate (vgl. Evans 2011; Gaskins 2012; Giovagnoli 2011; Moloney 2011).

[8] Die Bestimmung des Innovationsklimas in Relation zu einzelnen Faktoren lässt sich aufgrund der Komplexität abhängiger Variablen empirisch nur schwer bestimmen, theoretisch aber insofern auf Aspekte der Wahrnehmung einer Organisation durch ihre Mitarbeiter annäherungsweise skizzieren, als dass sie es sind, welche die Umsetzung von Innovationen mitzutragen haben (vgl. Hübner 2002: 131-132) In der Kultur- und Kreativwirtschaft ist der Innovationserfolg noch deutlich stärker von den Mitarbeitern abhängig, da sie eine größere Verantwortung bei der Entwicklung und Implementierung von Ideen zur Erneuerung betrieblicher Prozesse haben (vgl. Bilton 2007: 28).

(Jarren/Künzler/Puppis 2012: 13) von Verlagen und Sendern im Umgang mit dem Internet mag dazu geführt haben, dass die Branche regelmäßig von disruptiven Innovationen überrumpelt wurde, statt sich selbst als Innovator zu betätigen (vgl. auch Kramp/Weichert 2012). Als disruptiv werden solche Neuerungen bezeichnet, die – zum Beispiel durch den technologischen Wandel – bestehende Produktions- und Vertriebsstrukturen herausfordern und drohen, sie unwirtschaftlich werden zu lassen, weil der Zuspruch der Konsumenten verlagert wird (vgl. Yu/Hang 2009). Der bahnbrechende Aufstieg von Internetunternehmen wie Google (einschließlich YouTube), Facebook, Twitter und Apple zu globalen Machtkonglomeraten der Medienindustrie unterstreicht, wie sehr Journalismus durch die Innovationsschübe digitaler Medien- und Kommunikationstechnologien und den davon ausgehenden sozialen und ökonomischen Veränderungen überrascht wurde und häufig den Anschluss an die Entwicklung verlor, wenn es darum ging, neu geschaffenes Terrain zu bespielen: Da Journalismus noch immer vorrangig als Kulturpraxis linearer Informationsvermittlung verstanden wird, bleibt er stets anfällig für deteriorative Auswirkungen disruptiver Innovationen. Dies drückt sich auch in dem von FAZ-Herausgeber Frank Schirrmacher (2012) beschriebenen „darwinistischen Überlebenskampf" zwischen „Giganten" wie Google, Facebook und Apple und den Presseverlagen aus, der sich längst zu einem Ausleseprozess ausgewachsen habe. Bei diesem Kräftemessen verwendeten die Medienorganisationen ihre Kraft maßgeblich auf die Schaffung regulativer Maßgaben wie bei der Forderung nach einem Leistungsschutzrecht, das die gewerbliche Nutzung von journalistischen Veröffentlichungen vor allem durch Newsaggregatoren wie Google News, die Ausschnitte aus im Netz verfügbaren Verlagsangeboten anzeigen, gebührenpflichtig macht (vgl. Lungmus 2012; Kreutzer 2012; Keese 2012). Entsprechende Gesetzgebungspläne wurden von der Internetwirtschaft als umgehend „systemfremd" und „rückwärtsgewandte Verteidigungsschlacht" kritisiert (vgl. Bartl 2012), aber auch von Journalisten mit Sorge betrachtet: Es handele sich vor allem um ein Schutzrecht der Verlage und ihrer gewerblichen Interessen, nicht aber der Urheber und damit der Journalisten (Prantl 2012).

Innovationen im Journalismus setzen auch voraus, dass Journalisten unternehmerisch zu denken beginnen und strategisch die Vermarktung ihrer Tätigkeit im Blick haben, um nicht auf Gedeih und Verderb den womöglich abwartenden oder irrigen Strategien ihrer Medienhäuser ausgeliefert zu sein (vgl. Koch 2012; Sturm 2012).[9] Sich in der Verantwortung für die Wertschöpfung der selbst erar-

---

[9] Rückblickend bewerten Marktbeobachter die ursprüngliche Entscheidung der Mehrzahl an Medienhäusern, ihre journalistischen Inhalte kostenfrei ins Netz zu stellen, als fatal und zum Teil ursächlich für die heutigen Schwierigkeiten, Erlösmodelle für Journalismus im Internet zu etablieren: „Mit Bravour gewöhnten Verlagsleute ihrer Kundschaft das Bezahlen ab und stießen zur äußersten Raserei

beiteten Inhalte zu sehen, dürfte einem Großteil der abhängig beschäftigten Journalisten fremd sein, da ihre Kompetenz qua Arbeitsteilung in den Medienbetrieben traditionell auf der Produktion von Inhalten liegt, nicht aber auf ihrer Vermarktung. Freischaffend tätige Journalisten sind dahingehend weiter: Sie müssen ihre Arbeit Redaktionen anbieten und haben schon deshalb – vor allem, wenn sich die Suche nach Abnehmern schwierig gestaltet – unternehmerisches Denken verinnerlicht. Auch bei der direkten Adressierung von Publika sind sie im Vorteil: Um Monat für Monat ausreichend Honorare zu erwirtschaften, müssen sie ihre Stärken erkennen und wettbewerbsfähig machen, indem sie sich thematisch profilieren und möglichst über Mediengrenzen hinweg Präsenz zeigen. Als selbständige Publizisten entwickeln sie dadurch crossmedial hohes Geschäftspotenzial. Beispiele für bundesweit bekannte Personenmarken sind Netz-Aktivist Markus Beckedahl, Medienjournalist Stephan Niggemeier, Sprach-Kolumnist Bastian Sick oder Selbstvermarkter Sascha Lobo. Sie gelten in ihrem jeweiligen Themenbereich als Experten und melden sich regelmäßig in der Netzöffentlichkeit zu Wort. Der Schritt in die Selbständigkeit als freier Publizist ist heute aussichtsreicher denn je: Die Personalisierung der Netzpublizistik, ein wesentlicher Begleitfaktor der sozialen Medien, ist auch eine Chance für Journalisten, die ihre Expertise in Form von Kolumnen, dem eigenen Blog, Buchveröffentlichungen, Lehraufträgen und Auftritten bei Fernsehsendungen sowie Diskussions- und Vortragsveranstaltungen vermarkten. Zwar ist das Patchwork-Portfolio unter Journalisten nicht neu, es hat allerdings eine neue Qualität erreicht, die vorher in der Regel dem kleinen Kreis sogenannter „Alpha-Journalisten" (Weichert/Zabel 2007) vorbehalten war. Nach Ansicht von Jeremy Caplan, der am Tow-Knight Center for Entrepreneurial Journalism an der City University of New York lehrt, wird es gerade für Nachwuchsjournalisten immer wichtiger, sich durch eigenständiges unternehmerisches Denken gegen geschäftliche Unsicherheiten im traditionellen Nachrichtengeschäft zu wappnen:

> „Students should have an understanding of where the money comes from and how their industry works. All journalists should have that understanding, because it's gonna change and will affect all of our careers. [...] It also helps us to adapt and develop our own careers, so we are not stuck in a position where we face ourselves in the middle of our lives and have nowhere to go. [...] That is not to say that one should abandon all sorts of principles that traditionally govern what journalists do and don't do. And so you make decisions mindfully how you are operating and what you are doing: You are transparent about what your business relations are and so forth. But I think in these days we don't have the luxury anymore of ignoring that. If we do ultimately ignore the business side of things as many journalists have tradi-

---

des Verschleuderns begeistert durch, indem sie ihre Verschenkaktionen auch noch zur trendgerechten Strategie erhoben." (Boldt 2008)

tionally we'll continue to see the fate of traditional journalism organizations recede and the problems continue to foster." (zitiert nach: Langer/von Streit/Weichert 2012)

Der entscheidende Unterschied zum wirtschaftlichen Druck und den geschäftlichen Vorgaben, die im Redaktionsalltag gemeinhin als störend für die journalistische Arbeitsweise wahrgenommen werden (vgl. Mikich 2010: 84), handelt es sich bei der hier gemeinten Sensibilisierung für ökonomische Zusammenhänge und ein unternehmerisches (Um-) Denken nicht um aufoktroyierte Zwänge, sondern um eine selbstmotivierte Strategie, die journalistische Integrität proaktiv am Markt zu verteidigen, indem der Journalist eine möglichst ganzheitliche Verantwortung und Kontrolle für seine Arbeit übernimmt. Haltung, Skepsis, auch Miesmacherei: Selbst was sich möglicherweise nicht verkauft, braucht eine solide Absicherung, wenn nach einem Geschäftsmodell gefahndet wird, das den normativen Regeln des Journalismus gehorchen soll. Es bleibt umstritten, ob sich ‚guter' Journalismus angesichts seiner idealtypischen Unbequemlichkeit tatsächlich zu einer Ware von monetärer Wertschätzung entwickeln kann, die sich allein durch Nutzungsentgelte trägt, oder ob journalistische Arbeit weiterhin auf Querfinanzierung durch andere zunehmend unruhige Geschäftsbereiche wie Anzeigenvermarktung, das Rubrikengeschäft oder neue Felder wie Location Based Services angewiesen sein wird, oder aber ob er nur als entökonomisiertes Gut eine Zukunft hat, das mittels Spenden und Fördermittel finanziert wird.

Annäherung trotz Verteidigung

Journalismus selbst als etwas Wandlungsfähiges zu begreifen, ist nicht selbstverständlich, wenigstens nicht mehr in der Radikalität, wie das Handwerk, das Geschäft, die organisatorische Verfasstheit und die gesetzlichen Rahmenbedingungen bis ins späte 20. Jahrhundert hinein Anpassungen unterworfen waren. Seit Ausläufer des US-amerikanischen New Journalism nach Deutschland schwappten, das ‚Spiegel-Urteil' des Bundesverfassungsgerichts die Pressefreiheit manifestierte und die Einführung des dualen Rundfunksystems frischen Wind in die Fernseh- und Radioberichterstattung brachte, waren nur noch graduelle Wandlungstendenzen zu bemerken. Die journalistischen Filter und Standards über die Trennung von Information und Werbung, Fiktion und Meinung waren gefunden, sie waren akzeptiert und etabliert und werden bis heute nachdrücklich bis dogmatisch eingefordert (vgl. Pöttker 2005). Auch der Online-Journalismus blieb spürbar dem festen Set an Funktionsbeschreibungen, Prinzipien, Werten, Darstellungsformen und Nachrichtenfaktoren verhaftet, das sich über Jahrzehnte ausentwickelt hatte. Eine „Revolution der Medienkommunikation" aufseiten des

Journalismus blieb trotz modularer Anpassung von Grundelementen wie bei Podcasts, Flash-Animationen oder Audio-Slideshows aus (vgl. Quandt 2005).

Die fundamentalen Verwandlungsschritte sind noch Zukunftsmusik: „[I]nvented as a mass medium, and native to a mass society, journalism is migrating, in fits and starts, to a networked medium." (Ryfe 2012: 146) Weil probate Rezepte fehlen, verläuft dieser Transformationsprozess mal zögerlich und lavierend, dann wieder energisch und hektisch in der Hoffnung, eine aussichtsreiche Zukunftsstrategie gefunden zu haben. Nach Auswegen und Inspirationen gesucht wird vorrangig in den USA, wo die Resignation vor einem drohenden Exodus langsam einer experimentierfreudigen Aufbruchsstimmung weicht (vgl. Russ-Mohl 2009; Weichert/Kramp/von Streit 2010; Kramp/Weichert 2012). Hierbei spielt das typische wie dynamische Charakteristikum der Netzpublizistik die herausragendste Rolle: der Dialog. Die Weichenstellung folgt somit der konsequenten Öffnung des journalistischen Arbeitsprozesses, um Nutzer zur Teilnahme und Teilhabe einzuladen. Diese Adaption stellt nicht erst Chancen rein ökonomischer Qualität in Aussicht, indem Journalisten die Bürger dort abholen und ernst nehmen, wo diese es gewohnt sind, ihre Meinung zu äußern, Wünsche und Kritik zu formulieren und mitzugestalten, was sie interessiert. Ein solches Eingehen auf den Nutzer als Partner beinhaltet nicht auch die Aussicht auf ein gesteigertes öffentliches Wertbewusstsein für die Rolle des Journalisten, die Verteidigung, gar Renaissance journalistischer Werte und eine nachhaltige Stärkung des Journalismus im (partizipativen) Informationsökosystem.

Angesichts der transmedialen Potenziale, zugleich der Ambivalenz und Wandelbarkeit öffentlicher Kommunikation sowie der individuellen Informationsgewohnheiten sieht der niederländische Mediensoziologe Mark Deuze eine sich abzeichnende ‚Verflüssigung' des Journalismus: Ein solcher „liquid journalism" (Deuze 2008) folge den Vorzeichen der Netzwerkgesellschaft, gehe auf die Bedürfnisse, Rechte und Privilegien der Bürger als Nutzer und Urheber der für sie relevanten Nachrichten ein und mache den Journalisten zu einem noch aktiveren Teil der Gemeinschaft, zum Stimulus bürgerschaftlichen Engagements und – direkter als jemals zuvor – zu einem „amplifier of the conversation society has with itself" (Ebd.: 848). Die Öffnung und ‚Verflüssigung' des Journalismus bedeuten daher auch eine Verabschiedung von der „produkt-dominanten Logik" (Meyer 2012), die Journalisten dazu erzog, vertriebsfertige Einheiten zu produzieren, die an ein Publikum distribuiert werden. Das hat Auswirkungen auf eine ganze Reihe von Innovationsbereichen von redaktionellen Arbeitsprozessen (z.B. ‚Open Newsroom', ‚Crowdsourcing') über handwerkliche Konventionen (z.B. Blogging, Mobile Journalism) bis hin zu Rollenbildern (z.B. Community-Management), wo moderierende Elemente wichtiger werden als rein informierende Dienstleistungen.

Der Journalismus steht deshalb an einem Scheideweg, weil es die Offenheit, Nähe und Kontinuität hinter der Idee des Fluid Journalism mit den Ansprüchen einer Schärfung der Hintergrundberichterstattung und konsequenten Interkontextualität, der einordnenden Erklärung von Beziehungen zwischen verschiedenen Zusammenhängen zu vereinen gilt. Zentral für die Reformierung des Journalismus ist die Intensivierung und insofern Optimierung seiner gesellschaftlichen Anbindung und Selbstvergewisserung: „Demokratische Journalismen zu reformieren kann nicht durch das Beschwören von Idealen, Idealtypen oder Utopien gelingen, vielmehr in Relation zur rechtsstaatlich normierten Gesellschaft, unter Mitwirkung von Moral, öffentlichem Vertrauen und gesellschaftlichen Konventionen" (Rühl 2011: 46-47). Das heißt: Nicht nur Journalisten müssen ihre Rolle neu denken, die Gesellschaft muss sie dabei begleiten. So ist die Transformation des Journalismus nicht nur im Kontext zu sehen mit dem Wandel von Technologie und Wirtschaft, sondern auch von Demokratie. Den Bürger als Partner denn als Konsumenten/Rezipienten/Nutzer zu sehen, ist die Voraussetzung dafür.

Die Zukunft wird viele Formen, Kombinationen und Arbeitsmöglichkeiten im Journalismus kennen. Hier können auch unabhängige Journalismus-Projekte in Deutschland wichtige Akzente setzen, das journalistische Angebot der Platzhirsche am Nachrichtenmarkt ergänzen und Defizite ausgleichen. Entschieden scheint jedoch, dass Journalismus in der digitalen Moderne seinen Allzuständigkeitsanspruch im Netzwerk mit der Vielstimmigkeit anderer Akteure, allen voran der Bürger teilen muss. Dennoch ist eine unabhängige, ausgewogene und wahrheitssuchende Versorgung mit Informationen durch Journalisten auch im Internet unersetzlich, da die Netzöffentlichkeit keine Substitute für den Journalismus kennt, nur Korrelate. Offen bleibt, wie sich das Berufsfeld entwickelt: Eine weitere Prekarisierung journalistischer Arbeitsverhältnisse ist selbst dann nicht unwahrscheinlich, wenn sich in der Branche eine nachhaltige Veränderungsbereitschaft durchsetzt. Journalismus muss sich in der digitalen Moderne schlussendlich funktional nicht neu erfinden. Die Schwierigkeit besteht darin, seine Professionalität und Integrität unter veränderten Voraussetzungen immer wieder neu unter Beweis zu stellen, so widrig die Verhältnisse auch sein mögen.

Literatur

Aalberg T, Curran J (Hg) (2012a) How Media Inform Democracy. A Comparative Approach. Routledge, New York
Aalberg T, Curran J (2012b) Conclusion. In: Aalberg T, Curran J (Hg) How Media Inform Democracy. A Comparative Approach. Routledge, New York, S 189-199

Altmeppen KD (2006) Journalismus und Medien als Organisationen. Leistungen, Strukturen und Management. VS Verlag, Wiesbaden

Altmeppen KD (2007) Das Organisationsdispositiv des Journalismus. In: Altmeppen KD, Hanitzsch T, Schlüter C (Hg) Journalismustheorie: Next Generation. Soziologische Grundlegung und theoretische Innovation. VS Verlag, Wiesbaden, S 281-302

Altmeppen KD (2012) Einseitige Tauschgeschäfte: Kriterien der Beschränkung journalistischer Autonomie durch kommerziellen Druck. In: Jarren O, Künzler M, Puppis M (Hg) Medienwandel oder Medienkrise? Folgen für Medienstrukturen und ihre Erforschung. Nomos, Baden-Baden, S 37-52

Anderson CW, Bell E, Shirky C (2012) Post-Industrial Journalism: Adapting to the Present. http://towcenter.org/research/post-industrial-journalism/. Zugegriffen: 27. November 2012

ARD/ZDF (2012) ARD-ZDF-Onlinestudie 2012. http://www.ard-zdf-onlinestudie.de/. Zugegriffen: 4. September 2012

Arnold BP, Quandt S (2003) Journalismus in der Informationsgesellschaft. Communet. Zürich

Bakker P (2012) Aggregation, Content Farms and Huffinization. The rise of low-pay and no-pay journalism. Journalism Practice. doi: 10.1080/17512786.2012.667266.

Bartl M (2012) Bitkom warnt vor Leistungsschutzrecht: Verteidigungsschlacht ist nicht zu gewinnen. kress.de, 28. 8. 2012. http://kress.de/mail/alle/detail/beitrag/117742-bitkom-warnt-vor-leistungsschutzrecht-verteidigungsschlacht-ist-nicht-zu-gewinnen.html. Zugegriffen: 4. September 2012

Biermann F (2008) Qualität zu fairen Preisen. Honorare scheinen seit Mitte der 80er Jahre irgendwo auf niedrigem Niveau eingefroren. M – Menschen – Machen – Medien 4:2008. http://mmm.verdi.de/archiv/2008/04/kolumne/qualitaet_zu_fairen_preisen Zugegriffen: 4. September 2012

Bilton C (2007) Management and Creativity. From Creative Industries to Creative Management. Blackwell, Malden/Oxford/Carlton

Birkner T (2010) Das Jahrhundert des Journalismus – ökonomische Grundlagen und Bedrohungen. Publizistik 1:41-54. doi: 10.1007/s11616-010-0079-0

Birkner T (2011a) Genese, Formierung, Ausdifferenzierung und Durchbruch des Journalismus in Deutschland. Medien und Kommunikationswissenschaft 3: 345-359

Birkner T (2011b) Journalismus – eine Profession, die keine ist. Medien&Zeit 2: 49-58

Birkner T (2012) Das Selbstgespräch der Zeit. Die Geschichte des Journalismus in Deutschland 1605-1914. Herbert von Halem, Köln

Blau W (2010) Dem Journalismus geht es erstaunlich gut. In: Weichert S, Kramp L, Jakobs HJ (Hg) Wozu noch Journalismus? Wie das Internet einen Beruf verändert. Vandenhoeck & Ruprecht, Göttingen, S 137-145

Boldt K (2008) Die Geister, die man rief Kurztitel: Medien Schwere Zeiten für Zeitungen und Zeitschriften. Manager Magazin 13: 14

Bucher HJ, Büffel S (2005) Vom Gatekeeper-Journalismus zum Netzwerk-Journalismus. In: Behmer M, Blöbaum B, Scholl A, Stöber R (Hg) Journalismus und Wandel. Analysedimensionen, Konzepte, Fallstudien. VS Verlag, Wiesbaden, S 85-121

Carr D (2012) The Fissures Are Growing for Papers. NYTimes.com, 9. Juli 2012. http://www.nytimes.com/2012/07/09/business/media/newspapers-are-running-out-of-time-to-adapt-to-digital-future.html?pagewanted=all. Zugegriffen: 4. September 2012

Castles M (2010) The Information Age. Economy, Society, and Culture. Vol. 1: The Rise of the Network Society. Second Edition. Blackwell, Chichester

Clark M (2012) Could The Guardian start charging for its website? – Part two of our interview with its editor Alan Rusbridger. The Drum.co.uk, 4. September 2012. http://www.thedrum.co.uk/news/2012/09/04/could-guardian-start-charging-its-online-news-part-two-our-interview-its-editor-alan. Zugegriffen: 4. September 2012

Conboy M (2013) Journalism Studies. The Basics. Routledge, London

Couldry N (2012) Media, Society, World. Social Theory and Digital Media Practice. Polity Press, Cambridge/Malden

Cross M (2011) bloggerati, twitterati. How Blogs and Twitter Are Transforming Popular Culture. Praeger, Santa Barbara

Deuze M (2008) The Changing Context of News Work: Liquid Journalism and Monitorial Citizenship. International Journal of Communication 2: 848-865

Deuze M, The Janissary Collective (2012) Mobile Media Life. In: Snickars P, Vonderau P (Hg) Moving Data. The iPhone and the Future of Media.: Columbia University Press, New York/Chichester, S 296-308

Donsbach W (2009) Entzauberung eines Berufs. Was die Deutschen vom Journalismus erwarten und wie sie enttäuscht werden. UVK, Konstanz

Donsbach W (2012) Nachrichtennutzung und Nachrichtenwissen junger Menschen. Final Report to the Deutsche Forschungsgemeinschaft, http://donsbach.net/wp-content/uploads/2012/08/DFG-Final-Report_final1.pdf. Zugegriffen: 4. September 2012

Emmer M, Vowe G, Woling J (2011) Bürger online. Die Entwicklung der politischen Online-Kommunikation in Deutschland. UVK, Konstanz

Esser F, Brüggemann M (2010) The Strategic Crisis of German Newspapers. In: Levy D, Nielsen RK (Hg) The Changing Business of Journalism and its Implication for Democracy. Reuters Institute for the Study of Journalism, Oxford, S 39-54

Evans E (2011) Transmedia Television. Audiences, New Media, and Daily Life. Routledge, London/New York

Flecken E, Hege H (2012) Von dummen Geräten und schlauen Anwendern. Vocer, 25. April 2012. http://www.vocer.org/de/artikel/do/detail/id/158/von-dummen-geraeten-und-schlauen-anwendern-.html. Zugegriffen: 4. September 2012

Fraas C, Meier S, Pentzold C (2012) Online-Kommunikation. Grundlagen, Praxisfelder und Methoden. Oldenbourg, München

Friedrichs J (2012) Mit eingezogenen Fühlern. Vocer, 21. Juni 2012, http://www.vocer.org/de/artikel/do/detail/id/218/mit-eingezogenen-fuehlern.html. Zugegriffen: 4. September 2012

Gaskins K (2012) What Audiences Want: Study Uncovers Possible Futures for Storytelling. Latitude, 15. August 2012. http://latd.com/2012/08/15/what-audiences-want-study-uncovers-possible-futures-for-storytelling/. Zugegriffen: 4. September 2012

Gauß H (2005) Human Brands – Markenschutz für Name, Bildnis, Signatur und Stimme einer Person. Wettbewerb in Recht und Praxis 51: 570-581

Gillmor D (2006) We the Media. Grassroots Journalism By the People, For the People. O'Reilly, Sebastopol

Giovagnoli M (2011) Transmedia Storytelling. Imagery, Shapes and Techniques. ETC Press, Pittsburgh

Gordon J (2012) Ambient News and the Para-iMojo. Journalism in the Age of the iPhone. In: Snickars, Pelle/Vonderau, Patrick (Hg) Moving Data. The iPhone and the Future of Media. Columbia University Press, New York/Chichester, S 211-222

Grabitz I (2009) Verleger erwarten schwierigstes Jahr für Zeitungen. Welt.de, 9. Juli 2009. http://www.welt.de/wirtschaft/article4090465/Verleger-erwarten-schwierigstes-Jahr-fuer-Zeitungen.html. Zugegriffen: 4. September 2012

Gringras R (2012) The future of journalism can and will be better than its past. Poynter, 15. August 2012. http://www.poynter.org/latest-news/top-stories/185089/googles-gingras-the-future-of-journalism-can-and-will-be-better-than-its-past/. Zugegriffen: 4. September 2012

Hartley J (2000) Communicative Democracy in a Redactional Society. The Future of Journalism Studies. Journalism 1: 39-48

Hepp A (2012) Mediatization and the 'molding force' of the media. Communications: The European Journal of Communication Research 37: 1-28

Hübner H (2002) Integratives Innovationsmanagement. Nachhaltigkeit als Herausforderung für ganzheitliche Erneuerungsprozesse. Erich Schmidt, Berlin

Institut für Demoskopie Allensbach (2008) Ärzte weiterhin vorn. Grundschullehrer und Hochschulprofessorenhaben an Berufsansehen gewonnen. Die Allensbacher Berufsprestige-Skala 2008. allensbacher berichte 2/2008. http://www.ifd-allensbach.de/uploads/tx_reportsndocs/prd_0802.pdf. Zugegriffen: 4. September 2012

Institut für Demoskopie Allensbach (2011) Ärzte weiter vorn – Pfarrer verlieren deutlich an Ansehen. Allensbacher Berufsprestige-Skala 2011. allensbacher berichte, April 2011. http://www.ifd-allensbach.de/uploads/tx_reportsndocs/prd_1102.pdf. Zugegriffen: 4. September 2012

Jarvis J (2009) Journalism as capitalism: Now that's God's work. Buzzmachine, 2. Oktober 2009. http://buzzmachine.com/2009/10/02/journalism-as-capitalism-now-thats-gods-work/. Zugegriffen: 4. September 2012

Jenkins H (2009) Confronting the Challenges of Participatory Culture. Massachusetts Institute of Technology, Cambridge

Kaufmann C (2005) Die Personenmarke. Carl Heymanns Verlag, Köln

Keese C (2012) Notwendig und Maßvoll. Zum Entwurf für das Leistungsschutzrecht für Presseverlage. epd medien 26: 5-9

Kiefer ML (2010) Journalismus und Medien als Institutionen. UVK, Konstanz

Kietzmann M, Matthes N, Frank S, Franke M, Hein JP, Mayer KM (2011) Deutschlands größter Gehalts-Report. Focus 45: 168-178

Koch T (2012) Der Fehler der Zeitungen. Generalkritik: Warum Verleger es nicht schaffen, Gutes erfolgreich zu verkaufen und dringend wieder eine Vision brauchen. Horizont 28:17

Kornfeld, Henning (2012) Wan-Ifra veröffentlicht World Press Trends. Leser hui, Einnahmen pfui. kress.de, 3. September 2012. http://kress.de/tagesdienst/detail/beitrag/117837-wan-ifra-veroeffentlicht-world-press-trends-leser-hui-einnahmen-pfui.html. Zugegriffen: 4. September 2012

Kramp L, Weichert S (2011) „Man muss den Online-Zugang begrenzen". Interview mit Chris Anderson. In: Weichert S, Kramp L, von Streit A (Hg) Digitale Mediapolis. Die neue Öffentlichkeit im Internet. Herbert von Halem, Köln, S 90-97

Kramp L, Weichert S (2012) Innovationsreport Journalismus. Ökonomische, medienpolitische und handwerkliche Faktoren im Wandel. Friedrich-Ebert-Stiftung, Bonn

Kreutzer T (2012) Massive Rechtsunsicherheit. Analyse des Entwurfs für das Leistungsschutzrecht. epd medien 25: 6-11

Krotz F (2001) Die Mediatisierung kommunikativen Handelns. Der Wandel von Alltag und sozialen Beziehungen, Kultur und Gesellschaft durch die Medien. Westdeutscher Verlag, Wiesbaden

Krotz F (2007) Mediatisierung. Fallstudien zum Wandel von Kommunikation. VS Verlag, Wiesbaden

Langer U (2010) Sie wollen Journalist werden? Herzlichen Glückwunsch! Medialdigital, 24. September 2010. http://medialdigital.de/2010/09/24/sie-wollen-journalist-werden-herzlichen-gluckwunsch/. Zugegriffen: 4. September 2012

Langer U, von Streit A, Weichert S (2012) Journalists should know where the money comes from. Interview with Jeremy Caplan. Vocer, 26. August 2012. http://www.vocer.org/de/artikel/do/detail/id/253/jeremy-caplan-%22journalists-should-know-where-the-money-comes-from%22.html. Zugegriffen: 4. September 2012

Lilienthal V, Schnedler T (2012) Gezwungen, sich zu verkaufen? Zur sozialen Lage von Journalistinnen und Journalisten. APuZ – Aus Politik und Zeitgeschichte 29-31: 15-21

Lill T (2012) Freie Journalisten: Arm, aber verblüffend glücklich. Spiegel Online, 15. Juni 2012. http://www.spiegel.de/karriere/berufsleben/freie-journalisten-arm-aber-verblueffend-gluecklich-a-838734.html. Zugegriffen: 4. September 2012

Lünenborg M (2005) Public Journalism: Konzept – Entstehung – gesellschaftliche Relevanz. In: Behmer M, Blöbaum B, Scholl A, Stöber R (Hg) Journalismus und Wandel. Analysedimensionen, Konzepte, Fallstudien. VS Verlag, Wiesbaden, S 143-159

Lünenborg M (2012) Qualität in der Krise? APuZ – Aus Politik und Zeitgeschichte 29-31: 3-8

Lungmus M (2012) Recht und Gerechtigkeit. Journalist 4: 12-19

Meier K (2007) Journalistik. UVK, Konstanz

Meyer A (2012) Verlage müssen das gesamte Potenzial der Wertschöpfung ausnutzen. Newsroom.de, 23. August 2012. http://www.newsroom.de/news/detail/$HVFRCM GOIOGK/wirtschaftsprofessor_anton_meyer_verlage_mssen_das_gesamte_potenzia l_der_wertschpfung_ausnutzen. Zugegriffen: 4. September 2012

Meyer P (2009) The Vanishing Newspaper. Saving Journalism in the Information Age. 2nd Edition. University of Missoury Press, Columbia

Mikich SS (2010) Sind wir Putzerfische? In: Weichert S, Kramp L, Jakobs HJ (Hg) Wozu noch Journalismus. Wie das Internet einen Beruf verändert. Vandenhoeck & Ruprecht, Göttingen, S 82-89

Moloney KT (2011) Porting Transmedia Storytelling to Journalism. Master Thesis, Universität Denver, http://www.kevinmoloney.com/Transmedia_Journalism.pdf. Zugegriffen: 4. September 2012

Neffe J (2009) Ein Text für den Preis einer Kippe. Spiegel Online, 5. Juni 2009. http://www.spiegel.de/kultur/gesellschaft/zukunft-der-zeitung-ein-text-fuer-den-preis-einer-kippe-a-628864.html. Zugegriffen: 4. September 2012

Neuberger C (2012) Bürgerjournalismus als Lösung? Empirische Ergebnisse zu den journalistischen Leistungen von Laienkommunikatoren. In: Jarren O, Künzler M, Puppis M (Hg) Medienwandel oder Medienkrise? Folgen für Medienstrukturen und ihre Erforschung. Nomos, Baden-Baden, S 53-76

Phillips A, Witschge T (2011) The changing business of news. Sustainability of news journalism. In: Lee-Wright P, Phillips A, Witschge T(Hg) Changing Journalism. Routledge, London/New York, S 3-20

Picard RG (2010) A Business Perspective on Challenges Facing Journalism. In: Levy DAL, Nielsen RK (Hg) The Changing Business of Journalism and its Implications for Democracy. Reuters Institute for the Study of Journalism, Oxford, S 14-24

Pöttker H (1997) Über das notwendig schlechte Image der Journalisten. In: Machill M (Hg) Journalistische Kultur. Rahmenbedingungen im internationalen Vergleich. Westdeutscher Verlag, Opladen, S 81-94

Pöttker H (2005) Ende des Millenniums – Ende des Journalismus? Wider die Dogmatisierung der professionellen Trennungsgrundsätze. In: Behmer M, Blöbaum B, Scholl A, Stöber R (Hg) Journalismus und Wandel. Analysedimensionen, Konzepte, Fallstudien. VS Verlag, Wiesbaden, S 123-141

Pöttker H (2012) Fort mit Kommunikationsbarrieren. Erwägungen zur Rolle des Journalismus in der digitalen Medienwelt. Neue Zürcher Zeitung, 3. Januar 2012, S 42

Prantl H (2009) Sind Zeitungen systemrelevant? Eröffnungsrede beim Jahrestreffen des netzwerk recherche im NDR-Konferenzzentrum in Hamburg. Netzwerk Recherche e.V.. http://www.netzwerkrecherche.de/Reden/Heribert-Prantl-2009/. Zugegriffen: 4. September 2012

Prantl H (2010) Niemand muss sich fürchten. Ein Geleitwort. In: Weichert S, Kramp L, Jakobs HJ (Hg) Wozu noch Journalismus? Wie das Internet einen Beruf verändert. Vandenhoeck & Ruprecht, Göttingen, S 7-10

Prantl H (2011) Pressefreiheit: Ein Grundrecht zur bequemen Berufsausübung? In: Prantl H, Haas H (2012) Die Welt als Leitartikel. Zur Zukunft des Journalismus. Picus, Wien, S 83-113

Prantl H (2012) Der Igel frisst seine Artikel. Leistungsschutzrecht vs. Urheberrecht. Süddeutsche.de, 3. Juni 2012. http://www.sueddeutsche.de/digital/leistungsschutzrecht-vs-urheberrecht-der-igel-frisst-keine-artikel-1.1372377. Zugegriffen: 4. September 2012

Quandt T (2005) (R)Evolution des Journalismus? Online-Journalismus zwischen Tradition und Innovation. In: Behmer M, Blöbaum B, Scholl A, Stöber R (Hg) Journalismus und Wandel. Analysedimensionen, Konzepte, Fallstudien. VS Verlag, Wiesbaden, S 161-194

Requate J (2009) Kennzeichen der deutschen Mediengesellschaft des 19. Jahrhunderts. In: Requate J (Hg) Das 19. Jahrhundert als Mediengesellschaft. Oldenbourg, München, S 30-42

Riha C (2009) Das Zeitungssterben. Wer ist Schuld: Die Finanzkrise, das Internet oder die Werbung? kulturzeit online, 28. Januar 2009. http://www.3sat.de/page/?source=/kulturzeit/themen/130445/index.html. Zugegriffen: 4. September 2012

Röper H (2012) Zeitungsmarkt 2012: Konzentration erreicht Höchstwert. Media Perspektiven 5: 268-285

Rosen J (2006) The People Formerly Known as the Audience. Pressthink, 27. Juni 2006. http://archive.pressthink.org/2006/06/27/ppl_frmr.html. Zugegriffen: 4. September 2012

Rosen J (2012) I'm There, You're Not, Let Me Tell You About It. A Brief Essay on the Origins of Authority in Journalism. Pressthink, 27. März 2012. http://pressthink.org/2012/03/im-there-youre-not-let-me-tell-you-about-it/. Zugegriffen: 4. September 2012

Rosenbaum S (2011) Curation Nation. McGraw-Hill, New York

Roth E (2011) Verhärtete Fronten. Zeitungsverlage und Druckereien streiten mit Gewerkschaften über künftige Tarife. Frankfurter Rundschau, 19. Mai 2011, S 16

Russ-Mohl S, Fengler S (2007) Ökonomik als neue Perspektive für die Kommunikationswissenschaft. In: Altmeppen KD, Hanitzsch T, Schlüter C (Hg) Journalismustheorie: Next Generation. Soziologische Grundlegung und theoretische Innovation. VS Verlag, Wiesbaden, S 97-118

Russ-Mohl S (2009) Kreative Zerstörung. Niedergang und Neuerfindung des Zeitungsjournalismus in den USA. UVK, Konstanz

Russ-Mohl S (2012) Vergesst nicht die jungen Alten. Neue Zürcher Zeitung, 19. Juni 2012, S 56

Ryfe DM (2012) Can Journalism Survive? An Inside Look at American Newsrooms. Polity Press, Cambridge/Malden

Schirrmacher F (2012) Was das Netz mit dem Journalismus macht. Spiegel Online, 14. Juni 2012. http://www.spiegel.de/video/frank-schirrmacher-ueber-online-journalismus-video-1202951.html. Zugegriffen: 4. September 2012

Schmidt B, Hecht H (2011) Generation Praktikum 2011. Praktika nach Studienabschluss: Zwischen Fairness und Ausbeutung. DGB Bundesvorstand. http://www.boeckler.de/pdf/pm_2011_05_04_praktikumreport_lang.pdf. Zugegriffen: 4. September 2012

Schmidt J (2011) Das neue Netz. Merkmale, Praktiken und Folgen des Web 2.0. 2., überarbeitete Auflage. UVK, Konstanz

Schneider W, Raue PJ (2012) Das neue Handbuch des Journalismus und des Online-Journalismus. Rowohlt, Reinbek bei Hamburg

Señor J (2008) The Future of Magazines and Magazines of the Future. Präsentation vor der Associação Nacional de Editores de Revistas, Sao Paulo. www.aner.org.br/Conteudo/1/imagens/Juan%20Senor.ppt. Zugegriffen: 4. September 2012

Señor J (2009) Innovation. Präsentation auf der WAN-IFRA Jahreskonferenz 2009. http://de.slideshare.net/juansenor/wanifra-2009-innovation-media-consulting. Zugegriffen: 4. September 2012

Shirky C (2009) Here Comes Everybody. The Power of Organizing. Without Organizations. Penguin Books, New York

Shirky C (2011) Why We Need the New News Environment to be Chaotic. Shirky.com, 9. Juli 2011. http://www.shirky.com/weblog/2011/07/we-need-the-new-news-environment-to-be-chaotic/. Zugegriffen: 4. September 2012

Sousa H (2006) Information Technologies, Social Change and the Future. The Case of Online Journalism in Portugal. European Journal of Communication 21: 373-387

Spanger N (2010) In Demand. A week inside the future of journalism. Columbia Journalism Review 4: 51-53

Städele K (2012) Digitalgeschäft ist größer als gesamte WAZ-Gruppe. Interview mit Jens Müffelmann. werben & verkaufen, 23. August 2012, S 48-49

Statistisches Bundesamt (2012) 53 % der Internetnutzer sind in sozialen Netzwerken aktiv. Pressemitteilung 172. https://www.destatis.de/DE/PresseService/Presse/Pressemitteilungen/2012/05/PD12_172_63931.html. Zugegriffen: 4. September 2012

Sturm A (2012) Wie die Regionalzeitungen gegen den Auflagenschwund kämpfen. Horizont.net, 24. Mai 2012. http://www.horizont.net/aktuell/medien/pages/protected/printall.php?id=107757. Zugegriffen: 4. September 2012

Tam D (2012) Facebook processes more than 500 TB of data daily. Cnet.com, 22. August 2012. http://news.cnet.com/8301-1023_3-57498531-93/facebook-processes-more-than-500-tb-of-data-daily/. Zugegriffen: 4. September 2012

Voigtländer K (2011) Mein Beruf ist nichts mehr wert. epd medien 16: 10-13

Weber HG (2012) Nachrichten sind uns egal – Gut so! der Freitag, 15. August 2012, http://www.freitag.de/autoren/hg-weber/nachrichten-sind-uns-egal-2013-gut-so. Zugegriffen: 4. September 2012

Wefing H (2012) Wir! Sind! Wütend! Die Macht im Netz. Die Zeit, 1. März 2012, S 3

Weichert S, Kramp L, von Streit A (Hg) (2010) Digitale Mediapolis. Die neue Öffentlichkeit im Internet. Herbert von Halem, Köln

Weichert S, Zabel C (2007) Die Alpha-Journalisten. Deutschlands Wortführer im Porträt. Herbert von Halem, Köln

Weischenberg S (2010) Das Jahrhundert des Journalismus ist vorbei. Rekonstruktionen und Prognosen zur Formation gesellschaftlicher Selbstbeobachtung. In: Förderverein des Instituts für Zeitungsforschung Dortmund (Hg) Krise der Printmedien: Eine Krise des Journalismus? de Gruyter Saur, Berlin/New York, S 32-61

Weischenberg S, Malik M, Scholl A (2006) Die Souffleure der Mediengesellschaft. Report über die Journalisten in Deutschland. UVK, Konstanz

van der Wurff R (2012) The Economics of Online Journalism. In: Siapera E, Veglis A (Hg) The Handbook of Global Online Journalism. John Wiley & Sons, Chichester, S 231-250

Yu D, Hang CC (2009) A Reflective Review of Disruptive Innovation Theory. International Journal of Management Reviews 12: 435-452

Bernd Oswald

Vom Produkt zum Prozess

Abstract

Die Digitalisierung ändert die Anforderungen an die journalistischen Qualifikationen radikal. Im Kern müssen Journalisten lernen, ihre Arbeit als dialogorientierten Prozess zu sehen. Bernd Oswald beschreibt, wie der Input des Publikums und eine vollkommen digitale Produktionstechniken ein interaktives und multimediales Storytelling ermöglichen, das eine nie da gewesene Informationstiefe schafft.

Bye, bye Gatekeeper: Journalisten haben ihr Informationsmonopol verloren

Jahrzehntelang war der Informationsfluss der gleiche: Journalisten erhielten Pressemitteilungen geschickt oder gefaxt, Meldungen von Nachrichtenagenturen liefen über den Ticker ein, ebenso wie die Berichte der eigenen Korrespondenten, bei denen Ressortleiter oft telefonisch ihre Geschichten bestellten. Eminent wichtig für die Recherche waren persönliche Kontakte, die Recherche vor Ort, die oft in Reportagen, gebaute Radiobeiträge oder Fernsehnachrichten mündete. Es war ein in sich geschlossener Kreislauf der Informationen. Professionelle Journalisten entschieden anhand von Nachrichtenfaktoren, welche Informationen sie in ihren Medien veröffentlichen wollten und welche nicht. Sie waren jahrzehntelang die Schleusenwärter, die *Gatekeeper*, die einen Teil des lokalen, nationalen oder Weltgeschehens publizierten. Die Leser, Hörer und Zuschauer bildeten sich ihr Weltbild maßgeblich auf Basis dieser von Journalisten selektierten Informationen.

Zu diesem quellenmäßigen Informationsmonopol kam ein distributives: Um Nachrichten unters Publikum bringen zu können, waren Druckerei samt Vertrieb, oder Sendemasten und Antennen notwendig. Ohne Produktionsmittel keine Publikation. Jedes Medium für sich erreichte ein kleineres oder größeres Publikum, das Muster der *one to many*-Kommunikation herrschte vor. In der Summe sprach man von Massenkommunikation.

Das Internet hat die Kommunikationsinfrastruktur aufgebohrt und ungleich vielfältiger gemacht. Seit Medien, Nachrichtenagenturen, öffentliche Einrichtungen oder Prominente auf eigenen Websites publizieren, kann jeder, der einen Internetzugang hat, sich aus einer Unzahl an Quellen informieren. Somit herrscht auch hier fast schon Waffengleichheit zwischen Bürger(journaliste)n und professionellen Journalisten. Oder wie der Marcus Bösch, Multimedia-Journalist und Trainer an der Akademie der Deutschen Welle, sagt: „Der Mythos der journalistischen Perfektion, der Mythos einer exponierten Wissenstellung qua definitione – der ist dahin: Agenturmeldungen kommen nicht mehr aus dem exklusiven Ticker sondern sind für jeden mit Internetzugang frei zugänglich" (Bösch 2009). Unabhängig von Journalisten kann jeder informationshungrige Mensch, die gewünschte Informationstiefe zu erreichen – und sei es bei einem noch so speziellen Thema. Die Frage ist, ob man die Kenntnisse dafür besitzt und genügend Zeit dafür hat. Die Medienkompetenz ist bei jüngeren Nutzern in der Regel deutlich höher als bei Personen jenseits der 60. Kritiker sprechen hier von einer *digital divide*, die es zu bekämpfen gilt.

Um 2005 herum erklomm das Internet eine Evolutionsstufe, die das traditionelle Verständnis von Massenkommunikation revolutionierte: Seit es das Web 2.0 gibt, kann jeder Mensch, der Zugang zum Netz hat, selbst publizieren. Auf eigenen Websites, in Blogs, in sozialen Netzwerken wie Facebook oder Google+ sowie auf Microblogging-Plattformen wie Twitter oder Tumblr – um nur die Spitze des Eisberges zu nennen. Hunderte Millionen von Menschen nutzen das Netz, um sich per Blogpost, Podcast, Bilderstream, Video oder Mischformen daraus mitzuteilen. Aus dem Medienkonsumenten ist der „Prosument" geworden, der nicht nur konsumiert, sondern selbst *User Generated Content* produziert. Diese Inhaltsexplosion erschwert journalistischen Websites den Kampf um die Aufmerksamkeit der Nutzer. Das Internet hat also sowohl das quellenmäßige als auch das distributive Informationsmonopol der Medien pulverisiert. Das Leitbild der *one-to-many*-Kommunikation ist von einer *many-to-many*-Kommunikation abgelöst worden. Journalisten sind ihre Rolle als Schleusenwärter, die den Informationsfluss der Gesellschaft steuern, los: Die *Gatekeeper*-Rolle ist passé. Wenn man im Bild bleiben will, betreiben Journalisten im digitalen Zeitalter eher *Gatewatching*. Diesen Begriff hat Axel Bruns, Medienwissenschaftler an der Queensland University of Technology im australischen Brisbane, Mitte des vergangenen Jahrzehnts in die Debatte eingeführt. Er beschreibt den klassischen Nachrichtenprozess in drei Gatekeeping-Stufen: 1. Eingang: Erfassung der Nachrichten durch professionelle Journalisten. 2. Ausgang: Bearbeitung der Nachrichten in einer hierarchisch geschlossenen Redaktion. 3. Antwort: die Redaktion selektiert Briefe beziehungsweise Anrufe des Publikums vor der Veröffentlichung. Im Internet können die Nutzer nun alle drei Tore umgehen.

„Statt einer Bewachung der eigenen Eingangs- und Ausgangstore, die auf eine Beschränkung des Informationsflusses abzielt (also Gatekeeping im konventionellen Sinne), beschreibt Gatewatching die Beobachtung der Ausgangstore von externen Nachrichten- und anderen Quellen mit der Absicht, wichtiges

Material zu identifizieren, sobald es verfügbar wird" (Bruhns 2008). Journalisten sind nur noch eine – wenn auch professionelle – Gruppe an Netznutzern, die diese Aufgabe leisten. Die Maßstäbe divergieren natürlich je nach Motivation und Thema. Was ein Journalist nicht für mitteilungswürdig hält, wird von einer Nischencommunity begierig aufgenommen und weiterverbreitet. Die Folge: Noch nie ist so viel geschrieben, fotografiert, gefilmt und kommentiert worden wie heutzutage. Noch nie sind so viele Daten produziert worden wie heutzutage. Das weltweite Datenvolumen verdoppelt sich alle zwei Jahre und hat 2011 die 1,8-Zettabyte-Marke erreicht – das sind 1,8 Billionen Gigabyte. Um eine solche Datenmenge zu speichern, bedürfte es 57,5 Milliarden Apple iPads mit einer Speichermenge von 32 GB. Würde man diese 57,5 Milliarden iPads aneinander legen, ergäbe das eine Fläche von Berlin und München zusammengenommen (Manhart 2011).

Dennoch sieht der amerikanische Medientheoretiker Clay Shirky das Problem nicht im *„information overload"*, sondern diagnostiziert einen *„filter failure"*: die mangelnde Fähigkeit der Internetnutzer, aus der Informationsfülle des Web 2.0, die Informationen herauszufiltern, die sie wirklich interessieren. Shirky verwendete auf seinem viel beachteten Vortrag auf der Web 2.0 Expo 2008[1] das Bild vom Spamfilter im E-Mail-Postfach, der immer nur temporär funktioniere und den man immer wieder neu einstellen müsse, um alles Irrelevante auszublenden.

Genau hier liegt aber eine große Chance für den Journalismus: Angesichts dieser Informationsexplosion war eine professionelle journalistische Selektion noch nie so wichtig wie heute. Die Auswahl und Aufbereitung wirklich relevanter Nachrichten aus der exorbitant anmutenden Informationsfülle ist ein Service, den viele Nutzer zu schätzen wissen. Auch dpa-Chefredakteur Wolfgang Büchner sieht hier eine Kernaufgabe der Journalisten: „Der Informationsdschungel wird immer dichter und je dichter er wird, desto wichtiger wird der Scout, der einen da durchführt. Guter Journalismus ist nichts anderes als das: Menschen durch diesen Dschungel zu führen und den Menschen unterscheiden zu helfen: das ist relevant, das ist irrelevant." (Büchner 2012) Diese Fähigkeit müssen manche Journalisten noch erlernen, andere müssen sie verbessern.

Um in einer „fragmentierten Multi-Quellen-Quasi-Echtzeit-Online-Welt" (Bösch 2009) bestehen zu können, müssen Journalisten im 21. Jahrhundert wissen, wie sie in sozialen Netzwerken recherchieren, wie sie dort Themen finden, wie sie diese verifizieren können, wie sie durch den Dialog mit den Nutzern Anregungen für die nächste Geschichte bekommen können. Ohne diesen Führer-

---

[1] Video-Aufzeichnung des Vortrags auf http://blip.tv/web2expo/web-2-0-expo-ny-clay-shirky-shirky-com-it-s-not-information-overload-it-s-filter-failure-1283699. Zugegriffen: 21. September 2012.

schein in Netzkultur werden Journalisten ihre Lotsenfunktion im Nachrichten-
verkehr künftig nicht mehr wahrnehmen können.

Nachhilfe in Netzkultur: neue Werkzeuge für Journalisten

Mitteilen heißt auswählen. Noch nie gab es so viel Inhalt, aus dem Journalisten
auswählen mussten. Der überbordenden Fülle an Nachrichten und Trends können Journalisten nur Herr werden, indem sie die auf sie einströmenden Informationen kanalisieren. Mit einem RSS-Reader lassen sich beliebig viele Feeds –
Abonnements aller neuen Artikel eines Blogs, einer Website oder zum Beispiel
einer Facebook-Fanpage – übersichtlich gruppieren. Man braucht nicht mehr
verschiedene Seiten anzusurfen, um zu sehen, ob es etwas neues gibt. Die Geschichten kommen nun zum Leser, nicht mehr der Leser zur Geschichte. Das
wichtigste Lokalblog der Stadt, die Homepages der Konkurrenzmedien oder die
Facebook-Seite des örtlichen Bundesligavereins – wer mit RSS-Feeds arbeitet,
kann sein Informationsbedürfnis passgenau zuschneiden. Wenn es etwas neues
gibt, zeigt der RSS-Reader das an. Das spart Zeit und hat den angenehmen Ne-
beneffekt, dass die relevanten Nachrichten im Reader archiviert sind, also auch
zu einem späteren Zeitpunkt durchsucht werden können. Wer oft von verschiedenen Orten oder Rechnern aus arbeitet, greift am besten zu einem webbasierten
Reader wie dem Google Reader. Alternativ bieten auch viele Webbrowser und
einige E-Mail-Programme die RSS-Funktion an.

Das Web 2.0 hat die Geschwindigkeit der Informationsverbreitung enorm
beschleunigt. Fast alle inszenierten Ereignisse lassen sich (oft gegen Gebühr)
live im Netz verfolgen, unvorhergesehene Ereignisse werden oft mit wenigen
Minuten Verzögerung berichtet, dokumentiert und kommentiert. Willkommen in
der Echtzeitkommunikation. Nur sind es oft nicht mehr die Journalisten, die das
tun, sondern Augenzeugen oder gut vernetzte Blogger. All das geht maßgeblich
von den neuen Informationsknotenpunkten aus: Sozialen Netzwerken wie Facebook, Microblogging-Diensten wie Twitter oder Meinungsführer-Blogs wie
netzpolitik.org.

Im Prinzip ist jeder Journalist, nicht nur der tages- (oder sogar schon minu-
ten-) aktuell arbeitende, gut beraten, diese Plattformen zu nutzen. Dabei sind
zwei Stufen zu unterscheiden: die passive und die aktive Nutzung. Passiv bedeutet, ein Profil in den großen Social Media-Diensten zu haben und sich ein virtuel-
les Netzwerk aufzubauen, das heißt den relevanten Leuten zu folgen. Der am
nächsten liegende Schritt ist es, prominenten Personen oder Organisationen zu
folgen.

Danach sollte man die Nutzer finden, die eine hohe Reputation in der Szene haben: Entweder, weil sie besonders gut informiert sind, oder meinungsstark sind oder beides. Ein Blick auf die Accounts, mit denen diese Meinungsführer vernetzt sind, offenbart (vor allem auf Twitter) weitere interessante Quellen, deren Nachrichten man mit einem Klick abonnieren kann. So wächst peu à peu ein nach den persönliches Interessen ausgerichtetes Netzwerk, das früher oder später zu einer personalisierten Nachrichtenzentrale wird. Alle großen Social Networks haben inzwischen Instrumente eingeführt, die es ermöglichen, die Masse an Neuigkeiten zu kanalisieren: Listen bei Twitter und Facebook, Kreise bei Google+. Darüber hinaus gibt es einige Tools beziehungsweise Websiten, die verschiedene Listen aus verschiedenen Netzwerken parallel anzeigen können, z.B. Tweetdeck, Netvibes, iGoogle, Hootsuite oder der Social Media-Browser Rockmelt. Welche soziale Netzwerke wie intensiv verfolgt werden sollen, lässt sich so pauschal nicht sagen. Die Antwort wird für einen Job&Karriere-Redakteur anders ausfallen als für einen Lokalreporter, welcher wiederum auf anderen Seiten unterwegs sein wird als ein auf Techniktrends spezialisierter Journalist. Es hängt also sehr von der eigenen Zielgruppe ab. In der Regel lohnt es sich zu schauen, was in den drei großen Netzwerken Facebook, Twitter und neuerdings Google+ los ist.

Egal, in welchem Bereich man sich bewegt, die Größen der Szene sind in der Regel auch im Social Web aktiv. In der Regel nutzen Prominente Facebook, Twitter und Co., um ihre Fans direkt informieren zu können. Ein moderner Journalist sollte diese Auftritte auch auf dem Radar haben, um alle Neuigkeiten mitzubekommen und in seine Berichterstattung einfließen lassen zu können. Ein Fußballreporter wird zum Beispiel sowohl die Mannschaft, für die er zuständig ist, im Social Web verfolgen als auch die wichtigsten Spieler und Fangruppen. Das gleiche gilt aber auch für Unternehmen und öffentliche Einrichtungen. VW stellte vor zwei Jahren ein neues Golf-Modell zuerst auf Facebook vor, die Polizei Hannover nutzt dieses Netzwerk unter anderem für Fahndungen und hat schon zahlreiche wichtige Ermittlungshinweise von jungen Leuten erhalten, die man sonst nicht erreicht hätte.

Viele *Netizens* haben Twitter als ihre persönliche Nachrichtenagentur geadelt. Neuigkeiten aller Art verbreiten sich auf Twitter rasend schnell, was auch an der ausgiebigen Nutzung der „Retweet" (= Weiterleiten)-Funktion liegt. Darüber hinaus stecken in den meisten Tweets (zumindest der ambitionierten Twitter-Nutzer) nützliche Links, zum Beispiel zu Fachblogs. Wer Twitter aufmerksam nutzt und kalibriert, kann sich binnen weniger Wochen einen sehr praktischen Themen- und Ereignisradar bauen.

Facebook eignet sich zum einen gut für redaktionelles Marketing. Viele Redaktionen posten dort Links zu Artikeln auf ihrer Homepage und fragen die Fans um ihre Meinung. Das Bekenntnis von Nutzern zu einer (journalistischen) Marke ist hier stärker als in anderen Netzwerken. Dennoch hat Facebook inzwischen einige Features eingeführt, die es erlauben, das Netzwerk zielgerichteter zu nutzen und stärker auf die Inhalte zu filtern, die einen gerade interessieren. Seine Facebook-Freunde kann man in Listen einsortieren. Praktisch ist auch die „Interessen"-Funktion, in der man Seiten, Abonnements und Freunde thematisch bündeln kann.

Den Nachrichtenstrom, der durch die gegenseitige Vernetzung entsteht, kann man auch auf bestimmten Schlagworte hin durchsuchen. Die Suchfunktionen von Facebook und Google+ sind standardmäßig sehr einfach gehalten. Die erweiterte Suchmaske von Google und Twitter führt bei richtiger Bedienung schon deutlich weiter, darüber hinaus gibt es praktische Such-Tools wie Topsy oder Monitter.

Der Einsatz von Software, die soziale Netzwerke automatisch auf bestimmte Suchbegriffe hin durchsuchen, empfiehlt sich nicht. Journalistentrainer Marcus Bösch rät ausdrücklich davon ab: „Social-Media-Monitoring-Tools alleine bringen nichts. Es ist nicht damit getan, einmal zu zahlen, sich einmal irgendwo anzumelden und sich dann zurückzulehnen. Das ist im realen Leben auch so: Ich kann nicht Leute kennenlernen, mich dann nie wieder melden und dann auf einmal erwarten, dass sie mir helfen. Ich muss meinen Twitter-Account pflegen, ich muss Leute identifizieren, denen es sich zu folgen lohnt, das ist ein stetiger Prozess" (zitiert nach: Oswald 2011a). Journalisten, die die neuen, wirklich nicht besonders komplizierten, Netz-Werkzeuge nutzen, bekommen heute „über mehr Information einen schnelleren Überblick als früher, als sie in der Nachrichtenagentur am Tisch saßen und ein Stapel neuer Faxe hereingekommen ist", sagt dpa-Chefredakteur Wolfgang Büchner (2012).

Das Internet hat also die journalistische Berichterstattung enorm beschleunigt. Das wirft die Frage auf, welcher Platz beziehungsweise wie viel Zeit dabei noch für die Gegenrecherche bleibt: Können Journalisten am Newsdesk noch die zweite Quelle einholen? Das öffentlich-rechtlichen Fernsehen arbeitet immer häufiger mit YouTube-Videos. Besonders stark ausgeprägt war das bei den Berichten über den arabischen Frühling 2011, als ARD-und ZDF-Reporter Videos von Demonstranten in ihre Beiträge einbauten und dann sagten, man könne die Echtheit dieser Aufnahmen nicht überprüfen. Das ist zwar einerseits fair und transparent, widerspricht aber dem Berufskodex, Quellen vor ihrer Veröffentlichung zu überprüfen.

Dabei gibt es durchaus Wege, die Authentizität von Web2.0-Content zu verifizieren. Je spezialisierter ein Journalist in einem Fachgebiet oder einer Branche ist, desto größer wird seine Urteilsfähigkeit sein. Daniel Bouhs, Leiter Netzwelt bei der Nachrichtenagentur dapd, empfiehlt darüber hinaus „die langfristige

Beobachtung relevanter Profile, die offizielle Verifizierung der jeweiligen Profile, [und] die Prüfung, ob Links von offiziellen Websiten auf Profile zeigen" (Bouhs 2011). Auf diese Weise kann man es vermeiden, Fake-Accounts aufzusitzen, wie dem vermeintlichen Franz Müntefering auf Twitter oder dem falschen Fußballtrainer Ralf Rangnick auf Facebook. Außerdem können ein doppelter Quellen-Check (meldet eine andere Nachrichtenagentur das Gleiche?) oder ganz klassisch ein Anruf beim Protagonisten Klarheit bringen. Auch im Web2.0-Zeitalter bleiben reale Kontakte und der persönliche Augenschein das höchste Maß an Authentizität.

Noch mehr Nutzen können Journalisten aus den sozialen Netzwerken ziehen, wenn sie dort selbst aktiv sind. Wer seine Web2.0-Präsenzen regelmäßig mit fachlich qualifizierten Beiträgen und Links füttert, kann sich als Experte positionieren, was vor allem für Freiberufler wichtig ist. Natürlich kann man auf Facebook, Twitter und Google+ Links zu eigenen Blogbeiträgen oder zur Website des Arbeitgebers posten. Die Eigenwerbung sollte aber hinter (deep) Links zu weiterführenden Artikeln, Studien oder Diskussionsbeiträge zurückstehen. Kommunikation ist gerade im Web2.0 ein ständiges Geben und Nehmen. Wer so agiert, erwirbt sich Reputation, die in Form von Retweets, Backlinks und Aufnahme in die Listen anderer Nutzer öffentlich sichtbar ist.

Hier entlang bitte: Journalisten als Navigatoren durch die Weite des Webs

Wer die oben genannten Techniken beherrscht, für den kann das Internet eine wertvolle Fundgrube an Themen sein. An die Frage der Selektion schließt unmittelbar die Frage der Aufbereitung an: Was mache ich mit den Themen, die ich als relevant identifiziert habe? Nehme ich sie als Ausgangspunkt für weitere Recherchen: online, telefonisch, für persönlichen Augenschein, um entweder diese Geschichte oder einen Dreh davon als eigene Story zu veröffentlichen? Oder beschränke ich mich darauf, dem Leser ein Best-Of der Webfundstücke zu präsentieren? In diesem Fall ist der Journalist nicht mehr Autor, sondern Aggregator oder Kurator: Er wählt Blogbeiträge, Facebook-Posts, Tweets, Fotos oder Videos aus, bringt sie in eine logische Reihenfolge. Damit es sich nicht im reinen Aufzählen erschöpft, sollte er die ausgewählten Beiträge in einen Zusammenhang stellen, seine Auswahl mit eigenen Worten erläutern. Auf diese Weise ist die fertige Auswahl mehr als die Summe der einzelnen Teile, durch die Auswahl und Einordnung entsteht für den Leser, der sich diese Mühe nun sparen kann, ein Mehrwert.

Dafür gibt es inzwischen eine Reihe von Tools. Storify zum Beispiel ermöglicht es, zwischen jedem gesichteten Tweet, Facebook-Post oder Video ein

Textfeld einzubauen, in dem der Autor erläutern kann, warum er diesen Link ausgewählt hat und in welchem Kontext er zu sehen ist. Beim Veröffentlichen der Storify ist es möglich, die Urheber der einzelnen Beiträge mit einem Klick zu benachrichtigen, was die potenzielle Reichweite enorm erhöht. Die fertige Storify kann wiederum in die eigene Website eingebunden werden. Das ist gerade für Redaktionen interessant, die so die Social-Media-Kompetenz ihrer Journalisten dokumentieren können. Andere Tools, die fürs Kuratieren geeignet sind, heißen z.B. paper.li, curated.by, Scoop.It, Storyful; speziell für Fotos ist Pinterest gedacht.

In den USA gibt es einige Zeitungen, die regelmäßig mit solchen Werkzeugen arbeiten, etwa die *New York Times* und die *Washington Post*. Hierzulande ist das Aggregieren von Inhalt allenfalls eine journalistische Nische, die nur eine Handvoll Medien und diese auch nur gelegentlich ausprobieren. So hat zum Beispiel die *Frankfurter Rundschau* auf Storify die Begünstigungs-Vorwürfe gegen Christian Wulff dokumentiert. Da diese eine echte Staatsaffäre war, sprengte die Vielzahl der Stellungnahmen, Artikel und Tweets den Rahmen einer Storify. Zwar lädt Storify immer wieder neue Inhalte nach, wenn man zum Bildschirmende gescrollt hat, die Übersichtlichkeit geht so aber verloren. Die alternative Darstellung als Slideshow nimmt zwar viel weniger Platz ein, hier geht aber das Originaldesign der Fundstücke zugunsten eines einheitlichen Hintergrunds verloren, was zu Lasten der Authentizität geht. Bevor sie mit dem Kuratieren beginnen, sollten Journalisten klar den Rahmen abstecken und sich auf einen speziellen, aber dennoch relevanten Aspekt beschränken. Auch ein klares Zeitfenster, z.B. ein Tag kann helfen. Und wenn es zu unübersichtlich zu werden droht, lieber eine neue Geschichte beziehungsweise Storify starten. Bei der Quellenauswahl kann es vielleicht sinnvoller sein, sich speziell auf Tweets zu einem Thema zu beschränken oder nur auf Videos. Für Live-Berichterstattung, bei der die Dimension eines Ereignisses noch nicht absehbar ist, eignen sich Twitter oder ein Live-Blog vermutlich besser.

Gerade im Lokaljournalismus können Kuratierungs-Dienste sehr nützlich sein. Hier ist die Materialfülle nicht so groß wie bei einem Ereignis von nationalem oder gar weltweitem Interesse. Die Dortmunder *Ruhr-Nachrichten* stellten Storifys zu Ereignissen wie Erdbeben, Gewitter, Neonazi-Demonstrationen oder der Meisterfeier von Borussia Dortmund zusammen, auch wenn die redaktionelle Einordnung nur am Rande erfolgt. Noch sind es viel mehr netz-affine Privatpersonen (unter ihnen auch einige freie Journalisten) als Redaktionen, die Kuratierungsdienste nutzen.

Aus deutscher Sicht mag daher die folgende These utopisch anmuten: Clay Shirky behauptet, wenn er heute ein Medienunternehmen gründen würde, würde er keinen Inhalt mehr selbst erstellen, sondern fremde Beiträge aggregieren und kompilieren. Das mag für ihn zutreffen, ob sich das journalistische Selbstverständnis so radikal verändern wird, ist mehr als fraglich. Selbst zu recherchieren, zu schreiben und Geschichten zu erzählen, ist noch immer wesentlicher Bestandteil der journalistischen Sozialisation. So sieht es auch Daniel Weber, Chefredaktor des *NZZ Folio*: „Journalisten sollen schreiben, und zwar so, dass mich ihre Geschichten packen. Wer kuratieren will, soll ins Museum" (Weber 2011).

Achtung Dauerbaustelle: wie aus dem Produkt Journalismus ein Prozess wird

Wer eine Zeitung oder Magazin veröffentlichen will, braucht eine Druckerei, für eine Radio- oder Fernsehsendung sind ein Studio und Funkmasten nötig. Heraus kommt immer ein fertiges Produkt. Dann wird das nächste in Angriff genommen. Im Internet hat sich der Publikationsablauf gravierend verändert. Als Produktionsmittel genügt ein Computer mit Internetanschluss. Ein in sich geschlossenes Produkt gibt es im digitalen Journalismus eigentlich nicht mehr: Vor allem Artikel werden mehrmals aktualisiert, Bildergalerien und Linksammlungen wachsen mit zunehmendem Kenntnisstand. Die Website, auf der diese Darstellungsformen ausgespielt werden, sieht alle fünf Minuten anders aus, sie ist ständig im Fluss. Das Internet kennt keinen Redaktionsschluss; *online is always*. Besonders stark ausgeprägt ist dieses Phänomen in der aktuellen Berichterstattung. Neue, vor allem überraschende, Ereignisse gelangen zuerst als Eilmeldung in wenigen Zeilen Länge auf die Aufmacher-Position der Homepage. Dann wachsen sie Stück für Stück mit zunehmender Informationstiefe: Zuerst wird die eigentliche Meldung länger, sie wird durch Bilder und Links ergänzt, dann kommen weitere Texte hinzu, etwa Interviews, Analysen, Augenzeugenberichte, Kommentare, schließlich Videos, O-Töne oder Infografiken. Bei *breaking news* entstehen so oft binnen weniger Stunden große Themenpakete, die auf einen Blick eine multimediale Informationstiefe bieten, wie es Zeitung, Radiobeitrag oder Fernsehdokumentation für sich genommen nicht leisten können.

Eine wichtige Rolle spielt im Netz die Live-Berichterstattung: Bei unvorhergesehenen Ereignissen reagieren viele Redaktionen mit Live-Tickern, etwa bei der Atomkatastrophe in Fukushima. Dieses Telegrammstil-Format bedient sich in der Regel aller verfügbarer Quellen, seien es Nachrichtenagenturmeldungen, Fernsehnachrichten, gegebenenfalls der eigene Korrespondent. Online erweitert sich das Spektrum noch beträchtlich durch Websites ausländischer Medien und Institutionen, Blogs oder soziale Netzwerke, über die sich zum Teil auch Augenzeugen zu Wort melden.

Natürlich sind Journalisten stark auf die Recherche, auf die Suche nach Information getrimmt. Dass die Information in Form von Nutzerhinweisen zu ihnen kommt, das haben noch bei weitem nicht alle Journalisten erkannt. Natürlich gibt es einige Leserkommentare, die unqualifiziert sind oder die Perspektive eines Artikels bemängeln. Wer aber seine Community – auf der eigenen Website und in den sozialen Netzwerken – pflegt, wird wertvolle Hinweise bekommen. Wie sehr Zeit Online von diesem Leser-Input profitiert, schildert Chefredakteur Wolfgang Blau: „Unsere Leser helfen uns täglich besser zu werden [...]. Aus den Kommentaren unserer Leser unter dem Artikel, auf Facebook oder bei Twitter entsteht oft die Idee zum nächsten Text; gelegentlich auch die unbequeme, aber wichtige Einsicht, einen Gedanken nicht zu Ende gedacht zu haben." (Blau 2010) Wenn Leser die Möglichkeit wahrnehmen, sich zu journalistischen Artikeln zu Wort zu melden und dabei manchmal auch eine gegenteilige Meinung vertreten, heißt das auch, dass Journalisten ein Stück ihrer Deutungshoheit verlieren. Das gilt besonders dann, wenn die Leserkommentare öffentlich sichtbar sind.

Dass das Kollektiv als Korrektiv dienen kann, konstatiert auch Daniel Bouhs: „Welche Aspekte fehlen in deiner Geschichte, welche sind vielleicht veraltet, welche womöglich sogar falsch? Feedback dieser Art mag zunächst lästig erscheinen. Es sorgt unter dem Strich aber für mehr Qualität, eine stärkere Faktendichte und eine üppigere Detailfülle der journalistischen Arbeit", schreibt Daniel Bouhs in seinem Buch „Soziale Netzwerke für Nachrichtenjournalisten" (2011).

Dieser Aussage liegt die Annahme zugrunde, dass Geschichten kein klar definiertes Ende haben, dass der Journalismus im digitalen Zeitalter zum Prozessjournalismus wird. Einer der prominentesten Befürworter dieser These ist Alan Rusbridger, der Chefredakteur des Guardian: „Ein Reporter entscheidet sich heute vielleicht, keinen Bericht über ein bestimmtes Thema zu schreiben, sondern lieber darüber zu bloggen. Ein Blog ist kein Bericht im herkömmlichen Sinn: Ein Blogpost kann auf andere Berichte und Quellen verlinken. Innerhalb weniger Minuten nach ihrer Veröffentlichung müssen die meisten Geschichten ergänzt, präzisiert oder korrigiert werden. [...] Eine „Geschichte", die auf diese Weise erzählt wird, muss keinen natürlichen Schlusspunkt haben. Das journalistische Resultat ist flüchtiger als früher. Sie erinnert eher ans wirkliche Leben, in dem es selten Ereignisse gibt, die ein definitives Ende haben." (zitiert nach: Mitchell 2010)

Ähnlich sieht es die Medienjournalistin Ulrike Langer: „Die Zeiten, wo im Sinne einer Einbahnstraßenkommunikation Artikel ‚abgeworfen' werden, sind im Netz vorbei. Im Idealfall ist ein Artikel kein fertiges Endprodukt, sondern Ausgangspunkt einer konstruktiven Debatte mit Nutzerbeteiligung, die wieder in neue Beiträge mündet. Das funktioniert aber nur, wenn Journalisten Moderieren,

Debattieren und Kuratieren nicht als lästige Zusatzaufgabe, sondern als elementaren Bestandteil ihrer Arbeit begreifen." (Langer 2010)

Es gibt immer noch eine große Zahl an Journalisten, die es fremdelt bei dem Gedanken, die Leser derart stark in das eigene Tun einzubinden. Doch daran wird in Zukunft kein Weg mehr vorbeiführen. Das Sender-Empfänger-Modell von einst hat noch einen Platz in der Geschichte der Kommunikationswissenschaft, aber nicht mehr in der Medienwirklichkeit von heute. Mehr als je zuvor müssen Journalisten ihre Eigenschaft als aufmerksame Gesprächspartner beweisen. Darin sieht auch Miriam Meckel, Direktorin des Institut für Medien- und Kommunikationsmanagement der Universität St. Gallen, eine der Kernanforderungen für das journalistische Berufsbild im 21. Jahrhundert: „Sie müssen allein durch das überzeugen, was sie an Neuigkeiten und Geschichten zu liefern in der Lage sind und wie sie diese in die Gesprächsflüsse und Gesprächsräume im Netz einbringen", schreibt Meckel (2011). Sie sieht den Journalisten von heute in zweierlei Hinsicht eingebettet: „in Prozesse der kollaborativen Informations- und Geschichtenproduktion" und „in eine Vielzahl von Öffentlichkeiten, von denen die eigene nur eine unter vielen ist."

Scheinwerfer an: nie gab es so schnell so viel Transparenz wie heute

Das Internet hat eine Öffentlichkeit noch nie da gewesenen Ausmaßes geschaffen. Damit sind sowohl die Ansprüche an Transparenz gestiegen als auch die Möglichkeiten, dafür zu sorgen. Par excellence zeigte sich das im Februar und März 2011, als der Verdacht aufkam, Verteidigungsminister Karl-Theodor zu Guttenberg habe große Teile seiner Doktorarbeit abgeschrieben. Einen Tag, nachdem die Süddeutsche Zeitung als erste über diese Vorwürfe berichtet hatte, war das Guttenplag-Wiki an den Start gegangen, in dem mehr als Tausend Internetnutzer den Beweis führten, dass die Dissertation des damaligen Verteidigungsministers Karl-Theodor zu Guttenberg voller ganz oder teilweise abgeschriebener Textfragmente steckte. Binnen weniger Tage im Februar 2011 lieferten die Guttenplag-Wiki-Nutzer eine beispiellose kollaborative Rechercheleistung ab. Dieses Wiki ist ein Paradebeispiel für Crowdsourcing: Eine große Aufgabe wird von einer großen Zahl Internet-Nutzer gemeinsam erledigt, ihre Ergebnisse werden an einem zentralen, öffentlich einsehbaren Ort dokumentiert. Mitmachen kann jeder, der will. Problematisch für Guttenberg war dabei die permanente Öffentlichkeit, die das Internet bietet. Im Gegensatz zu Hörfunk oder Fernsehen ,versendet' sich im Internet nichts, es ist permanent präsent. Das erhöhte den Leidensdruck für den Baron aus Bayern enorm. In den Tagen und Wochen nach dem Start des Guttenplag-Wiki gab es so gut wie kein Medium in

Deutschland, das nicht Bezug darauf nahm. So wurde die Plagiatsdokumentation millionenfach verstärkt und erhielt weiteren Zulauf – auch von empörten Wissenschaftlern.

Die Causa Guttenplag führte klar vor Augen, wie gut sich klassische Medien und das Internet ergänzen können: Printmedien und TV-Sender nahmen die Plagiats-Befunde aus dem Netz auf, versuchten das Crowdsourcing-Werk auf ihren eigenen Webseiten zu visualisieren. Sie fanden Ansatzpunkte für neue Drehs zu der Geschichte – etwa, dass Guttenberg auch Gutachten des wissenschaftlichen Dienstes des Bundestages verwendete, seinen Doktortitel zu früh führte und mehrere Stationen seines Lebenslauf beschönigend beschrieben hatte. All das verbreitete sich wieder im Netz und fachte die Diskussion um Guttenberg an.

Nicolas Richter, stellvertretender Ressortleiter Investigative Recherche bei der *Süddeutschen Zeitung*, sieht im Guttenplag-Wiki ein „Paradebeispiel, wie Schwarmintelligenz und klassische Medien zusammenarbeiten können. Einmalig an der Guttenberg-Affäre war, dass die Aufklärung noch nie so demokratisch war, wie in diesem Fall, weil sie nicht mehr allein Journalisten vorbehalten war" (zitiert nach: Oswald 2011b). Keine Redaktion hätte für sich alleine diese Leistung erbringen können, so zahlreich waren die Plagiate.

Fälle, in denen Journalisten die Schwarmintelligenz mit der (Vor-)Recherche beauftragen, sind noch rar. Bekanntestes Beispiel ist das *Guardian*-Projekt „Investigate your MP's Expenses". Die britische Zeitung stellte im Sommer 2009 die zuvor vom Parlament veröffentlichten Spesenabrechnungen der britischen Unterhausabgeordneten auf seine Seite http://mps-expenses.guardian.co. uk/ und rief die Nutzer auf, diese Dokumente auf Unstimmigkeiten zu überprüfen. Jeder Interessent kann die Postleitzahl seines Abgeordneten eingeben und kommt dann auf dessen Spesenabrechnungen der Jahre 2004-2008. Man kann jede Seite bewerten, ob man sie für „nicht interessant", „interessant", „interessant, aber bekannt" hält oder ob man der *Guardian*-Redaktion mit einem Klick auf „investigate this" einen Rechercheauftrag erteilt. Natürlich ist hier der journalistische Gegencheck unerlässlich.

In Deutschland gibt es noch recht wenige Beispiele, in denen sich Journalisten regelmäßig der Schwarmintelligenz bedienen. Eines ist das von Stefan Niggemeier gegründete *Bildblog*, das seine Leser an prominenter Stelle um „sachdienliche Hinweise" zu medialen Fehlleistungen bittet. Anonym oder persönlich, ganz wie es dem User beliebt. Niggemeier hält große Stücke auf die Weisheit der Vielen: „Unsere Leser wissen alles. Wir müssen sie nur fragen. [...] Ohne dieses kollektive Wissen unserer Leser wäre es nicht möglich, mit einem winzigen Grüppchen von Leuten täglich Fehler aufzuzeigen, die 1.000 *Bild*-Zeitungs-Mitarbeiter absichtlich oder versehentlich machen" (Alby 2006: 208). Wenn ein

Bildblog-Post durch einen Lesertipp entstanden ist, machen die Autoren das am Ende transparent: „Mit Dank an die vielen Hinweisgeber".

Das Wissen und die Hinweise der Masse können also für ein hohes Maß an Transparenz sorgen und helfen, Missstände aufzudecken. Das zeigte sich auch an der weltweiten Aufmerksamkeit, die die Enthüllungsplattform Wikileaks vor allem im Jahr 2010 auf sich zog. Damals veröffentlichte das Whistleblower-Portal zuerst das Video „Collateral Murder", in dem zu sehen war, wie US-amerikanische Soldaten aus einem Hubschrauber heraus Zivilisten erschossen. Wenige Monate später publizierte Wikileaks Kriegsopfer-Statistiken aus dem Irak und aus Afghanistan, gefolgt von tausenden Depeschen („cables") von US-Botschaftern an die Regierung in Washington. All diese Themen machten weltweit Schlagzeilen; die ihnen zugrunde liegenden Dokumente und Datensätze waren anonym auf Wikileaks-Server hochgeladen worden. Wikileaks begründete einen Boom an weiteren Leaking-Plattformen, teils mit thematischen, teils mit regionalem Schwerpunkt. Inzwischen haben auch erste Medien eigene anonyme Upload-Portale eröffnet. In Deutschland zählt Der Westen zu den Pionieren. Auf dem anonymen Server landen Hinweise oder Dokumente, die die Rechercheredaktion überprüft. Manchmal ergeben sich eigene Geschichten daraus, manchmal lassen sich schon aufgedeckte Missstände mit Datenmaterial unterfüttern. So im geschehen beim Giftskandal um die Dortmunder Entsorgungsfirma Envio, die fahrlässig mit der als krebserregend geltenden Chemikalie PCB umging. Über das Upload-Portal (https://upload.derwesten-recherche.org/upload) wurde der WAZ-Redaktion jedoch eine große Menge an Originaldokumenten zum Fall zugespielt, z.B. pdfs mit ärztlichen PCB-Befunden. Diese wurden zusammen mit Texten, Fotos, Videos und Podcasts zu einer interaktiven Karte zusammengefügt, die unter envio.derwesten.de im Netz steht. Die Geschichten, die auf geleaktem Material basieren, werden nicht nur in der Zeitung, sondern auch auf dem Recherche-Blog veröffentlicht. Damit will die WAZ-Recherche-Redaktion potenzielle Leaker ermuntern, sich über die Upload-Plattform oder die ebenfalls anonyme E-Mail-Funktion mit weiterem vertraulichen Material an die Redaktion zu wenden.

In Österreich hat der teilweise zum WAZ-Konzern gehörende Kurier nachgezogen und auf Basis der WAZ-Technik das Upload-Portal Austroleaks eröffnet. Rainer Fleckl, Ressortleiter Investigative Recherche, findet pro Woche vier bis fünf vertrauliche Dokumente im Austroleaks-Postfach, in dem er ein „redaktionelles Marketing-Tool" sieht. Daraus resultierten Geschichten über neonazistische Umtriebe in einem Wiener Studentenheim in Wien, Betrug im Krankenhaus oder seltsamen Geschäftspraktiken beim ORF.

Im Februar 2012 hat auch der Stern einen anonymen elektronischen Briefkasten eröffnet, der offenbar sehr gut angenommen wurde: „Unser Briefkasten läuft heiß", schrieb Investigativ-Ressortleiter Oliver Schröm (2012) und zählte auf, welche seiner Redakteure an welchem Thema dran seien.

Der deutsche Hacker Daniel Domscheit-Berg, 2010 im Streit von Wikileaks geschieden, möchte demnächst eine eigene Plattform starten: Openleaks soll eine sichere Infrastruktur für Whistleblower bieten, damit sie anonym vertrauliche Dokumente hochladen können. Im Gegensatz zu Wikileaks will Openleaks jedoch nichts selbst veröffentlichen: Die Auswertung der Dateien und die Entscheidung, welche Geschichten gegebenenfalls geschrieben werden, soll allein bei den Medienpartner liegen. Bislang haben die *taz*, der *Freitag*, die portugiesische Wochenzeitung *Expresso* sowie die dänische Tageszeitung *Dagbladet Information* Interesse bekundet. Noch ist Openleaks in der Testphase.

Transparenz herzustellen, ist auch das Ansinnen des *Guardian* und seiner „Open Newslist"-Initiative (http://www.guardian.co.uk/news/series/open-newslist). Die Briten stellen seit Oktober 2011 täglich ihren Themenplan online. Zu jedem Thema ist der Autor genannt, über dessen verlinkten Twitter-Account interessierte Nutzer Hinweise und Anregungen zur Recherche geben können, am besten mit dem Hashtag #opennews. Wer es etwas ‚vertraulicher' haben will, soll via Twitter eine Direktnachricht schicken oder eine Mail an die Redaktion, die aber die Kommunikation via Twitter bevorzugt. „Wir können nicht auf alles antworten, aber wir lesen alles und ziehen ihre Ansichten in Betracht", schreiben Dan Roberts, Charlie English und Julia Finch in der Vorstellung des Projekts. Natürlich behält sich der *Guardian* vor, manche Themen nicht auf seiner open news-Seite zu veröffentlichen, etwa Themen mit Sperrfrist oder Exklusivgeschichten, die man vor der Konkurrenz geheimhalten will. Dennoch ist dem *Guardian* wichtig: „Wir wollen unbedingt wissen, was Sie denken!"

Noch weiter geht die journalistische Crowdfunding-Plattform www.spot.us aus den USA. Hier stellen in der Regel freie Journalisten, manchmal auch Redaktionen Themen vor, die sie gerne recherchieren würden. In einigen Absätzen präsentieren sie ein Thema, dessen Relevanz, welche Aspekte sie recherchieren wollen und wie sie es aufbereiten wollen. In der rechten Spalte steht der Betrag, den der Autor für die Recherche des Projekts sammeln möchte. Auf einem Balken wird angezeigt, zu wie viel Prozent das Projekt finanziert ist. Transparenz bedeutet hier auch, dass die Spender sichtbar sind (wenn sie das wollen, auch anonyme Spenden sind möglich) und dass Diskussionen zum Thema angezeigt werden. In der deutschen Medienlandschaft sucht man solche Transparenz-Initiativen noch weitgehend vergebens. Noch ist kaum ein Journalist hierzulande bereit, sich bei seiner Arbeitsweise in die Karten schauen zu lassen. Immerhin sind einige Nachrichtenagenturen dazu übergegangen, unter ihren Meldungen die Quellen aufzuzählen.

Schöne neue Medienwelt: die Zukunft gehört dem multimedialen Storytelling

Transparenz und (Welt-) Öffentlichkeit ist auch das Anliegen der Whistleblower-Plattform Wikileaks. Dass es Wikileaks in die Weltschlagzeilen schaffte, hatte es zu einem guten Teil auch den ausgewählten Medienpartnern zu verdanken: Wikileaks-Chef Julian Assange hatte die „Afghan War Diaries" dem *Spiegel*, der *New York Times* und dem *Guardian* vorab zukommen lassen. Jedes Medium wählte seinen eigenen Weg, um die zigtausend Datensätze visuell aufzubereiten, nach einhelliger Meinung gelang das der britischen Zeitung am besten. Das Dossier „The Afghanistan War Logs" zeichnete sich unter anderem aus durch ein Erklärvideo, wie man das Dossier am besten nutzt, eine übersichtliche interaktive Grafik und die Möglichkeit, die Daten herunterzuladen (http://www.guardian.co.uk/world/the-war-logs). Das Wikileaks-Material war der Katalysator für eine neue journalistische Disziplin, die noch ziemlich am Anfang steht: Datenjournalismus. Die Aufgabe lautet, aus (maschinenlesbaren) Daten Geschichten zu destillieren und diese optisch ansprechend aufzubereiten. Die besten datenjournalistischen Beispiele in Deutschland leben von ihrer hervorragenden Visualisierung, etwa bei der *Zeit*, die aus den Handydaten des Grünen-Politikers Malte Spitz ein Bewegungsprofil erstellte (http://www.zeit.de/datenschutz/malte-spitz-vorratsdaten), bei der *taz*, die die Lärmbelastung beim Ausbau des Berliner Flughafen Schönefelds dokumentiert (http://www.taz.de/1/berlin/fluglaerm-bbi/), oder bei der *Süddeutschen Zeitung*, die unter http://zugmonitor.sz.de die Verspätungen im Fernverkehr der Bahn visualisiert – und das sogar in Echtzeit. Alle drei Beispiele stammen von der Berliner Startup Open Data City, das im deutschen Datenjournalismus momentan die Benchmark darstellt. Lorenz Matzat, einer der Gründer, schildert im Werkstattbericht zum Zugmonitor die journalistischen Lehren aus dem Projekt: „Wir haben mit dem Internet einen riesigen Gestaltungsspielraum, eine Leinwand, die jenseits des geschriebenen Wortes, des Bildes, Tons und Videos große Freiheiten für neue Erzählformate öffnet. Das kann teuer sein, muss es aber nicht. Die datenbankgetriebene Aufbereitung von Informationen – in welchem Umfang auch immer – kann klassischen Journalismus sinnvoll ergänzen. Berufsbilder, Ausbildung und redaktionelle Abläufe ändern sich hier. Und die Leser machen eine neue Erfahrung: Sie können sich mit einem Thema auf ungewohnte Weise auseinandersetzen, interaktiv, selber recherchieren und so faktenorientiert zu einer eigenen Einschätzung gelangen" (Süddeutsche.de 2012).

Datenjournalistische Anwendungen sind aber nur ein Beispiel für den Trend zu visuellen Erzählformen in den digitalen Medien: Seien es 360 Grad-Panoramabilder, Audio-Slideshows oder Videos, in denen der Nutzer den Ablauf bestimmen kann. Vor allem Audio-Slideshows, auch Multimedia-Reportagen genannt, gelten als besonders ästhetische und authentische Darstellungsform. Originaltöne und atmosphärische Hintergrundgeräusche kombiniert mit ausdrucksstarken Fotos sind ein gutes Beispiel, wie sich im Internet neue Darstellungsformen erfinden lassen. Die beeindruckendsten Audio-Slideshows setzen starke Charaktere in Szene und porträtieren sie auf eindringliche Weise. Oft waren es als Porträt einer Persönlichkeit konzipierte Audio-Slideshows, die mit Preisen ausgezeichnet wurden: In „Außen Puff, innen die Hölle" stellt Matthias Eberl (2009) den skurrilen Betreiber einer nicht minder skurrilen Münchner Szene-Bar vor, in „After the War" dokumentiert Felix Seuffert (o.J.) das Schicksal eines kongolesischen Ex-Nationaltorwarts, der vor dem Bürgerkrieg in seiner Heimat geflüchtet ist und in einer südafrikanischen Amateur-Liga den Neuanfang wagt. „After the War" wechselt Video-Sequenzen mit ruhenden Bildern ab, auch das eine journalistische Innovation. Journalisten-Trainer Steffen Leidel rät Journalisten dazu, „sich bei jeder Geschichte die Frage neu stellen: Gibt es noch eine bessere, visuelle Idee die Geschichte zu erzählen" (Leidel 2011).

Besonders experimentierfreudig, wenn es um neue Formen des digitalen Storytellings geht, ist die *New York Times.* Auf http://innovate.whsites.net/sind mehrere Dutzend journalistischer Projekte versammelt, mit unterschiedlichem Schwerpunkt: animierte Analyse-Videos, interaktive Grafiken, Ratgeber-Rechner oder Multimedia-Specials wie der Oscar Verleihung 2012 (http://oscars. nytimes.com/dashboard).

Diese Beispiele zeigen: Das Internet bietet nahezu unbegrenzte Möglichkeiten, neue Formate auszuprobieren und zu entwickeln. Natürlich muss nicht jeder Journalist zum Fotografen, Cutter und Programmierer gleichzeitig werden. Multimediales Storytelling wird Teamarbeit sein. Aber ein Journalist sollte künftig seine Geschichten mehrgleisig denken können: Er sollte sich fragen, auf welchen Kanälen er welchen Aspekt seiner Story am besten erzählen kann. Das erfordert Kreativität, Experimentierfreude, Teamgeist, technische Ressourcen und natürlich auch Zeit. Nicht immer ist das alles im Redaktionsalltag vorhanden. Aber noch nie waren die Möglichkeiten, seinem Publikum ein alle seine Sinne erfassendes Nutzungserlebnis zu bieten. Und noch nie war es spannend, Journalist zu sein wie heute. Und noch nie so anspruchsvoll.

Literatur

Alby T (2006) Web 2.0. Konzepte, Anwendungen, Technologien. Hanser, München/Wien

Blau W (2010) Es geht erstaunlich gut. Süddeutsche.de, 17. Mai 2010. http://www.sueddeutsche.de/medien/serie-wozu-noch-journalismus-es-geht-erstaunlich-gut-1.943587. Zugegriffen: 21. September 2012

Bösch M (2009) Was ist Process Journalism? DW lab, 14. Juni 2009. http://training.dw-world.de/ausbildung/blogs/lab/?p=270. Zugegriffen: 21. September 2012

Bouhs D (2011) Soziale Netzwerke für Nachrichtenjournalisten. Tredition, Hamburg: 79

Bruns A (2008) Vom Gatekeeping zum Gatewatching. Modelle der journalistischen Vermittlung im Internet. http://snurb.info/files/2008_DFG_Vom%20Gatekeeping%20zum%20Gatewatching_preprint.pdf. Zugegriffen: 21. September 2012

Büchner W (2012): Journalisten sind Scouts im Informationsdschungel. Deutschlandfunk Diskurse, 30. Januar 2012. http://diskurs.dradio.de/2012/01/30/journalisten-sind-scouts-im-informationsdschungel/. Zugegriffen: 21. September 2012

Eberl M (2009) X-Cess Bar. http://rufposten.de/daten/xcess/. Zugegriffen: 21. September 2012

Langer U (2010) Moderieren, Debattieren und Kuratieren sind elementare journalistische Aufgaben. Medialdigital, 9. November 2010. http://medialdigital.de/2010/11/09/moderieren-debattieren-und-kuratieren-sind-elementare-journalistische-aufgaben/. Zugegriffen: 21. September 2012

Leidel S (2011) Journalismus heute – die richtige Denke. DW lab, 3. November 2011. http://training.dw-world.de/ausbildung/blogs/lab/?p=2455. Zugegriffen: 21. September 2012

Manhart K (2011) Doppeltes Datenvolumen alle zwei Jahre. CIO, 12. Juli 2011. http://www.cio.de/dynamicit/bestpractice/2281581/. Zugegriffen: 21. September 2012

Meckel M (2011) Journalisten an der Crowdsourcing-Front. Focus.de, 13. Januar 2011. http://www.focus.de/digital/internet/dld-2011/debate/tid-20968/medienwandel-journalisten-an-der-crowdsourcing-front_aid_589439.html. Zugegriffen: 21. September 2012

Mitchell B (2010) Rusbridger: Openness, Collaboration Key to New Information Ecosystem. Poynter.org, 19. Oktober 2010. http://www.poynter.org/latest-news/106389/rusbridger-openness-collaboration-key-to-new-information-ecosystem/. Zugegriffen: 21. September 2012

Oswald B (2011a) Der Weg zum „Gatewatching". Interview mit Marcus Bösch. Medium Magazin 3/2011: 31

Oswald B (2011b) Die Intelligenz des Schwarms. Medium Magazin 3/2011: 28-29

Schröm O (2012) Unser Briefkasten läuft heiß. Danke! Stern.de, 17. Februar 2012. http://www.stern.de/blogs/der-investigativ-blog/unser-briefkasten-lauft-heis-danke/#more-668. Zugegriffen: 21. September 2012

Seuffert F (o.J.) After the War. 2470media. http://www.2470media.eu/index.79.de.html?tfs[video]=8. Zugegriffen: 21. September 2012

Süddeutsche.de (2012) Wie der Zugmonitor entstanden ist. Süddeutsche.de, 10. März 2012. http://www.sueddeutsche.de/kolumne/werkstattbericht-wie-der-zugmonitor-entstanden-ist-1.1303418. Zugegriffen: 21. September 2012

Weber D (2011) Schreibst du noch oder kuratierst du schon? Medienspiegel.ch, 7. September 2011. http://www.medienspiegel.ch/archives/002925.html. Zugegriffen: 21. September 2012

Jörg Sadrozinski

Zwischen Beruf und Berufung
Wie sich das Bild des Journalisten wandelt

Abstract

Unter welchen Einflüssen verändern sich die Rahmenbedingungen im Journalismus? Wie können Ausbildungseinrichtungen auf die neuen Herausforderungen an Journalisten in Bezug auf nutzerseitige Erwartungen, widrigere Arbeitsbedingungen und neue Darstellungsformen? In seinem Beitrag analysiert Jörg Sadrozinski, Leiter der Deutschen Journalistenschule, welches Rüstzeug der Journalist der nahen Zukunft benötigt, um seiner Aufgabe gerecht zu werden.

„Ich habe mich in meinen Ämtern stets rechtlich korrekt verhalten. Ich habe Fehler gemacht, aber ich war immer aufrichtig. Die Berichterstattungen, die wir in den vergangenen zwei Monaten erlebt haben, haben meine Frau und mich verletzt." (Wulff 2012) Nach Horst Köhler versucht mit Christian Wulff erneut ein Bundespräsident, Journalisten[1] eine Verantwortung oder Teilverantwortung für seinen (erzwungenen) Rücktritt aufzuerlegen. Was sind wir Journalisten? Wachhunde der Demokratie oder kleine Kläffer, die im Rudel die Beute so lange hetzen, bis sie aufgibt?

Am „Fall Wulff" lässt sich trefflich über Rolle, Aufgabe und Bild des Journalisten diskutieren und streiten. Und da Fremdbild und Selbstbild bekanntlich manchmal nicht übereinstimmen, mag es auch nicht erstaunen, dass sich der Deutsche Journalisten-Verband sofort gegen den Vorwurf zur Wehr setzte, die Journalisten hätten Christian Wulff mit ihrer Berichterstattung verletzt:

> „Es ist die Pflicht der Journalistinnen und Journalisten, über politische Affären und Skandale kritisch zu berichten', sagte DJV-Bundesvorsitzender Michael Konken. ‚Davon ist auch das deutsche Staatsoberhaupt nicht ausgenommen.' Die Intensität der Berichterstattung in den letzten Monaten sei die Folge von zahllosen Ungereimtheiten und möglicherweise auch strafrechtlich relevanten Vorgängen von Wulffs Amtsführung. Für die politischen Folgen von Enthüllungen seien nicht die Journalisten verantwortlich. Konken stritt ab, dass die Medien Wulff ‚aus dem Amt ge-

---

[1] Gemeint sind ebenso Journalistinnen. Der Einfachheit halber verwende ich im Folgenden lediglich die männliche Form, meine aber natürlich beide Geschlechter, Anm. JS.

schrieben' hätten. Vielmehr hätten die Journalisten verschiedenster Medien im Laufe ihrer Recherchen immer mehr Fälle aufgedeckt, die berechtigten Anlass zu Zweifeln gegeben hätten. Außerdem habe der scheidende Bundespräsident bis zum Schluss den Vorwurf nicht entkräftet, er habe kritische Berichterstattung verhindern wollen. Auch die von ihm Anfang Januar versprochene völlige Transparenz habe er nicht hergestellt." (Zörner 2012)

Ich möchte der Frage nachgehen, ob sich das Bild über Journalisten, das Selbstbild und eigene Rollenverständnis sowie die Aufgaben von Journalisten in der demokratischen Gesellschaft durch die Digitalisierung wirklich grundlegend gewandelt haben, beziehungsweise wandeln. Auch wenn dieses Buch die „digitale Moderne" zum Thema hat, ist der Blick zurück notwendig, um zu verstehen, welche Rolle Journalisten künftig einnehmen (müssen).

Was denkt die Gesellschaft über Journalisten? Horst Pöttker schreibt 1997, dass „das notwendig schlechte Image der Journalisten", mit ihrer beruflichen Aufgabe zusammenhänge, Öffentlichkeit herzustellen. Laster wie „Opportunismus, Voyeurismus und Destruktivität" erschienen in diesem Zusammenhang als professionelle Tugenden. Zudem habe sich die Einschätzung über das gesellschaftliche Ansehen von Journalisten auch über Jahrzehnte nicht oder nur wenig geändert (Pöttker 1997: 81).

Also alles beim alten? Die Statistiken bestätigen diese These: Das Institut für Demoskopie Allensbach fragt regelmäßig nach dem Ansehen von und der Achtung vor unterschiedlichen Berufen in Deutschland: Der Beruf des Journalisten nimmt regelmäßig einen der hinteren Plätze ein (Institut für Demoskopie Allensbach 2011). Auch im europäischen Vergleich wählen auf die von Reader's Digest gestellte Frage „Wie hoch ist Ihr Vertrauen bei folgenden Berufsständen in Ihrem Land?", nur 29 Prozent den Beruf des Journalisten. Immerhin noch vor Finanzberatern, Autoverkäufern – und Politikern (Reader's Digest 2012).

Aber es gibt andere Untersuchungen, die ein etwas positiveres Bild zeichnen: Im „Eurobarometer" von TNS Infratest 2009 behaupten immerhin 48 Prozent der befragen Deutschen, dass sie der Presse eher vertrauen – ebenso viele vertrauen ihr allerdings nicht (European Commission 2009). Sehr viel positiver ist das Ergebnis der Befragung „Journalismus 2009" der Macromedia Hochschule für Medien und Kommunikation in München und des Kölner Markt- und Organisationsforschungsinstituts YouGovPsychonomics: 61 Prozent der Befragten stimmten der Option zu, „...dass der Beruf des Journalisten ein hohes gesellschaftliches Ansehen besitzt" (vgl. Welker/YouGovPsychonomics 2009).

Art der Fragestellung und vorgegebene Antwortmöglichkeiten können also ein durchaus differenzierteres Bild vom Ansehen des Journalistenberufs in der Öffentlichkeit und vom Vertrauen in die journalistische Arbeit geben. Entscheidend für das Bild, das sich die Bevölkerung vom Berufsstand des Journalisten

macht, ist die Rolle, die der Journalist einnimmt und die Aufgabe die er wahrnimmt. Ist er Reporter, Kommentator, Moderator? Nachrichtenredakteur oder
Sportjournalist? Nimmt er eine Position ein oder möchte er Informationen vermitteln? Daneben spielen auch andere Kriterien eine Rolle (das Medium, das
Image des Medienunternehmens etc.).

Machen wir, um das Rollenverständnis zu betrachten, das Journalisten von
sich selbst haben und hatten, einen Sprung in die Vergangenheit: „Jeder gute
Journalist ist Reporter. Der Reporter ist kein Künstler, er ist kein Politiker, er ist
kein Gelehrter", schrieb Egon Erwin Kisch, aber „jeder Schriftsteller, auch der
Nichtrealist bedarf der Milieustudie und jede Milieustudie ist Reportage" (Kisch
1918: 205). Kisch stellt „Reporter/Journalisten auf eine Stufe mit dem Schrift-
steller/Künstler" und sieht den schlechten Ruf des Reporters in diesem Zusammenhang als ungerechtfertigt an. Dabei sei allerdings nicht das Bild entscheidend, das die Öffentlichkeit vom Berichterstatter habe, sondern das Bild, das
durch andere Journalisten vermittelt werde und auf „eine kolossale Überschät-
zung des Leitartikelschreibers, des Kunstrezensenten, des Verfassers national-
ökonomischer Artikel und besonders des feuilletonistischen Plauderers" zurück-
zuführen sei.

Kisch sieht im Reporter, der nur das aufschreibt, was er sieht, den idealtypischen Journalisten. „Tendenzlosigkeit", also (das Streben nach) Objektivität, sei
das Wesen des Journalismus. Alle anderen trügen zum schlechten Bild des Journalisten in der Öffentlichkeit bei. Doch schon zu Kischs Zeiten widersprach ihm
Kurt Tucholsky (unter seinem Pseudonym Paul Panter): „Es gibt keinen Menschen, der nicht einen Standpunkt hätte. Auch Kisch hat einen" (Panter 1925).

Über das ‚richtige' Rollenverständnis waren sich also auch die journalistischen Legenden Kisch und Tucholsky nicht einig. Und die Auffassung, wie
Journalisten ihre Aufgabe wahrnehmen und ihre Rolle definieren, hat sich – so
wäre zumindest zu vermuten – im Verlauf der vergangenen Jahrzehnte gewandelt. Wolfgang Donsbach hat diesen Wandel im journalistischen Rollenverständnis international verglichen und zusammengefasst (Donsbach 2008). Demnach
haben Kommunikationswissenschaftler, um das journalistische Rollenverständnis zu beschreiben, im Laufe der vergangenen Jahrzehnte eine Vielzahl verschiedener Konzepte entwickelt, die dieses Rollenverständnis mit idealtypischen Mus-
tern, normativen Standards oder empirische Typologien zu erklären versuchen.
Eines der am meisten anerkannten Modelle ist das von Morris Janowitz 1975
entwickelte (idealtypische) Rollenverständnis des „Gatekeepers" auf der einen
und des „Advokaten" auf der anderen Seite. Journalisten, die diese Rollen annehmen, unterscheiden sich einerseits in ihrem Bild, welches sie von ihrem Publikum haben, andererseits in der Art und Weise, wie sie Nachrichten auswählen:
Jene Journalisten, die dem Rollenverständnis des Advokaten, des Anwalts, an-

hängen, setzen voraus, dass ihre Leser, Hörer und Zuschauer ihre eigenen Interessen in der Gesellschaft nicht erkennen und deshalb diese Interessen nicht durchsetzen können. Diese Journalisten sehen ihre Hauptaufgabe in der Vertretung der Interessen des benachteiligten Teils der Gesellschaft. Konsequenterweise wählen sie Nachrichten nach Kriterien aus, die dieser Klientel nutzen können.

Im Gegensatz dazu betrachtet der Gatekeeper, der Schleusenwärter, das Publikum als reif und in der Lage, seine Bedürfnisse und Interessen zu kennen und zu befriedigen. Deshalb werden Nachrichten ausschließlich nach professionellen Kriterien, also beispielsweise nach ihrem Nachrichtenwert ausgewählt. Die Aufgabe des Journalisten besteht darin, aus der Flut von Nachrichten die für das Publikum relevanten auszuwählen und aufzubereiten.

Auch wenn in den vergangenen Jahrzehnten in der Kommunikationswissenschaft weitere unterschiedliche Rollenmodelle identifiziert wurden (die des „Signalgebers", des „Transporteurs öffentlicher Botschaften", des „Wachhundes" oder des „Repräsentanten der Öffentlichkeit" – nach Patterson-; die des „Dienstleisters", des „Wächters", des „Lehrers", des „Detektivs", des „Lobbyisten", des „Künstlers", des „Verkäufers", des „Promoters", um nur einige zu nennen – Meyen/Riesmeyer 2009: 207ff.), sind die Rolle des „Gatekeepers" und die des „Anwalts" im Kern die beiden antagonistischen Haltungen, die Journalisten eingenommen haben – und noch heute einnehmen. Beide machten sich den Umstand zunutze, dass ihr Publikum keinen oder nur beschränkten Zugang zu Informationen hatte. Der Gatekeeper wählte das aus, was er nach bestimmten Kriterien (z.B. Nachrichtenwert) für wichtig hielt, der „Anwalt" suchte nach Informationen oder Themen, die wichtig für seine Klientel oder bedeutsam für die Untermauerung seiner Thesen war.

Durch das Internet scheinen diese traditionellen Rollen aufgelöst. Der Zugang zu Information, aber auch das Verbreiten von Nachrichten und Botschaften ist nicht länger auf Journalisten beschränkt. Jeder kann Sender und Empfänger werden: Regierungen, Unternehmen, nichtstaatliche Organisationen oder Privatpersonen können ihr Publikum direkt ansprechen und Informationen aufnehmen, auswählen, weiterverbreiten, kommentieren oder unterschlagen. Lobbyismus und zielgerichtete Informationsverbreitung kann ohne größeren Aufwand von den jeweiligen Interessengruppen, Bloggern und „Bürgerjournalisten" erfolgen. Wozu dann noch Journalisten, wozu noch Journalismus?

Trotz Internet, trotz der (theoretischen) Möglichkeit, sich unabhängig und ungefiltert Informationen zu beschaffen, ist die Mehrheit der Bevölkerung der Auffassung, Journalismus habe weiterhin eine wichtige Funktion. In der oben erwähnten Studie „Journalismus 2009" - antworteten 86 Prozent der Befragten auf die Frage „Was ist Ihrer Meinung nach die Funktion von Journalismus in der

Gesellschaft?" mit: Kritik an Missständen. 56 Prozent sagten, Journalismus habe die Aufgabe, „Politik, Wirtschaft und Gesellschaft zu kontrollieren", 49 Prozent wollen, dass Journalismus sich „für Benachteiligte" einsetzt, 42 Prozent „Normalen Leuten eine Stimme" gibt", 38 Prozent möchten „neue Trends" aufgezeigt bekommen und 32 Prozent sagen, Journalismus solle die „Politische Tagesordnung" beeinflussen. Gewünscht ist also ein Journalismus, der die klassische Rolle der „Vierten Gewalt" neben Legislative, Judikative und Exekutive wahrnimmt, ein Journalismus der aufklärt, kontrolliert und Position bezieht. Ein Journalist sollte demnach beides sein: Gatekeeper und Anwalt. Aber kann der Journalist diese Rolle angesichts veränderter Rahmenbedingungen überhaupt noch wahrnehmen? Denn das Internet hat nicht nur die traditionellen Informations- und Übermittlungswege revolutioniert, sondern auch die Arbeitsbedingungen grundlegend verändert.

Arbeitsbedingungen im Journalismus

Die ökonomischen Bedingungen in vielen Redaktionen haben sich geändert, nachdem die klassische Finanzierung von Medienprodukten (Werbung und Verkauf) durch das Internet unter Druck geriet. Viele Verleger und Chefredakteure sprechen bis heute vom „Geburtsfehler" des Internet und meinen damit, dass journalistische Inhalte verschenkt werden, da die Webseiten weder kostenpflichtig noch durch Werbung refinanzierbar waren (und sind). Diese ‚Kostenloskultur' habe zu einer Entwertung des journalistischen Produkts geführt, die nicht mehr rückholbar sei. Auch das zweite Standbein der Finanzierung, die Werbung, wanderte – übrigens zunächst ohne allzu großen Widerstand der Verlage – zu anderen, neuen Anbietern. Job- und Autobörsen, Heirats- und Kleinanzeigen wurden und werden im Internet komfortabler und umfassender angeboten, als es Zeitungen machen oder könnten. Obwohl mittlerweile mehr in Onlinewerbung investiert und auch damit Geld verdient wird, profitieren Verlage und ihre journalistischen Produkte nur wenig davon: Anzeigen werden auf Google oder in sozialen Netzwerken wie Facebook platziert, um die gewünschten Zielgruppen noch genauer zu erreichen. Und in dem Maße, in dem mobile Kommunikation eine Rolle spielt, müssen sich Anbieter, die Inhalte mobil verbreiten wollen, an Vorgaben halten, die ihnen Hersteller wie Apple oder Google machen. Diese Marktteilnehmer beanspruchen einen Teil der Einkünfte und kontrollieren oftmals die übermittelten Nutzerdaten – ein großer und geschätzter Wert für werbungtreibende Unternehmen.

Für viele Medienbetriebe, die als Wirtschaftsunternehmen ihr Ziel ausschließlich darin sahen, ihre Gewinne zu maximieren, blieb angesichts dieser

Entwicklung nur der Ausweg, ihre Ausgaben zu minimieren. Also Personal zu entlassen, Redaktionen zusammenzulegen und weitere Maßnahmen zu treffen, die letztlich die Arbeitsbedingungen für Journalisten verschlechterten: Weniger finanzielle Ressourcen für Recherche, weniger Zeit für Fact Checking oder für Formulierungen, die über Klischees und Standards hinausgehen, für die Entwicklung neuer Ideen – schlicht für all das, was Qualitätsjournalismus ausmacht.

Aber es wäre zu einfach, lediglich ökonomische Gründe für den Wandel der Arbeitsbedingungen im Journalismus aufzuführen. Die journalistische Arbeit hat sich grundlegend gewandelt, weil Medien sich strukturell verändern: Durch das Internet wachsen Print, Audio und Video mehr und mehr zusammen. ‚Crossmedial' und ‚trimedial' lauten die Zauberworte, die verdeutlichen sollen, dass in vielen Redaktionen und Medienhäusern umstrukturiert wird. Während in den vergangenen Jahren und Jahrzehnten parallel zu den klassischen Zeitungs-, Zeitschriften-, Hörfunk- und Fernsehredaktionen Onlineableger entstanden, die meist wenig mit den Mutterhäusern und den klassischen Produkten zu tun hatten, d.h. in der Regel (mit allen Konsequenzen für Verträge, Honorare und Anerkennung) ausgegliedert waren und lediglich den (Marken-)Namen gemeinsam hatten, geht der Trend in letzter Zeit zu Zusammenarbeit, Integration und Vermeidung von Doppelstrukturen. Von vielen Zeitungs-, Hörfunk- oder Fernsehjournalisten wird erwartet, dass sie sich neben den klassischen Übermittlungswegen um die Website, den Redaktionsblog, den Auftritt bei Facebook kümmern und noch nebenbei twittern.

Diese Tendenz unterstreicht die Studie „Medien-Trendmonitor – Journalismus in einem neuen Informationszeitalter" der dpa-Tochter news aktuell und der Agentur Faktenkontor: Rund 60 Prozent der befragten Journalisten sagen, dass „Paralleles Arbeiten für Print, Web, SMS, Mobil und anderes" in Zukunft am meisten an Bedeutung gewinnen wird (vgl. Petersen 2010). Nur ein Drittel der Befragten dieser Untersuchung hält dagegen die Kommunikation mit Lesern, Hörern, Zuschauern für bedeutsam. Dies deckt sich mit einem Befund, den Michael Haller, Direktor des Leipziger Instituts für Praktische Journalismusforschung in seinem Vortrag beim DJV-Kongress zum „Wert des Journalismus" im Februar 2012 schilderte: „Viele Zeitungsredaktionen haben noch immer nicht realisiert, was es konkret bedeutet, mit dem Publikum in eine Kommunikationsbeziehung zu treten." Sie seien „mit ihrem Rollenverständnis in den frühen 80er Jahren stehen geblieben und in der Berichterstattung allzu sehr auf Funktions- und Machtträger fixiert." Für das Publikum sei dies zusehends uninteressant.

Kommunikation mit und die Einbeziehung von Lesern, Hörern, Zuschauern wird, so Haller, eine der wichtigen Aufgaben des Journalisten in der Zukunft sein. Offenbar divergieren Fremd- und Selbsteinschätzung auch in diesem Punkt, denn sich selbst sieht die überwiegende Zahl der Journalisten sehr gut (14 Pro-

zent) oder gut (48 Prozent), zumindest aber „mittelmäßig" (33 Prozent) gerüstet
für die digitale Zukunft. Welche Herausforderungen sehen Journalisten selbst für
ihren Berufsstand? Im „Medien-Trendmonitor" nennt die überwiegende Zahl der
Befragten „Die Abkehr jüngerer Menschen vom sogenannten Qualitätsjournalismus" (40 Prozent) und die „Etablierung profitabler Erlösmodelle im Internet"
(knapp 30 Prozent) noch weit vor dem „Verlust der Gatekeeper-Funktion" (13
Prozent).

Viele Journalisten sehen offenbar nicht, dass sich neben den Mediennutzungsgewohnheiten auch die Kommunikationsbeziehungen ändern. Social Media, Facebook und Twitter sind für viele Journalisten keine Fremdworte mehr.
Der professionelle Umgang damit ist es dagegen schon. In ihrem Buch „La scimmia che vinse il Pulitzer", übersetzt: „Der Affe, der den Pulitzer-Preis gewann",
beschreiben die beiden italienischen Autoren Nicola Bruno und Raffaele Mastronolardo (2011) ein Zukunftsszenario, das zeigt, wohin sich Journalismus entwickeln könnte. Ausgehend von Software-Entwicklungen wie „Stats-Monkey" aus
dem Intelligent Information Lab in Chicago (http://infolab.northwestern.edu/
projects/stats-monkey/), die in der Lage sind, pro Woche 150.000 Nachrichten-
beiträge in perfektem Englisch zu produzieren, prognostizieren Bruno und Mastronolardo, dass Wissenserwerb künftig hauptsächlich durch die Aggregation von
Daten erfolgen werde. Die Datenflut müsse jedoch aufbereitet, analysiert und
interpretiert werden. Dieses sei die Chance für Journalisten, die künftig lernen
müssten, mit Daten und Statistiken umzugehen.

Der zweite Trend, den die beiden Italiener ausgemacht haben wollen, ist die
Wiederbelebung des investigativen Journalismus in der digitalen Welt: Webseiten wie *Politifact* (http://www.politifact.com), die Behauptungen von Politikern
auf ihren Wahrheitsgehalt überprüfen, würden die „Eckpfeiler des Berufs – wie
Präzision, Transparenz, Geschwindigkeit und Meinungsfreiheit" unter Verwendung technologischer Hilfsmittel stärken. Die Konsequenz: Journalisten müssten
sich künftig an ein verändertes System anpassen und sich zu einer ,Hybrid-
Spezies' wandeln: einem ,Journo-Hacker', der einerseits Journalist, anderseits
Hacker (beziehungsweise Datenspezialist) ist.

Das Verhältnis zwischen PR und Journalismus

„Journalisten machen keine PR" heißt es im „Medienkodex" des Journalisten-
vereins Netzwerk Recherche. In der Ausbildung und der journalistischen Praxis
käme es zu höchst bedenklichen Vermischungen dieser entgegengesetzten Berufsbilder. Die Schlüsse, die der Verein aus einer Untersuchung von Michael
Haller und Kollegen zieht (Belz/Haller/Sellheim 1999), gebe ich hier in Auszü-

gen wieder, weil sie wesentliche Elemente der Beziehung Journalismus-PR auf-
zeigen:

„Der Einfluss der Public Relations (PR) auf journalistische Medien nimmt massiv
zu. [...] Die zunehmenden Veröffentlichungen von PR-Texten als redaktionelle Beiträge vor allem in Tageszeitungen sind für die Leser meist nicht erkennbar. Hinzu
kommt die Gefahr der zunehmenden Schleichwerbung, die im Mai 2005 sogar die
Verleger offiziell beklagt haben. Für die Marketing- und Werbeabteilungen der Industrie bedeutet PR, als seriöser Journalismus verpackt, die effizienteste Form der
Image- und Produktwerbung. Diese Tendenz wird verstärkt durch Austauschbezie-
hungen nach dem Muster ‚Anzeige gegen Text‘. Dadurch wird die Pressefreiheit zusätzlich ausgehöhlt, weil die Mediennutzer diese Kopplungsgeschäfte nicht durch-
schauen können. Neben der direkten Einflussnahme auf die Berichterstattung treten
zwei weitere Phänomene im Zusammenhang mit PR immer häufiger auf:

Zum einen [...] verstärkte Ausrichtung der Zeitungsberichterstattung auf den
‚Mainstream politischer Mehrheitsmeinungen im Publikum‘. Deren Beeinflussung
steht zunehmend im Fokus politischer und wirtschaftlicher Interessengruppen. Die
‚Initiative Neue Soziale Marktwirtschaft‘ mit ihrem Jahresetat von mindestens 10
Millionen Euro zur Vermarktung neoliberaler Reformideen ist hierfür ein prominen-
tes Beispiel. Sie will über Media-Kampagnen allgemein wahrnehmbare und durch
‚repräsentative‘ Umfragen belegte Stimmungen erzeugen. So wird direkt und indirekt auf das Agenda Setting der Redaktionen Einfluss genommen.

Der zweite Trend betrifft die Verschmelzung von journalistischer und PR-
Tätigkeit. Wirtschaftliche Zwänge wie auch monetäre Verlockungen lassen Journalisten immer häufiger zu Dienern zweier Herren werden. Der Redakteur, der auch
für die Mitarbeiterzeitung eines Autokonzerns schreibt, fühlt sich dadurch zwar
nicht korrumpiert; dennoch geht er bestimmten Konfliktthemen plötzlich aus dem
Weg oder zeigt sich beeinflussbar für eine bestimmte Tendenz seiner Geschichten.
Durch die kargen Honorare in den meisten Printmedien und deren weitere Kürzung
sind viele freie Journalisten auf zusätzliche Einnahmen aus PR-Tätigkeiten allerdings inzwischen angewiesen. Solche Doppelbindungen führen jedoch oft zu Rück-
sichtnahmen, die Schreib- und Recherchehemmungen oder Auslassungen und Zu-
spitzungen im Dienste des zweiten, heimlichen Auftraggebers zur Folge haben.

All das gefährdet die journalistische Unabhängigkeit und gibt der öffentliche
Meinung zunehmend der Einflussnahme meist kommerzieller Interessengruppen
preis. Nicht ohne Grund hat das Netzwerk Recherche in seinen Aufnahmerichtlinien
unmissverständlich festgelegt: ‚Nicht aufgenommen werden können Personen, die
ganz oder teilweise in der Public Relations/Öffentlichkeitsarbeit tätig sind.‘ Denn
das Netzwerk Recherche hat sich die Förderung des Recherche-Journalismus und
die Sicherung freier und unabhängiger Berichterstattung zum Ziel gesetzt. Dazu gehört, die Unterwanderung des Journalismus durch versteckte PR zurückzudrängen
und ein striktes Transparenzgebot in Bezug auf die Verwertung von PR durchzusetzen. Außerdem soll ein Trennungsgebot zwischen versteckter PR und Schleichwer-

bung als ‚manipulativer Kommunikation' und Journalismus als ‚unabhängiger Berichterstattung' erreicht werden." (Netzwerk Recherche 2010)

Tatsache ist, dass angesichts der wirtschaftlichen Bedingungen, unter denen manche Journalisten arbeiten, Tätigkeiten in PR und Öffentlichkeitsarbeit für viele nicht nur gelegentlich wahrgenommene zusätzliche Einnahmequelle, sondern notwendige Existenzgrundlage sind. PR und Öffentlichkeitsarbeit sind zwar in den Augen vieler Journalisten – siehe Netzwerk Recherche – ‚die dunkle Seite', und die in Public Relations und Öffentlichkeitsarbeit beschäftigten Mitarbeiter sind Verkäufer von Interessen und Schönfärber, mithin ‚Feinde' der vermeintlich auf Unabhängigkeit bedachten Journalisten. Fakt ist aber, dass auch die Professionalisierung der PR-Branche dazu geführt hat, dass viele Journalisten die Seiten gewechselt haben und als Pressesprecher, Redakteur für Kundenzeitschriften oder für Mitarbeitermagazine arbeiten. Angesichts der Umwälzungen in den Medienunternehmen und den damit einhergehenden unsicheren Berufsaussichten wird sich die Situation vermutlich nicht verändern.

> „Jeder dritte Berufseinsteiger kommt aus den Medien. PR beeinflusst zunehmend journalistisches Arbeiten, gelegentlich auch mit negativen Aspekten: Gefälligkeiten gegen wohlwollende Berichterstattung. Um dem Einhalt zu gebieten, hat die DPRG im Frühjahr 1997 PR-Richtlinien verabschiedet und ähnlich dem Deutschen Presserat eine Beschwerdemöglichkeit eröffnet." (Belz/Haller/Sellheim 1999: 143)

Dieser vor mehr als zehn Jahren konstatierte Zustand schlägt sich in der bereits zitierten Umfrage von news aktuell nicht nieder: Rund 45 Prozent der befragten Journalisten sind der Meinung, das Verhältnis zwischen Pressesprechern/PR-Fachleuten und Journalisten habe sich verbessert, 24 Prozent sind der Meinung, es habe sich verschlechtert, 28,1 Prozent haben keine Meinung beziehungsweise geben an, es nicht zu wissen. Entweder sehen Journalisten die Einflussnahme von PR- und Öffentlichkeitsarbeit mittlerweile weniger kritisch, oder – und das ließe auf einen professionelleren gegenseitigen Umgang schließen – die ‚Claims' sind klarer abgesteckt, als noch vor einigen Jahren. Das heißt, Journalisten schätzen die Art der Informationen, die ihnen von Pressestellen geliefert werden und sind mittlerweile so gut geschult, dass sie diese Information besser zu bewerten und einzuordnen wissen. Vielleicht haben auch einige ihr Handwerk besser gelernt und erliegen den Verlockungen nicht mehr so leicht?

An der Deutschen Journalistenschule treten gelegentlich Pressesprecher oder Öffentlichkeitsarbeiter im Unterricht auf. Ich finde das richtig und wichtig, denn nur so können die angehenden Journalisten den Umgang mit den Unternehmenskommunikatoren lernen. Wichtig ist mir absolute Transparenz – auch im späteren Berufsleben: Die Journalisten sollten die PR-Informationen (kritisch) hinterfragen, die PR-Kollegen sollten deutlich machen, dass sie Interessenvertreter ihres Unternehmens sind. Von strikten Postulaten, wie sie Netzwerk Recherche (siehe oben) aufgestellt hat, halte ich nichts, denn sie gehen an der Realität vorbei: Viele Journalisten werden künftig die Seiten zwischen Journalismus und PR wechseln – in vielen Fällen ist dies kein Problem und wird auch in der Branche nicht mehr als eines gesehen, wenn klar ist auf welcher Seite der Journalist nun steht.

Der Journalist als Kurator

Die Journalistin und Bloggerin Ulrike Langer fordert programmatisch: „Kuratieren ist das Gebot der Stunde", und erläutert:

> „Ebenso wie Museumskuratoren die besten Gemälde und Kunstwerke zu Sammlungen zusammenstellen, Werke thematisch einordnen und dadurch Nutzern oft überhaupt erst einen Zugang verschaffen, sollten sich Journalisten als Kuratoren des Netzes verstehen. Wie fruchtbar solch eine Zusammenarbeit zwischen Profis und Amateuren sein kann, zeigt sich vor allem dann, wenn schon die schiere Masse an Informationen redaktionell gar nicht aufbereitet werden kann." (Langer 2011)

Viele Online-Redaktionen haben bisher nicht erkannt, welche Möglichkeiten sich durch das Netz ergeben, oder, wenn sie diese erkannt haben, nutzen sie bewusst nicht: Verlinkungen sind nach wie vor die Seltenheit, da der Nutzer durch die Links auf fremde Websites gelenkt wird. Da die Generierung von Traffic, also die intensive Nutzung der (eigenen) Website, nach wie vor erklärtes Ziel nicht nur werbefinanzierter Online-Angebote ist, wird möglichst wenig auf externe Seiten verwiesen – selbst wenn dort relevante und weiterführende Informationen zu finden sind.

Kommentierte Linklisten oder -sammlungen zu Themen, Einordnungen und Zusammenstellungen interessanter Themen sind nach wie vor die Seltenheit im Web. Grund für die Zurückhaltung in diesem Zusammenhang sind oftmals nicht nur Vorgaben der Redaktionsleitungen sondern Angst und Unwissenheit, inwieweit ein Webseitenanbieter für Links auf externe Angebote verantwortlich gemacht werden kann. Sogar bei öffentlich-rechtlichen Anbietern herrscht eine restriktive Verlinkungspraxis, obwohl diese Onlineangebote qua Gesetz werbefrei sein müssen und in den Telemedienkonzepten ein seriöser und verantwortungsvoller Umgang mit Links und Quellen angekündigt wird. Gerade öffentlich-rechtliche Onlineangebote hätten durch ihre Werbefreiheit und ihre Unabhängigkeit die Chance, als „Leuchttürme" zu fungieren und den Nutzer Orientierung zu geben, indem sie „Anlaufstelle für guten Journalismus" sind und qualitativ hochwertige Angebote vernetzen. Eine häufig nicht genutzte Chance besteht für viele – auch klassische Medien – in der Zusammenarbeit mit ihren Nutzern. Ulrike Langer schreibt dazu:

„Schon Mitte 2009 bat die britische Zeitung *The Guardian* ihre Nutzer um Mithilfe bei der Recherche über den Spesenskandal der Unterhaus-Abgeordneten. Sie stellte fast eine halbe Million Dokumente auf ihre Webseite und fragte: ‚Bitte helfen Sie uns beim Überprüfen dieser Daten.‘ Mit überwältigendem Erfolg. Ein aktuelles Beispiel für den Willen vieler Nutzer, zu gestalten und gesellschaftlich etwas zu bewirken, ist das Guttenplag-Wiki zur Dokumentation der Plagiate in zu Guttenbergs Doktorarbeit. Ohne die Mithilfe hunderter engagierter Bürger an diesem kollaborativen Netzprojekt hätte der öffentliche Druck auf Karl Theodor zu Guttenberg schnell nachgelassen und er wäre wohl kaum zurückgetreten. Viel zu oft liegen klassische Medien und neue publizistische Netzangebote miteinander im Clinch. Sie ignorieren oder beschimpfen sich wechselseitig als starr und unfähig zur Innovation oder als Massenchor des Pöbels. Doch das Beispiel Guttenplag zeigt, dass beide Seiten sich wunderbar ergänzen können. Die Medien profitierten in ihrer Berichterstattung von der enormen Dokumentationsleistung des Guttenplag-Wikis. Das Projekt wiederum profitierte von der großen Aufmerksamkeit, die immer noch in erster Linie von den Massenmedien erzeugt wird. Beide haben sich so gegenseitig gestärkt.“ (Ebd.)

Social-Media-Storytelling

Soziale Netzwerke wie Facebook, Youtube und Twitter – um nur drei der derzeit wichtigsten zu nennen – spielen in unserer Gesellschaft eine immer größere Rolle. Wir nutzen sie, um mit Menschen in Kontakt zu treten, Informationen zu teilen und immer größere Mengen an Daten und Inhalten auszutauschen und in knapper und verdichteter Form zu konsumieren. Welche Rolle können Journalisten dabei spielen? Auch hier ergeben sich neue und faszinierende Möglichkeiten, Geschichten zu erzählen, Informationen zusammenzustellen, mit Nutzern zu interagieren. Die Software Storify (http://www.storify.com) ermöglicht es beispielsweise, Inhalte aus Social-Media-Kanälen auszuwählen, miteinander zu verknüpfen und neu zu editieren. Die Rolle des Journalisten ist dabei am ehesten vergleichbar mit der eines Kurators: Die besten und interessantesten Tweets werden mit Youtube-Videos und Facebook-Posts verknüpft und zu einer vielschichtigen und multimedialen Geschichte verwoben.

Kritiker dieser Erzählweise mögen einwenden, dass so keine zusammenhängende Geschichte entstehen könne, da lediglich Bausteine oder Bruchstücke aus verschiedenen Quellen genutzt werden. Zudem gebe der Journalist lediglich Informationen weiter, die andere ins Netz gestellt haben. Meine Entgegnung auf derartige Kritik: Das Mediennutzungsverhalten der Gesellschaft verändert sich, deshalb müssen sich auch die Erzähltechniken verändern. Und: Sammelt der klassische Journalist nicht auch Informationshäppchen und fügt sie zu einer Geschichte zusammen? Der Journalist und Blogger Richard Gutjahr glaubt: „Nicht alle Ideen werden sich in die Tat umsetzen lassen. Nicht alles wird auf Anhieb funktionieren. Und manchmal geht einem unterwegs die Puste aus. (...) Wir können es uns nicht länger leisten, nicht zu experimentieren." (Gutjahr 2011: 554)

Aufgaben einer künftigen Journalistenausbildung

Wie muss angesichts dieser Situation eine zukunftsgerichtete Journalistenausbildung aussehen, die diesem Trend entgegenwirkt? Mein Ansatz von Ausbildung ist an der Praxis ausgerichtet. Ich möchte, dass Absolventen der Deutschen Journalistenschule weiter für Qualitätsjournalismus stehen und gute, ausreichend bezahlte Stellen finden. Bedeutet das angesichts der oben geschilderten Entwicklungen, dass Journalisten künftig 'eierlegende Wollmilchsäue' sein müssen, also – nach Möglichkeit gleichzeitig – recherchieren, texten, Audios und Videos produzieren, Webseiten aktualisieren, bloggen, produzieren und sich um Finanzierung, Bewerbung und Vertrieb ihrer Produkte kümmern?

Erfahrungsgemäß leidet die journalistische Qualität, wenn Inhalte gleichzeitig für mehrere Medien produziert werden müssen. Ein Reporter kann sich nicht auf die Aussage seines Interviewpartners konzentrieren, dabei die Technik (Kamera, Ton) im Auge behalten und im Anschluss einen perfekten Text, einen Hörfunk- und einen TV-Beitrag absetzen. Dazu sind die jeweiligen Bedürfnisse der Medien zu verschieden. Möglich ist jedoch die mehrmediale Berichterstattung über ein Ereignis. Das hat beispielsweise die NDR-Korrespondentin Ariane Reimers bereits 2008 bei der Berichterstattung vom Fackellauf auf den Mount Everest im Vorfeld der Olympischen Spiele in Peking gezeigt: Frau Reimers drehte ihre Beiträge selbst, schnitt und vertonte diese und überspielte sie aus dem Basislager. Sie gab Hörfunkinterviews und bloggte für *tagesschau.de*. Natürlich nicht alles gleichzeitig, sondern nacheinander.

In öffentlich-rechtlichen Sendern werden Volontäre bereits seit geraumer Zeit ‚trimedial' ausgebildet. Was heißt das? Die angehenden Redakteure lernen, für Hörfunk, Fernsehen und Online zu produzieren. An der Deutschen Journalistenschule werden die Auszubildenden sogar für Print, Radio, TV und Online geschult. Die multimediale Ausbildung trägt dem Umstand Rechnung, dass die Medien auf der Plattform Internet immer mehr zusammenwachsen: Zeitungs- und Zeitschriftenverlage produzieren Videos und Audios, Radio- und Fernsehsender stellen Texte auf ihre Webseiten. Zusätzlich entstehen neue Formate, wie z.B. Audio-Slideshows und Datenvisualisierungen. Diesen – zunächst hauptsächlich technischen – Anforderungen müssen Journalisten in Zukunft gewachsen sein. Künftige Journalisten müssen die Bedürfnisse und Anforderungen der Medien, für die sie arbeiten, kennen – ob sie diese Kenntnisse dann auch in Beiträge in den jeweiligen Medien umsetzen, hängt wiederum von anderen Faktoren ab. Kern der Ausbildung müssen jedoch Recherche, Vermittlungskompetenz, Analyse und das Erläutern von Hintergründen und Zusammenhängen bleiben. Darüber hinaus ist es notwendig, dass Journalisten den Umgang mit neuen Arbeitstechniken lernen. So wird beispielsweise der Umgang und die Interpretation von Daten wird immer wichtiger, Kenntnisse über und die Nutzung von Social Media sind unverzichtbar, Programmieren und Anwenden von gängiger Software ist von Vorteil. Und dies muss bereits in der Ausbildung berücksichtigt werden.

Für Ausbildungseinrichtungen, die ja die Grundlage für professionelles Arbeiten legen sollen, heißt dies, dass auch sie Qualitätskriterien erfüllen müssen, um junge Journalisten in die Lage zu versetzen, die oben genannten Anforderungen zu erfüllen. Paradox ist, dass diese Qualitätskriterien und Zugangsvoraussetzungen im Journalismus immer wieder abgelehnt werden. Ein Grund dafür, dass es in Deutschland keine einheitlichen Standards für die Journalistenausbildung gibt, liegt an der im Grundgesetz garantierten Informations- und Meinungsbildungsfreiheit. Der Journalistenberuf soll in jeder Hinsicht frei sein – mit der Konsequenz, dass sich Jede/r Journalist/in nennen kann, der irgendetwas publiziert und journalistische Ausbildung nicht oder kaum standardisiert ist. Wenn aber Jeder, der etwas veröffentlicht, Journalist ist und keinerlei Nachweise der Qualifikation erforderlich sind, führt dies zwangsläufig zu einer Entwertung des Berufs.

Ein Ausweg könnte eine geschützte, an theoretische und praktische Ausbildungsgänge mit entsprechenden Examina gebundene Berufsbezeichnung ,Journalist' sein. Nur wer erfolgreich einen (z.B. von Berufsverbänden wie dem Deutschen Journalisten-Verband aufgelegten) Ausbildungs- und Prüfungslehrplan erfolgreich abschließt, wäre Journalist. Das Ausbildungsverfahren müsste ähnlich wie bei Pädagogik, Jura oder Medizin zweigegliedert sein in ein Studium an der Universität und einen praxisorientierten Teil. Die praktische Ausbildung sollte dann ausschließlich in Redaktionen erfolgen, die bestimmte Kriterien (auch hinsichtlich der Betreuung und Qualität der Berichterstattung) erfüllen. Aber auch hier treffen wieder unterschiedliche Interessen aufeinander: Denn weniger gut qualifizierte (und aufwändig) ausgebildete Arbeitnehmer sind in der der Regel billiger und damit möglicherweise attraktiver für Arbeitgeber – zumindest für diejenigen, die keinen, beziehungsweise nur geringen Wert auf Qualität legen. Umgekehrt bedeutet dies, dass eine qualitativ hochwertige Ausbildung zu einer adäquaten Honorierung der journalistischen Leistung, guten und entsprechend genutzten, wirtschaftlich erfolgreichen medialen Produkten und einer Aufwertung des Journalistenberufs führt.

Literatur

Belz C, Haller M, Sellheim A (1999) Berufsbilder im Journalismus. Von den alten zu den neuen Medien. UVK, Konstanz

Bruno N, Mastronolardo R (2011) La scimmia che vinse il Pulitzer. B. Mondadori, Mailand

Donsbach W (2008) Journalists' Role Perception. In: Donsbach W (Hg) The International Encyclopedia of Communication. Blackwell, Oxford. http://www.communicationen cyclopedia.com/public/tocnode?id=g9781405131995_yr2011_chunk_g9781405131 99515_ss10-1. Zugegriffen 21. September 2012

European Commission (2009) Eurobarometer. Table of Results. Standard Eurobarometer 72. http://ec.europa.eu/public_opinion/archives/eb/eb72/eb72_anx_vol1.pdf

Gutjahr R (2011) Nichts um seiner selbst willen. In: Jakubetz C, Langer U, Hohlfeld R (Hg) Universalcode. Journalismus im digitalen Zeitalter. Euryclia, München, S 543-556

Institut für Demoskopie Allensbach (2011) Ärzte weiterhin vorn – Pfarrer verlieren deutlich an Ansehen. Allensbacher Berufsprestige-Skala 2011. http://www.ifd-allensbach.de/pdf/prd_1102.pdf. Zugegriffen 21. September 2012

Kisch EE (1918) Wesen des Reporters. In: Uhse B, Kisch G (Hg) (1983) Egon Erwin Kisch: Gesammelte Werke XIII. Mein Leben für die Zeitung 1906-1925. Journalistische Texte 1. Aufbau, Berlin, S 205-208

Langer U (2011): Digitaler Urknall – 5 Thesen zur Zukunft des Journalismus. Medialdigital, 9. Mai 2011. http://medialdigital.de/2011/05/09/digitaler-urknall-5-thesen-zur-zukunft-des-journalismus/

Meyen M, Riesmeyer C (2009) Diktatur des Publikums. Journalisten in Deutschland. UVK, Konstanz

Netzwerk Recherche (2010) Positionspapier zum Verhältnis von PR und Journalismus. „PR-Einfluss auf Journalismus muss drastisch zurückgedrängt werden". http://www.netzwerkrecherche.de/nr-Positionen--Positionen-des-netzwerk-recherche/Positionspapier-PR--Journalismus/. Zugegriffen 21. September 2012

Panter P (1925) Der rasende Reporter. Die Weltbühne, 17. Februar 1925, S 254

Petersen J (2010) Medien-Trendmonitor. Nerv der Journalisten getroffen. Newsaktuell, 4. März 2010. http://www.newsaktuell.de/blog/2010/03/04/medien-trendmonitor-nerv-der-journalisten-getroffen/. Zugegriffen 21. September 2012

Pöttker H (1997) Über das notwendige schlechte Image der Journalisten. In: Machill M (Hg) Journalistische Kultur. Rahmenbedingungen im internationalen Vergleich. Westdeutscher Verlag, Opladen, S 81-94

Reader's Digest 2012: Reader's Digest European Trusted Brands 2012. London u.a.: Reader's Digest Association

Welker M, YouGovPsychonomics AG (2009) Studie Journalismus 2009 – zum Status des deutschen Journalismus; Journalisten aus Sicht der deutschen Bundesbürger (der bayerischen Bürger). Macromedia Hochschule für Medien und Kommunikation/YouGovPsychonomics, München

Wulff C (2012) Rücktrittserklärung vom 17. Februar 2012. http://www.bundes praesident.de/SharedDocs/Reden/DE/Christian-Wulff/Reden/2012/02/120217-Erklaerung.html. Zugegriffen 21. September 2012

Zörner H (2012) Aufklärung ist Journalistenpflicht. Pressemitteilung des Deutschen Journalisten-Verbandes vom 17. Februar 2012. http://www.djv.de/SingleNews.20+M5 aad0598e06.0.html. Zugegriffen 21. September 2012

Teil II: Ansichten

·

Philip Grassmann

Das Leben der Community

Abstract

Die Wochenzeitung Der Freitag lebt von ihrer Online-Community und gilt mit ihrem Konzept der Nutzereinbindung als eine der innovativsten Redaktionen auf dem deutschen Medienmarkt. Chefredakteur Philip Grassmann erklärt, was hinter dem Konzept steckt.

Auf dem Höhepunkt der Debatte um den Kredit, mit dem Bundespräsident Christian Wulff sein Haus in Großburgwedel bezahlt hatte, entschloss sich die Redaktion des Freitag zu einem Experiment, das wir bis dahin noch nicht gewagt hatten. Wir räumten zwei Seiten in der Wochenzeitung frei, um dort die Debatte über Wulff zu dokumentieren, die bis dahin hauptsächlich im Internet von Mitgliedern der *Freitag*-Community geführt worden war. Und wir entschlossen uns außerdem, diese Debatte zur Titelgeschichte auf der Seite Eins der kommenden Ausgabe zu machen.

Ausgangspunkt der Titelgeschichte war ein Blogbeitrag. Unter der Überschrift, „Der Böse Wulff und die Medien" hatte *Freitag*-Verleger Jakob Augstein die Online-Community des Freitag gefragt: „Warum stellt sich die linke Öffentlichkeit nicht eindeutiger gegen diesen Präsidenten? Ist die Abscheu gegen die Bild-Zeitung so groß, dass man sich lieber von Bild distanziert, als ihr Recht zu geben, wenn sie Recht hat?" Die Frage saß. Innerhalb von nur wenigen Stunden entwickelte sich unter dem Blogbeitrag eine ebenso engagierte wie kluge Diskussion über den Umgang der Medien mit den Fehltritten des Staatsoberhaupts, die schnell einige hundert Einträge verzeichnete. Für die Printausgabe wählten wir die besten Kommentare aus und stellten noch eine Medienanalyse aus der Redaktion dazu. Die Titelgeschichte des *Freitag* war also eine Mischung aus Beiträgen, die aus der Redaktion sowie aus der Community stammten.

Dieses Beispiel aus dem redaktionellen Alltag beschreibt ziemlich präzise die publizistische Idee, für die der *Freitag* steht. Denn wir wollen die Grenzen zwischen Print und Online soweit wie möglich abbauen. Das bedeutet gleichzeitig, dass wir auch die Unterschiede zwischen Redakteuren und Bloggern überwinden müssen. Es handelt sich in gewisser Weise um einen Austausch zum gegenseitigen Nutzen. Kein anderes Medium in Deutschland ist derzeit bereit, sich so radikal dem technologischen Wandel zu öffnen. Der Freitag schon. Denn wir glauben, dass Internet und gedruckte Zeitung nicht notwendigerweise Konkurrenten sein müssen. Sie können sich auch ergänzen.

Um das besser zu verstehen, sind ein paar Worte zum publizistischen Konzept des *Freitag* notwendig. Die Redaktion schreibt täglich Beiträge, die für die Produktion der Zeitung vorgesehen sind. Diese Texte stellen wir aber alle auch ins Netz. Gleichzeitig übernehmen wir auch Online-Texte der Community. Die präsentieren wir den Lesern auf der Startseite von freitag.de im Internet. Und wir drucken einige von ihnen in der Zeitung ab.

Dieses publizistische Konzept ist ein Bruch mit dem traditionellen Verhältnis zwischen Lesern und Redakteuren, so wie es sich in vielen Jahrzehnten herausgebildet hat und wie es bei vielen Zeitungen immer noch gültig ist. Man kann es vielleicht am besten mit dem Verhältnis zwischen Lehrern und Schülern vergleichen: Die einen vermitteln Wissen und die anderen konsumieren es. Beim Freitag ist das anders. Wir sitzen – um im Bild zu bleiben – mit unseren Lesern in einem Kreis. Es ist ein Verhältnis auf Augenhöhe. Es kommt vor allem auf die inhaltliche Qualität des Textes an: Ist das Stück interessant, hat der Autor einen originellen Gedanken, ist es gut argumentiert? Jahrzehntelang war der Journalismus eine Einbahnstraße. Das hat sich mit dem Web 2.0 geändert. Das Netz ist nicht mehr nur Information sondern eben auch Kommunikation. Zeitgemäßer Journalismus muss die Leser mit einbeziehen, ihnen die Gelegenheit zum Austausch bieten. Es geht dabei um Partizipation, um Mitgestalten. Man kann es auch Mitmach-Journalismus nennen.

Einige dieser Ideen konnten nur entstehen, weil der Freitag eine Zeitung ist, die eine lange Tradition hat, neue und andere Wege zu gehen als die etablierten Blätter. Vor etwas mehr als 20 Jahren entstanden, verstand sich der Freitag von Anfang an als eine Zeitung, die sich gegen den Mainstream gerichtet hat. Das Blatt, ursprünglich als Ost-West-Projekt nach dem Mauerfall entstanden, war immer auf der Suche nach Wegen jenseits der ausgetretenen Pfade.

Seit dem Relaunch von Zeitung und Webseite im Februar 2009 hat sich das publizistische Konzept stark weiterentwickelt. Die ursprüngliche Idee, einen partizipativen Journalismus auf Augenhöhe mit der Community zu machen, war zwar immer der Leitgedanke. Anfangs versuchten wir diese Idee den *Freitag*-Lesern vor allem durch die Debatten unter den Online-Artikeln zu vermitteln. Das Posten von Kommentaren war zwar auch vor drei Jahren schon nichts Besonderes mehr. Dass sich die Redaktionsmitglieder aber an diesen Debatten im Netz über ihre Artikel oder über Blogbeiträge einmischten, war neu. Es gab – und gibt auch jetzt noch – einen sehr lebendigen Austausch über die Inhalte, die in der Zeitung und auf *freitag.de* entstehen.

Uns war von Anfang an dabei wichtig, dass die Kommentare und Blogs in Echtzeit veröffentlicht werden, dass also keine Instanz zwischengeschaltet wird, um zunächst die Inhalte zu kontrollieren und sie dann freizugeben. Wir sind dafür immer wieder kritisiert worden. Der Vorwurf lautete fast immer: Ihr öffnet Trollen und anderen merkwürdigen Online-Existenzen Tür und Tor. Sie werden eure Webseite kapern. Sie werden sich über euch lustig machen. Und sie werden eure journalistische Qualität zerstören.

Nichts davon ist passiert. Im Gegenteil. Wir haben stattdessen eine lebendige Community, die im Netz ihresgleichen sucht. Natürlich gibt es auch auf freitag.de Kommentare, die gelöscht werden müssen. Das übernimmt das Community-Ressort des Freitag, das das Geschehen dort immer im Blick hat. Es kommt auch vor, dass Mitglieder verwarnt oder sogar gesperrt werden müssen. Aber gerade weil wir einen partizipativen Journalismus zu unserem Prinzip erklärt haben, fühlen sich nicht nur die Redakteure, sondern auch die Community-Mitglieder verantwortlich für das was auf ihrer Plattform geschieht. Und so ist es durchaus üblich, dass auch Blogger andere ermahnen, wenn es in einer Debatte mal allzu hitzig werden sollte, oder wenn ein Text bestimmte Standards nicht erfüllt.

Ermutigt durch die positiven Reaktionen haben wir nach einigen Monaten dann damit begonnen, neue Formate mit der Community zu entwickeln. Als beispielsweise das Buch „Payback" von FAZ-Herausgeber Frank Schirrmacher erschien, haben wir die Rezension unter mehreren Redaktions- und Community-Mitgliedern aufgeteilt. Wenn man so will, eine Art wachsender Artikel. Wir haben eine Politikarena entwickelt, in der die Community die Frage der Woche einreichen und darüber abstimmen konnte. Anschließend wurde diese Frage als Pro und Contra sieben Tage lang zur Debatte gestellt, Teile der Debatte wurden wiederum in die Zeitung übernommen. Es gibt seit einiger Zeit Fußball-Blogs, in denen die Community live die Spiele der Fußballweltmeisterschaft und der Europameisterschaft kommentieren konnte. Und wir haben mit einer Art „Literarischer Salon" im Netz experimentiert. Die Community-Redaktion veröffentlicht in unregelmäßigen Abständen einen Aufruf, ein bestimmtes Buch zu lesen und anschließend im Netz darüber zu debattieren – mit großem Erfolg. In den vergangenen drei Jahren ist die Zahl der angemeldeten User von null auf 12.000 gestiegen. Jeden Tag werden auf *freitag.de* 20-30 Blogs veröffentlicht, jeden Monat erscheinen mehr als 10.000 Kommentare unter den Freitag-Artikeln im Netz. Man kann also sagen, dass sich die Community auf der Plattform des Freitag gut etabliert hat.

Der partizipative Journalismus, den wir auf freitag.de etabliert haben, erschöpft sich allerdings nicht nur im Schreiben von Beiträgen. Anfangs stand dies natürlich im Vordergrund. Es wird auch immer ein Grundpfeiler des publizistischen Konzepts sein. Aber schon nach wenigen Monaten hat sich gezeigt, dass es unter den Bloggern auch ein großes Bedürfnis gab und gibt, über das Projekt

Freitag zu diskutieren. Immer wieder erschienen Beiträge auf *freitag.de* in denen die Redaktion oder der Verlag aufgefordert wurden, Stellung zu beziehen. Ausführlich wurde beispielsweise über die Frage debattiert, ob die Community bereit wäre, für die Texte, die die Redaktion online stellt, Geld zu bezahlen. Oder auf welche Weise die Community noch enger mit der Redaktion verzahnt werden kann. Redaktion und Verlag haben sich immer wieder an diesen Debatten beteiligt. Weil insbesondere immer wieder die Frage nach einer engen Kooperation gestellt wurde, hatte der Freitag im Januar 2012 eine Community-Konferenz einberufen. Die *Freitag*-Blogger entsandten zwölf Mitglieder nach Berlin, um einen Tag lang gemeinsam mit Redakteuren des *Freitag* darüber nachzudenken, wie der Online-Auftritt weiterentwickelt und die Grenzen zwischen Community und Redaktion weiter gesenkt werden könnten. Die Debatte war für beide Seiten extrem interessant, auch weil es trotz aller Online-Affinität aller Beteiligten eben doch etwas anderes ist, ob man im Netz per Tastatur und Mausklick kommuniziert, oder ob man sich direkt die Meinung sagt. Viele der Anregungen, die an diesem Tag geäußert wurden, sind dann von der Redaktion aufgegriffen worden und in die Weiterentwicklung der neuen Webseite eingeflossen, die am 18. Juni 2012 online ging. Dazu später mehr.

Die Debatte jedenfalls war so konstruktiv, dass wir das Experiment drei Monate später noch einmal wiederholt haben, in ähnlicher Besetzung, aber diesmal mit einer konkreten Fragestellung. Es ging um die Neugestaltung der Leserbriefseite im Freitag. Diese Seite ist für jedes Blatt von großer Bedeutung, weil sie ein Fenster in die Leserschaft ist. Schon kurz nach dem Relaunch haben wir den eigentlich klassischen Aufbau so verändert, dass wir auch Kommentaren, die im Netz unter die Artikel gepostet wurden, dort aufgenommen haben. Inzwischen stammt der allergrößte Teil der Lesermeinung zu den Artikeln in der Zeitung aus dem Netz. Das hat den Vorteil, dass das man dort auch eine Debatte abbilden kann. Es hat aber auch einen Nachteil: es sind weitgehend anonymisierte Kommentare. Denn die User haben die Möglichkeit, sich unter einem Pseudonym auf freitag.de anzumelden. Davon wird auch rege Gebrauch gemacht. Die Folge: Viele Leserkommentare sind eben mit „Miauxx, Freitag-Community" oder „Streifzug, Freitag-Community" unterzeichnet. Für viele Leser ist das unbefriedigend, weil sie der Meinung sind, dass nicht nur die Redakteure mit ihrem Namen für ihre Artikel einstehen sollten, sondern eben auch die Blogger. Ich kann das zwar nachvollziehen, halte diesen Wunsch aber für veraltet. Denn noch wichtiger als der Name ist uns die Meinung, die geäußert wird. Für die Leserbriefe gilt das gleiche Prinzip wie für die Beiträge auf freitag.de: Nicht die Herkunft zählt, sondern der Inhalt.

Die Auseinandersetzung hat im Übrigen auch den Presserat beschäftigt, weil ein Leser darin einen Verstoß gegen den Pressekodex (Verbot der Veröffentlichung anonymisierter Zuschriften) sah und dieses Problem gerne geklärt haben wollte. Der *Freitag* argumentierte dagegen, dass es sich keineswegs um Zuschriften unbekannter Herkunft handelt. Schließlich sind uns ja die IP-Adressen der User bekannt, ebenso wie ihre Mail-Adresse. Am Ende gab der Presserat uns recht, er hatte nichts zu beanstanden. Aber abgesehen von dieser Auseinandersetzung sind wir inzwischen dabei, die Leserbriefseite zu einer Community-Seite in der Zeitung weiterzuentwickeln. Gegen-Kommentare zu Stücken aus der vorigen Ausgabe, Abdruck eines Debatten-Strangs oder Zitate-Sammlungen sind nur einige der Ideen, über die wir derzeit nachdenken. Bis Anfang 2013 soll die neue Seite fertig konzipiert sein.

Die enge Einbeziehung der Community in die Neugestaltung des Online-Auftritts wurde bereits oben kurz erwähnt. Die neue Webseite, die im Juni 2012 online ging, wurde optisch nicht nur neu und übersichtlicher gestaltet. Wir haben auch die bisherige Kennung der Artikel aufgehoben. Die Herkunft von Redaktion oder Community wird erst kenntlich, wenn man mit dem Cursor über den Artikel gleitet. Es handelt sich dabei zwar nur um einen spielerischen Effekt, der aber durchaus programmatisch gemeint ist. Denn mit der neuen Webseite haben wir die Voraussetzungen geschaffen, der Community viele zusätzliche Gestaltungsmöglichkeiten zu geben. Um die Qualität der Blogs weiter zu erhöhen werden wir die Nutzerverantwortung für eigene Beiträge stärken. Denn es hat sich gezeigt, dass eine große Zahl von Bloggern auf freitag.de beim Veröffentlichen ihrer Texte eher zurückhaltend sind: Sie wollen ihre Texte nicht in jedem Fall mit der gesamten Community diskutieren. Vorgesehen ist deshalb, dass Blogger selbst bestimmen können, wer unter die eigenen Artikel Kommentare posten darf. Wir werden angemeldeten Mitgliedern zukünftig die Möglichkeit einräumen, Dossiers zu Themen zu erstellen und auch zu verwalten, Umfragen zu erstellen oder mit anderen Lesern oder Redakteuren gemeinsam online an einem Text zu arbeiten. Zusätzlich werden wir so genannte Themenblogs einführen, um den Leser-Autoren bessere thematische Anschlussmöglichkeiten zu bieten, indem sie sich in themenbezogenen Gruppen zusammenfinden. Im Prinzip kann die Community so ihre eigenen Ressorts bilden. Schon jetzt werden Themen wie Gender, Netzpolitik, Bildung, Finanzpolitik auf *freitag.de* bespielt. Außerdem gibt es eine lokale Berichterstattung über die Landespolitik in NRW und Hamburg sowie über die Kulturszene in Leipzig.

Das lässt sich sicher noch ausbauen. Die eben genannten Beispiele sind oft auf Anregung oder sogar in Zusammenarbeit mit Mitgliedern der Community entstanden. Das bedeutet: die Grundidee, dass zeitgemäßer Journalismus keine kommunikative Einbahnstraße ist, sondern vielmehr ein System kommunizierender Röhren, hat sich bewährt. Die eben genannten Beispiele sind nur einige Stationen auf dem Weg zu einem neuen, transparenten und partizipativen journalistischen Konzept im Netz. Am Ende wird *freitag.de* eine Social-Media-Plattform für Journalismus sein, die gemeinsam von Usern und Journalisten gestaltet wird. Wir haben dabei einen agilen Ansatz gewählt, das heißt, dass wir auch zukünftig auf die Bedürfnisse der *Freitag*-Community reagieren werden. Die Webseite wird deshalb in verschiedenen Modulen weiterentwickelt, damit wir jederzeit auch die Flexibilität haben, auf neue Ideen zu reagieren.

Dass wir der Community so ein großes Gewicht im *Freitag* einräumen, bedeutet übrigens keineswegs, dass wir uns von journalistischen Standards verabschieden mussten, so wie es immer wieder befürchtet und uns manchmal auch vorgeworfen wird. *Freitag.de* ist eine sehr lebendige Seite mit vielen teils auch sehr engagiert geführten Debatten. Dass dabei Standards unterschritten wurden ist in den vergangenen dreieinhalb Jahren die große Ausnahme geblieben, nicht mehr als eine Handvoll Blogs mussten wir in dieser Zeit aus dem Netz nehmen. Es zeigt sich also: Unser Vertrauensvorschuss in das Verantwortungsbewusstsein der Community-Mitglieder war durchaus gerechtfertigt. Und die Leser des *Freitag* profitieren davon. Denn es gibt eben wesentlich mehr als nur handwerklich gut gemachte Stücke im klassischen Journalismusformat, die es zu lesen lohnt. Sie entsprechen möglicherweise nicht den überkommenen Vorstellungen darüber, was ein Artikel alles beinhalten und leisten muss. Sie sind oft genug ein Abenteuer. Und zwar eines, das sich lohnt.

Simone Janson

Woher kommen die Innovationen im Journalismus?
Was Verlage von freien Journalisten lernen können

Abstract

Dass sich der deutsche Journalismus in einer ernsten Krise befindet, kann nicht bestritten. Doch die Schuld an der Misere trägt nicht etwa das oft gescholtene Internet, sondern die fehlende Innovationsfreude der trägen Großverlage, die schon beinahe zwanghaft an ihren etablierten Geschäftsmodellen festhalten. Die wahren Innovationen im Journalismus gehen von freien Journalisten aus, die oft unter erheblichen finanziellen Risiken und mit großem Einsatz neue Ideen verwirklichen und zum Erfolg führen, meint die Journalistin Simone Janson.

Im März 2011 war im *Wirtschaftswoche*-Blog noch zu lesen, dass Medienschaffende bereits Wetten darauf abschließen, welche der großen Traditionszeitungen zuerst eingestellt wird (Mai 2011). Schon einen Monat später wurde die *Frankfurter Rundschau* bis auf den Lokalteil zusammengestrichen (Serrao 2011). Und das ist wahrscheinlich erst der Anfang: Klaus Meier, Professor für den Studiengang Journalistik an der Katholischen Universität Eichstätt-Ingolstadt, hat die Auflagenzahlen der gedruckten Tageszeitungen in Deutschland der vergangenen 20 Jahre verglichen und daraus einen Trend für die kommenden Jahre errechnet. Sein Ergebnis: Im Jahr 1992 wurden noch 26 Millionen Tageszeitungen verkauft, 2002 waren es nur noch 23,2 Millionen und 2011 nur noch 18,8 Millionen – das entspricht einem Minus von 19%. Wenn sich dieser Trend fortsetze, so folgert Meier in seinem Blog, werden 2022 nur noch ca. 11 Millionen Exemplare verkauft – und die letzte Zeitung soll 2034 über den Ladentisch gehen (Meier 2012). Kein Zweifel, der Journalismus in Deutschland befindet sich in einer tiefen Krise. Es fehlen innovative Ideen und adäquate Geschäftsmodelle, um mit den Erfordernissen des Internetzeitalters fertig zu werden. In einer Podiumsdiskussion der Heinrich-Böll-Stiftung gab Matthias Urbach, zu diesem Zeitpunkt noch Online-Chef der *taz* und mittlerweile Ressortleiter beim deutschen *New Scientist*, unumwunden zu, was viel Chefredakteure lieber gerne verschweigen würden: Dass eigentlich keiner so richtig weiß, wie es weiter geht mit dem Journalismus in Internetzeitalter.

Verlage: Innovationsfreudig – fragt sich nur wo!

Folgt man dem Journalisten Wolfgang Michal ist das nicht die Schuld der Verlage. In seinem bei *Carta* veröffentlichten Beitrag „Der bequeme Mythos von den angeblich innovationsunfähigen Verlagen" (Michal 2012) konstatiert er zur Innovationsfreude der deutschen Großverlage: „Die Presseverlage sind heute innovativer als sämtliche Blogger zusammen [...] Springer und Burda z.B. zählen in punkto digitaler Wandel zu den innovativsten Verlagen im Lande." Zu ihren digitalen Innovations-Produkten zählen dabei u.a. Reiseportale, Singlebörsen, Stadt-Portale, Online-Versandhändler oder E-Learning-Angebote – digitale Gemischtwarenläden, wie Michal sie treffend nennt, die leider einen großen Fehler aufweisen: Mit Journalismus haben sie nicht mehr viel zu tun. Und so kommt Michal denn auch zu dem Schluss: „Mit dem Verkauf von Tierfutter über das Internet wird Burda schon bald mehr erlösen als mit seinen gedruckten Hochglanz-Magazinen [...] Und das ist bitter. Denn die Umwandlung der vermeintlich innovationsfaulen Medienhäuser in Tierfutterverkäufer, Partnervermittlungsanstalten und Weiterbildungskonzerne ist nicht unbedingt ein Gewinn für die Freiheit und Unabhängigkeit künftiger Medienangebote."

Thomas Knüwer, ehemaliger Handelsblatt-Redakteur und heute selbständiger Berater, geht in seiner Replik auf Michals Text noch einen Schritt weiter: „Tatsächlich sind die großen Verlage – und wir reden ja tatsächlich vor allem von den Großen – mit Innovationen am Markt. Nur haben die wenig bis gar nichts mit dem Verlagsgeschäft zu tun. Das ist so lange kein Problem wie im Management die Bereitschaft vorhanden ist, journalistische Angebote mit ihren sinkenden Einnahmen zu subventionieren durch steigende Einnahmen im Digitalbereich. Darin aber liegt eine Gefahr: Journalismus wird zum Hobby. Und Hobbys können sich Unternehmen an der Börse definitiv nicht leisten – das werden sich die Investoren nicht bieten lassen." (Knüwer 2012)

Wie verändert sich der Journalismus?

So erklärt sich der Widerspruch, dass es den Verlagen dank ihrer Gemischtwarenläden zwar gut geht, der Journalismus sich aber leider in einer Krise befindet. Seine Lage im Internetzeitalter beleuchtet eine Veröffentlichung der Heinrich-Böll-Stiftung mit dem Titel „Öffentlichkeit im Wandel – Medien, Internet, Journalismus" (Heinrich-Böll-Stiftung 2012). Dabei wird klar: Das Problem des Journalismus ist nicht etwa das Internet, das im Gegenteil viele neue Möglichkeiten für Informationsgewinnung und Recherche eröffnet. Es ist viel eher die strukturelle Ausrichtung der Verlage, die bislang die gesellschaftlich wichtige Aufgabe des Journalismus getragen haben, sich jedoch zunehmend davon verabschieden. In der Veröffentlichung der Heinrich-Böll-Stiftung beklagt etwa Gemma Pörzgen den Sparwahn deutscher Redaktionen, macht aber als Vertreterin eines eher klassischen Journalismus gleichzeitig deutlich, wie wichtig ihr in dieser traditionellen Medienlandschaft etablierte Strukturen mit entsprechend hohen Kosten sind. Medientheoretiker Geert Lovink schreibt über das Selbstverständnis von Blogs als unredigierte, authentische und meinungsstarke Publikationsform, die sich nur schwer in gängige Medienkategorien einordnen lassen. Journalistin Mercedes Bunz erklärt das Prinzip Crowdsourcing und wie Redaktionen unter Mitwirkung ihrer Leser auch größere Datenmengen auswerten können. Berater und Analyst Marcel Weiss hat beobachtet, wie die gesellschaftlichen Aufgaben des Journalismus zunehmend außerhalb der etablierten Medien geleistet werden und vermisst die Experimentierfreude unter den Verlagen, die den traditionellen Geschäftsmodellen geschuldet sei: Statt an Strukturen festzuhalten, die ein möglichst breites Angebot ermöglichen, sollten sie sich beispielsweise auf das spezialisieren, was der Leser nirgendwo anders findet. Matthias Spielkamp, Projektleiter von *iRights.info*, zeigt auf, warum die wirtschaftlichen Schwierigkeiten von Verlagen nicht etwa durch fehlenden Urheberschutz entstanden, sondern durch einen grundlegenden Strukturwandel begründet sind; z.B. weil die Leser nicht mehr ein Gesamtpaket kaufen, sondern im Internet sehr genau wählen, was sie lesen möchten und was nicht. Karsten Wenzlaff und Anne Hoffmann vom Institut für Kommunikation in sozialen Medien schließlich stellen den etablierten neue, zeitgemäßere Erlösmodelle wie Crowdfunding oder Social Payment gegenüber.

Sind Journalisten und Redaktionen innovationsfeindlich?

All diese Beiträge machen klar, dass das Internet die Arbeit von Journalisten und Redaktionen zwar grundlegend ändert, diese Veränderung aber noch längst nicht bei allen angekommen ist. So zeigt die Studie „Forschungsbericht Crossmedia 2012" von der Bundeszentrale für politische Bildung und der RWTH Aachen, dass es mit der Nutzung von neuen Medien in den Redaktionen, vor allem im Lokaljournalismus, nicht sehr weit her ist. So wird mehr als 80 Prozent der Arbeitszeit immer noch für Printpublikationen aufgewendet, 15 Prozent für den Webauftritt, da bleibt für neuere Entwicklungen wie iPad- und Handy-Ausgabe nur wenig Zeit. Insgesamt kommen die Autoren in ihrem Resümee zum dem Schluss: „Aktuell überwiegen in den Zeitungsredaktionen noch punktuelle (Einzel-) Initiativen. Insgesamt werden die zeitungsinternen Crossmedia-Aktivitäten zwischen den Beteiligten wenig abgestimmt, es fehlt an Strategien und gezieltem Management zur erfolgreichen und nachhaltigen Crossmedia-Implementierung. Auch mit neuen journalistischen Formen wird meist nur punktuell experimentiert, es gibt noch viel Potenzial für eine systematische Integration und permanente Evaluation neu zu entwickelnder Formen der öffentlichen Kommunikation. Die erfolgreiche Einbindung der Mitarbeiter ist hier ein zentrales Element für die erfolgreiche Crossmedia-Implementierung, das oft noch zu wenig genutzt wird." (Kinnebrock/Kretzschmar 2012: 21)

Berühmt-berüchtigt ist auch die Empörung einer Gruppe von Hauptstadtjournalisten, die sich offenbar von der Bundesregierung übergangen fühlte. Grund: Regierungssprecher Steffen Seibert hatte im März 2011 zunächst per Twitter und erst danach auf den offiziellen Kanäle des Bundespresseamtes über eine geplante Reise der Kanzlerin informiert. Das Protokoll zu der Diskussion, die sich bei der darauffolgenden Bundespressekonferenz zwischen dem stellvertretenden Regierungssprecher Christoph Steegmans und den Journalisten entspann, umfasst vier Druckseiten und zeugt deutlich von der Abneigung gegenüber den neuen Kommunikationsformen (Bundesregierung 2012). Wirklich problematisch ist aber, dass diese innovationsfeindliche Haltung in der Journalistenausbildung auch dem Nachwuchs vermittelt wird. So kommentierte anlässlich eines Medienforums an einer Hochschule eine Studentin meinen Vortrag über Social Media mit dem entsetzten Ausruf: „Da kann ja jeder Bauer bloggen!"

Die Verlage hingegen mögen zwar durchaus digitale Innovationen hervorbringen – jedoch ganz offensichtlich nicht in ihrem Kernbereich, der Redaktionsarbeit. Die neuen Ideen im Journalismus entstehen eher außerhalb der großen Verlagshäuser und werden höchstens später von diesen zugekauft, wie Thomas Knüwer in seinem Beitrag nachweist. Die wahren Innovationsbringer des Journalismus sind also die kleinen, freien Journalisten und Blogger, die mit sehr viel persönlichem Einsatz einzigartige Ideen entwickeln und journalistische Projekte vorantreiben. Was machen Sie anders und besser als die großen Verlage?

Die sinkende Qualität der Texte

Ein großes Problem, das keines sein müsste, ist die sinkende Qualität von Texten (nicht nur) im Onlinejournalismus. Da werden kaum recherchierte Beiträge roh zusammengezimmert, Presse-Mitteilungen mit derartiger Freude übernommen, dass es selbst PR-Leuten graut (Wagner 2010) und Themen danach ausgewählt, was angeblich besonders viele Klicks bringt, aber auch billig zu produzieren ist – etwa „die Fotostrecke zur Kreuzfahrt in Dubai" (Zitat Online-Redakteurin einer Regionalzeitung). Der Grund dafür scheint vielen Redakteuren so logisch, dass sie ihre Handlungen gar nicht mehr hinterfragen: Man rennt wie der Hase der Möhre seinen Klickzahlen hinterher, um möglichst preiswert Werbeziele zu erreichen und ein festgesetztes Budget einzuspielen. Wer unterwegs mal innehält und nachdenkt, dem dürfte schnell klar werden, dass diesen Wettlauf langfristig eigentlich keiner gewinnen kann: Ein Alleinstellungsmerkmal, das für Leser wie Werbekunden gleichermaßen attraktiv macht, ist auf diese Weise kaum zu erreichen, es führt immer nur zu noch niedrigeren Werbepreisen, während z.b. der Bundesverband Digitale Wirtschaft bereits mit gestärktem Selbstbewusstsein verkündet, dass Werbung ja nun selbst zur werthaltigen Information wird (vgl. Janson 2011). In vielen Reaktionen wird dem nichts entgegengesetzt.

Experimentierfreudige Freie haben längst erkannt, dass sie langfristig nur mit Qualität und guten Ideen am Markt bestehen können. Daniel Fiene etwa, Radiojournalist und Podcaster, begann 2004 beim Campusradio in Münster das Gemeinschaftsprojekt *wasmitmedien.de* mitzuproduzieren. Seit 2012 ist das Projekt regelmäßiger Bestandteil des digitalen Programms von Deutschlandradio Kultur. Diesen Erfolg schreibt Fiene im Interview mit der Medienjournalistin Ulrike Langer dem eigenen Durchhaltevermögen zu – und macht gleichzeitig klar, dass das größtenteils ehrenamtliche Projekt ohne Vorleistung nicht funktioniert hätte:

> „Wir haben uns bei DRadio Wissen gemeldet und ‚Was mit Medien' vorgestellt. Es kam aber keine Reaktion. Dass die Kooperation jetzt mit so großem zeitlichen Verzug von deren Seite kam, ist irgendwie cool. Es zeigt aber auch, dass es sich für uns gelohnt hat, durchzuhalten. Wir hatten ja zwischendurch auch eine gute Phase, als wir anderthalb Jahre bei Welt Online waren. Die haben uns Woche für Woche den Podcast abgekauft. Bis auf diese anderthalb Jahre haben wir den Podcast aber ehrenamtlich produziert, weil wir einfach Spaß an der Sache hatten. Und weil wir auch merkten: ‚Was mit Medien' ist ein Schaufenster. Wir haben ein Produkt, das uns Spaß macht. Man kann nie kalkulieren, was an Kooperationen dabei herauskommen wird. Aber das ist nicht schlimm, weil immer etwas passiert ist, und am Ende waren das richtig coole Sachen." (zitiert nach: Langer 2012)

Fehlende Innovationsfreude bei journalistischen Techniken und Themen

So viel Innovationsfreude bei journalistischen Angeboten scheint vielen Verlagen fremd. Während andere Browser und Brillen entwickeln, die Internet und Realität zur Augmented Reality verbinden (Biermann 2012), sind die Verlage offenbar gerade wieder dabei, diesen Trend zu verschlafen. So schreibt Langer im *medium magazin*: „Über ihre Zurückhaltung bei wirklich innovativen Anwendungen möchten Verlagsmanager und Redaktionsleiter ungern offen reden. Allgemein gelten in der Branche die technischen Hürden im Verhältnis zum erhofften Erfolg als noch zu hoch […]." (Langer 2012: 42)

Wenig Innovationsfreude herrscht aber auch bei den Themen: Statt Experimente zu wagen, wird lieber Altbekanntes wiedergekäut. Auch deshalb, weil man die passende Umgebung für zielgruppengerechte Werbung bieten möchte. Ich denke nur mit Grauen an die Aussage der Redakteurin einer Frauenzeitschrift, die mein Artikelangebot mit der Aussage quittierte, die interviewten Frauen hätten aber bitte zwischen 25 und 40 Jahren alt zu sein und unheimlich gut auszusehen. Solches Schubladendenken ist aber nicht nur aus Gründen der journalistischen Qualität ein Problem: Im Marketing gilt Zielgruppendenken längst als überholt. Zudem werden Inhalte im Netz eben nicht mehr beim Durchblättern einer Zeitung, sondern meist ganz gezielt durch eine Suchfunktion gefunden oder über Facebook oder Twitter. Und eine zunehmend größere Bedeutung, auch bei den Suchmaschinen, hat mittlerweile der Autor. Es spielt also immer weniger eine Rolle, in welcher Umgebung sich ein Text befindet, wenn der Inhalt nur interessant genug ist. Apples Browser Safari zeigt auf dem iPad, wohin diese Reise geht: Im Reader-Modus lässt sich die gesamt Umgebung eines Textes samt Werbung ausblenden. Kurz: Solche Zielgruppenbeschränkungen ergeben auch ökonomisch keinen Sinn mehr.

Und dennoch sind es vor allem die Freien, die in Eigenregie innovative Themen und Projekte angehen, die ihnen zunächst vielleicht nicht mal Geld bringen. Ende Januar 2011 reiste Journalist Richard Gutjahr nach Kairo. Dort machte er zahlreiche Fotos, die er hinterher bei Flickr veröffentlichte und mit den Worten „Bedient Euch" zur kostenlosen Weiterverwendung freigab. Doch mehr noch: An der Reise direkt hatte Gutjahr nichts verdient, im Gegenteil noch draufgezahlt, wie Ulrike Langer berichtet: „Vielleicht ist Richards Gutjahrs Reise ein finanzieller Flop: Neben Flug und Hotel schlagen auch eine von einem Polizisten gestohlene Kamera und 3500 Euro Roaming-Gebühren zu Buche. Seine Blogleser aber haben sich per Klick auf Spendenbuttons freiwillig an den Kosten beteiligt." (Langer 2011) Allerdings waren die Kosten gut investiert, und zwar in das eigene Marketing. Heute, gut anderthalb Jahre später, hat Gutjahr im Bayrischen Fernsehen mit der Rundshow das erste Social-TV-Format gestartet.

Das Problem der Verlage: Die Kosten-Strukturen

Zugegeben, viele Verlage haben ein Problem: Ihre immensen Kostenstrukturen. In der o.g. Podiumsdiskussion sagte Matthias Urbach, dass ein Verlag sehr viel Geld einsparen könne, würde er nur noch online publizieren. Doch nicht nur das: Verlagsstrukturen von Tageszeitungen etwa sind darauf ausgerichtet, ihre Leser allumfassend zu informieren. Das heißt, sie leisten sich eine Politikredaktion, eine Sportredaktion, einen Newsticker, vielleicht noch einen Auslandskorrespondenten, Sekretärinnen für jede Redaktion usw. Dieses Geschäftsmodell hat gut funktioniert, so lange die Zeitung eine Quasi-Monopolstellung für ihre Informationen an einem Ort hatte, ja waren vielleicht sogar notwendig. Im Internet stehen jedoch all diese fast identischen Informationen verschiedener Medien frei zur Verfügung, sind nur einen Mausklick voneinander entfernt, nicht selten wurden dieselben Agentur-Meldungen als Quelle verwendet.

Verlage produzieren so mehrfach quasi das Gleiche, statt sich auf Angebote zu konzentrieren, die die Leser sonst nirgendwo finden. Finanziert wird dabei schlicht ein überflüssiges Angebot – man könnte auch sagen: Das Geld wird zum Fenster hinausgeworfen. Viele Freie haben hingegen längst erkannt, dass sie nur mit der Spezialisierung auf ihre Kernkompetenzen punkten können, weil sonst die Konkurrenz zu groß ist. Gleichzeitig kooperieren viele von ihnen in Netzwerken, arbeiten in Bürogemeinschaften und Coworking-Spaces. Auf diese Weise gelingt es ihnen, ihre Spezialisierungen zu einem breiten Angebot zu bündeln und so gemeinsam eine kritische Masse an Kunden zu erreichen. Sich bedarfsgerecht miteinander vernetzen statt gegeneinander konkurrieren heißt das Zauberwort.

Umgang mit dem Leser: Wie man in den Wald hineinruft...

Mit dem Einbeziehen von anderen tun sich viele Verlage ein wenig schwer. Auch was die eigenen Leser angeht. Man schaue sich nur die nicht selten brachliegenden Kommentare der Online-Auftritte von Tageszeitungen an: Eine Moderation findet vielerorts nicht statt. Natürlich ist die zeitaufwändig und ein gern gehörtes Argument von Redaktionen sind auch hier die Kosten. Aber der wahre Grund ist die Haltung dahinter: Leser werden leider viel zu oft als Klickbringer gesehen, die sonst am besten ruhig sind. Da ist es kein Wunder, dass diese sich nicht ernst genommen fühlen und entsprechend wütend reagieren. Ein Teufelskreis, den Kathrin Passig in einem Interview mit dem *medium magazin* treffend beschreibt: „Es hat gute Gründe, dass ausgerechnet die Kommentare unter Zeitungsartikeln zu den schlimmsten Pöbel- und Schmutzecken im Internet gehören [...] Mit mehr Moderation und technischen Mitteln bekäme man das besser hin." (Klopp 2011: 27)

Doch es geht auch anders: 2009 begannen meine Leser auf meinem Blog teils wütend, teils polemisch Kommentare gegen die allgemein propagierte These vom Fachkräftemangel zu verfassen. Weil ich die Kommentare ernst genommen und nicht sofort abgeblockt oder ignoriert habe, entspann sich eine über Jahre hinweg geführte Diskussion, in der sie mich immer wieder auch auf Medienberichte oder neuste Forschungsergebnisse, etwa des DIW, aufmerksam machten – Material, das zu sichten ich aus Zeitgründen nicht in der Lage gewesen wäre. Einige Hundert Kommentare später wurde die Initiative „Wir sind VDI" (in Anlehnung der Aktion „wir-sind-einzelfall.de") gegründet, die mittlerweile auch das Interessen von Institutionen wie dem DGB erweckt hat und in der Wikipedia referenziert ist. Seine Leser ernst zu nehmen, lohnt sich (Janson 2012).

Crowdsourcing – den Leser ernst nehmen

Wenn Leser ernst genommen und in Projekte mit einbezogen werden, entstehen dadurch ganz neue, ungeahnte Möglichkeiten der Recherche. Etwa dann, wenn Informationen und Datenmengen für Einzelne oder auch Redaktionsteams viel zu umfangreich sind, um ausgewertet zu werden. 2009 etwa bat die britische Zeitung *Guardian* ihre Leser um Hilfe: Sie stellte ein Dokument online, das die teilweise ziemlich irrwitzigen Spesen der britischen Abgeordneten dokumentierte. Da das Dokument mit gut 500.000 Seiten viel zu unüberschaubar war, sollten die Leser ihren Abgeordneten nun selbst überprüfen – mit vollem Erfolg. Auch die größte Enzyklopädie der Welt, die Wikipedia, funktioniert nach dem Prinzip des freiwilligen, ehrenamtlichen Zusammentragens von Informationen. Und auch die Skandale um die Doktorarbeiten des Herrn zu Guttenberg und diverser anderer Politiker wären nie zustande gekommen, wenn nicht unermüdliche Helfer die Textstellen verglichen, und so Schritt für Schritt die Plagiats-Beweise zusammengetragen hätten.

Wenn Crowdsourcing mit Datenjournalismus verbunden wird, können beeindruckende visuelle Projekte entstehen – wie die freie Software Ushahidi.com, die Wahlbetrug, Umweltvergehen oder Menschenrechtsverstöße auf eine Karte bringt. Nutzer können ihre Informationen auch via SMS, E-Mail oder Twitter liefern. Organisationen auf der ganzen Welt nutzen das Projekt, um z.B. Krisenherde zu identifizieren und rechtzeitig agieren zu können.

Wann sind Leser bereit, für Inhalte im Netz zu bezahlen?

Der nächste Schritt ist dann, die Leser auch an der Finanzierung der zu beteiligen. Verlage versuchen gerne, das traditionelle Abo-Modell ins Internet zu übertragen: Eine Paywall, bei der die Leser das Angebot nur nutzen können, wenn sie es vorab bezahlt haben, erscheint vielen Anbietern als der sicherste Weg, ihre hohen Kosten wieder hereinzuholen. Die Nutzer sind anderer Meinung und genau da liegt das Problem vieler Paid-Content-Angebote: Der nächste Gratis-Anbieter ist nur einen Klick entfernt. Und wenn sich die Leser schon im Netz ihre Informationen frei zusammenstellen können, dann wollen sie auch nur für die Informationen bezahlen, die sie wirklich interessieren und die sie nirgendwo anders finden.

Crowdfunding und Social Payment heißen die Modelle, die dieses Dilemma lösen sollen: Der Leser zahlt freiwillig eine von ihm festgesetze Summe, nachdem er einen Text gelesen hat. Bekannte Modelle sind hier Kachingl und Flattr, wo User auch in Centbeträgen bezahlen können. Anders funktioniert z.B. das Modell von *Spot.us* ist, einer amerikanischen Nonprofit-Organisation, die Leser und Journalisten zusammenbringt. Journalisten bieten hier an, für eine bestimmte Summe über ein Thema zu schreiben. Aber auch Leser können Artikelwünsche äußern und Geld dazu anbieten. Die Erfolge solcher Modelle zeigen, dass Leser durchaus bereits sind, für gute Inhalte im Netz zu bezahlen, wenn diese nur interessant genug sind. Verlage stehen solchen alternativen Finanzierungsmodellen eher skeptisch gegenüber. Offenbar glauben sie nicht, dass diese genug einbringen und befürchten viel mehr, dass transparent wird, wie viel ein Medium seinen Lesern wirklich wert ist (Schäfer 2010). Als erste Zeitung hat mittlerweile die *taz* eine Crowdfunding-Aktion gestartet: Für ihr gemeinsam mit 2470media initiiertes Video-Projekt berlinfolgen sammelten sie im Sommer 2012 über 14.000 Euro auf der Crowdfunding-Plattform startnext (taz 2012).

Indes zeigt die erste deutsche Crowdfunding-Studie (Eisfeld-Reschke/ Wenzlaff 2011) des Instituts für Kommunikation in sozialen Medien, dass es durchaus eine Bereitschaft gibt, freiwillig im Internet zu bezahlen: Insgesamt wurden 125 Crowdfunding-Projekte auf sechs Crowdfunding-Plattformen untersucht. Bis zum 15. April 2012 wurden 208.000 Euro über Crowdfunding eingeworben und mehr als jedes zweite Crowdfunding-Projekt (53%) wurde erfolgreich finanziert. Erreicht wurden dabei Summen bis 26.991 Euro, die Projekte wurden durchschnittlich mit 108% überfinanziert. Insgesamt gab es 2.624 Unterstützer, wobei darunter auch Mehrfach-Unterstützer vorkamen. Die durchschnittliche Summe pro Unterstützer betrug 79 Euro.

Den Leser von Anfang an einbeziehen!

Am reinen ökonomischen Nutzen und der Machbarkeit kann es also nicht nur liegen, dass in den Redaktionen die zur Verfügung stehenden neuen Instrumente des Internetzeitalters so wenig genutzt werden. Vielmehr sind die Vorbehalte eher grundsätzlicher Natur: Das traditionelle Geschäftsmodell von Verlagen beruht in der Regel auf einer Quasi-Monopolstellung, vor allem was Lokal- oder Regionalzeitungen angeht. Hier hatten Redaktionen als Gatekeeper die alleinige Informationshoheit. Ihre Leser waren sozusagen abhängig von der Berichterstattung. Entsprechend selbstbewusst war auch der Habitus vieler Journalisten, die in der Regel von ihrem Status als Informationsbringer zehrten, deren Kompetenzen außer Frage standen.

Im digitalen Zeitalter gewinnt der Leser Autonomie und er hat die freie Wahl zwischen den Informationsquellen. Und mehr noch: Weil der Leser plötzlich Vergleichsmöglichkeiten hat, kann er auch den Informationsgehalt überprüfen – und in der Regel wird er Fehler finden. Denn kein Journalist, dessen Aufgabe auch traditionell im Zusammentragen von Informationen bestand, kann all diese Informationen wirklich überblicken. Doch genau hierin besteht die narzisstische Kränkung für viele Verlage: Plötzlich ist da immer einer, der von einem Thema mehr Ahnung hat und damit nicht nur ihre Kompetenz und somit das gesamte Geschäftsmodell in Frage stellen. Die Reaktion ist dann eine panikartige Schockstarre, in der sich nichts mehr bewegt.

Viele Blogger beziehen hingegen ihre Leser schon von Anfang an in den Recherche- und Schreibprozess mit ein: Statt Perfektion und Allwissenheit zu demonstrieren, bitten sie gleich um weitere Informationen. Und statt die eigene Meinung hinter scheinbarer Objektivität zu verbergen, kommunizieren sie ganz offen ihre Subjektivität. Das erfordert den Mut, zur eigenen Haltung zu stehen, weil es angreifbar macht. Aber es bietet auch die Chance, mit dem Leser in eine transparente und ehrliche Kommunikation zu treten. Eine Chance, die leider noch viel zu wenig Verlage nutzen, auch wenn es einige wenige positive Ansätze bereits gibt.

Fazit: Wer den Journalismus retten will, muss die Kleinen fördern

Klar ist: Wer über die Krise des Journalismus in Deutschland redet, muss differenzieren zwischen der Situation der Verlage, die sich allmählich zu Gemischtwarenläden ohne journalistischen Anspruch mausern und daher wenig Interesse an rein journalistischen Innovationen haben – und den echten Innovationen im Journalismus, die in der Regel durch einzelne freie Journalisten hervorgebracht werden. Und wer den Journalismus in Deutschland tatsächlich fördern will, muss die kleinen und freien Projekte unterstützen – und nicht die Großen.

Literatur

Biermann K (2012) Datenbrille: Google Glass ist "cool, aber verwirrend". Zeit Online, 12. September 2012. http://www.zeit.de/digital/mobil/2012-09/google-glass-test/. Zugegriffen: 19. September 2012

Bundesregierung (2011) Mitschrift Pressekonferenz: Regierungspressekonferenz vom 25. März, 25. März 2011. Bundesregierung.de http://www.bundesregierung.de/nn_1516/Content/DE/Mitschrift/Pressekonferenzen/2011/03/2011-03-25-regpk.html/. Zugegriffen: 19. September 2012

Eisfeld-Reschke J, Wenzlaff K (2011): Crowdfunding Studie 2010/2011. Institut für Kommunikation in sozialen Medien, Berlin

Heinrich-Böll-Stiftung (2012) Schriften zu Bildung und Kultur, Band 11: Öffentlichkeit im Wandel – Medien, Internet, Journalismus, April 2012. http://www.boell.de/publikationen/publikationen-publikation-journalismus-neue-medien-oeffentlichkeit-im-wandel.html. Zugegriffen: 19. September 2012

Janson S (2011) Schwammiges Grundsatzpapier des BVDW zur Medien- & Netz-Politik: Überhebliches Lobby-Programm Marke Papier-Tiger. Berufebilder.de, 30. Juni 2011. http://berufebilder.de/2011/schwammiges-grundsatzpapier-des-bvdw-zur-medien-netz-politik-ueberhebliches-lobby-programm-im-papier-tieger-format/. Zugegriffen: 19. September 2012

Janson S (2012) Ingenieure machen gegen ihren eigenen Verband mobil: Wir sind VDI. Berufebilder.de, 24. Februar 2012. http://berufebilder.de/2012/ingenieure-machen-gegen-ihren-eigenen-verband-mobil-wir-sind-vdi/. Zugegriffen: 19. September 2012

Langer U (2011) Ein Lanze für den Unternehmerjournalismus: Richard Gutjahr in Kairo. Medial Digital, 4. Februar 2011. http://medialdigital.de/2011/02/04/ein-lanze-fur-den-unternehmerjournalismus-richard-gutjahr-in-kairo/. Zugegriffen: 19. September 2012

Langer U (2012) Daniel Fiene: „Das Schaufensterprinzip lohnt sich". Medial Digital, 3. Mai 2012. http://medialdigital.de/2012/05/03/daniel-fiene-das-schaufensterprinzip-lohnt-sich/. Zugegriffen: 19. September 2012

Langer U (2012) Virtuelle Fundgrube. mediummagazin 6: 42

Kinnebrock S, Kretzschmar S (2012) Forschungsbericht Crossmedia 2012. Bpb.de, 4. Juni 2012. http://www.bpb.de/system/files/dokument_pdf/final_Crossmedia_Abschluss bericht_04_06_2012.pdf/. Zugegriffen: 19. September 2012

Klopp T (2011): Mensch & Maschine. Interview mit Kathrin Passig und Peter Glaser. mediummagazin 12: 26-27

Knüwer T (2012) Der Mythos von den innovationsfreudigen Verlagen. Indeskretion Ehrensache, 25. Juni 2012. http://www.indiskretionehrensache.de/2012/06/verlage-innovation/ Zugegriffen: 19. September 2012

Mai J (2011) Twittwoch in Düsseldorf: Zukunft der Medien – und haben sie eine? Wirtschaftswoche Online, Jo's Jobwelt, 3. März 2011. http://blog.wiwo.de/jos-jobwelt/2011/03/03/twittwoch-in-dusseldorf-zukunft-der-medien-und-haben-sie-eine/. Zugegriffen: 19. September 2012

Meier K (2012) Statistisch berechnet: Im Jahr 2034 erscheint die letzte gedruckte Tageszeitung Journalistik – das Blog zum Buch, 2. Juli 2012. https://journalistik lehrbuch.wordpress.com/2012/03/06/statistisch-berechnet-im-jahr-2034-erscheint-die-letzte-gedruckte-tageszeitung/. Zugegriffen: 19. September 2012

Michal W (2012) Der bequeme Mythos von den angeblich innovationsunfähigen Verlagen. Carta, 24. Juni 2012. http://carta.info/45257/der-bequeme-mythos-von-den-angeblich-innovationsunfahigen-verlagen/. Zugegriffen: 19. September 2012

Schäfer U (2010) Flattr & Kachingle Spenden für den guten Text. Zeit Online, 20. Juli 2010. http://www.zeit.de/digital/internet/2010-07/flattr-social-payment/. Zugegriffen: 19. September 2012

Serrao MF (2011) Starke Einschnitte bei Frankfurter Rundschau: Überregionales aus Berlin. Süddeutsche.de, 30. März 2011. http://www.sueddeutsche.de/medien/frankfurter-rundschau-ueberregionales-aus-berlin-1.1079518/. Zugegriffen: 19. September 2012

taz (2012) berlinfolgen macht weiter: Zusammen erfolgreich. taz.de, 29. Juni 2012. http://www.taz.de/!96389/. Zugegriffen: 19. September 2012

Urbach M (2012) während der Podiumsdiskussion „Qualitätsjournalismus: Neue Ansprüche und alte Werte" Website der Heinrich-Böll-Stiftung, 23. Mai 2012. http://www.boell.de/demokratie/netz-video-mitschnitt-qualitaetsjournalismus-14650.html/. Zugegriffen: 19. September 2012

Wagner J (2010) Analogkäse schmeckt besser! Wie sich Public Relation als fünfte Gewalt etabliert. dradio.de, 9. November 2012. http://www.dradio.de/dlf/programmtipp/dasfeature/1267550/ Zugegriffen: 19. September 2012

Emily Olson

The Open Newsroom[1]

Abstract

Digitale Werkzeuge erleichtern den Kontakt zwischen Journalist und Nutzer. Entscheidend aber ist die praktizierte Offenheit der Redaktionsarbeit, notfalls in Form eines Cafés, sagt Emily Olson, Redaktionsleiterin bei der US-amerikanischen Lokalzeitung The Register Citizen.

Wer sich einen digitalen Newsroom vorstellt, beschwört schnell Bilder herauf von Redakteuren, deren Augen konzentriert auf Computerbildschirme starren, ohne dass ein Wort verloren wird. In dieser Vorstellung werden Nachrichten getweetet und ganze Berichte mit nur einem Klick abgelegt. Dabei hört man nur das Klackern der Tastaturen, während Chat-Gespräche via Skype und CoveritLive geführt werden. Reporter wählen die Nachrichten des Tages aus Quellen aus, die weit und breit im Cyberspace verstreut sind und nur darauf warten eingesammelt zu werden. Niemand braucht sich anscheinend mehr direkt gegenüberzusitzen, Face-to-Face-Kontakte sind Cyber-Verbindungen gewichen, die viel müheloser geknüpft werden können.

Nichts könnte weiter von der Realität entfernt sein als diese Vorstellung. Bevor ich beschreibe, wie mein Tag in unserem digitalen Newsroom aussieht, den ich beim *Register Citizen* in Torrington im US-Bundesstaat Connecticut erlebe, möchte ich betonen, wie großartig ich es finde, wie stark die Reichweite zugenommen hat, die uns die digitalen Werkzeuge bieten. Natürlich benutzen wir sie auf alle nur erdenkliche Arten, die uns dabei helfen, unsere Gemeinde über die bisherigen Grenzen unserer Zeitung hinweg zu vergrößern.

Ich arbeite nun schon einige Jahre bei dieser Zeitung, zuvor als Korrektorin und beim Produzieren der Zeitungsseiten, mittlerweile als Redaktionsleiterin mit einer Belegschaft von etwa 15 Redakteuren. So wie Redakteure vor hundert Jahren sitze auch ich morgens zuallererst an meinem Schreibtisch und reagiere darauf, was ich für am dringlichsten halte. In meinem Fall bedeutet das, erst einmal den Anrufbeantworter abzuhören und zurückzurufen sowie meine E-Mails zu checken. Diese Aufgaben scheinen jedoch kein Ende zu haben: E-Mail,

---

1 Dieser Beitrag ist eine ergänzte und aktualisierte Fassung eines Artikels, den Emily Olson für *Nieman Reports* (Summer 2011) verfasst hat. Übersetzung: Leif Kramp.

so scheint es mir, ist mittlerweile zu einer Kommunikationsform avanciert, die uns dauerhaft begleiten wird. Obwohl ich meine E-Mails auch schon von zu Hause aus abrufe, wartet auf der Arbeit schon wieder ein stattlicher Berg an Nachrichten auf mich.

Als der digitale Newsroom nach Torrington kam, mussten wir alle schnell lernen, dass es von nun an zu unserer Alltagsroutine gehören würde, Twitter, Facebook, Skype, Video-Uploads, Instant Messaging und E-Mail zu nutzen. Wir hatten schon früher Social Media für unsere Berichterstattung genutzt, aber nun ging es darum, sie zu unseren primären Werkzeugen zu machen. Für einen Redakteur, der Zeitungsseiten für eine Print-Ausgabe baut, der Beiträge lektoriert, mit jungen Reportern arbeitet und dabei Schritt halten muss mit dem Tempo eines Newsrooms, der gleich mehrere über den Bundesstaat verteilte Print-Ausgaben beliefert, mag es beängstigend klingen, wenn nun auch noch die Öffentlichkeit mit offenen Armen in der eigenen Arbeitsumgebung empfangen werden soll. Das war es tatsächlich – aber wir alle begrüßten die Idee, schon weil wir unsere Arbeitsplätze behalten wollten. Wir wollten nicht mitansehen, wie das Nachrichtengeschäft zugrunde geht. Und bisher ist es dazu ja auch nicht gekommen.

Multitasking beginnt für mich regelmäßig dann, wenn ich mich zeitgleich bei TweetDeck und unserem Redaktionssystem einlogge und unsere Zeitungswebsite öffne, die zu einem lebenden, atmenden Organismus mit ständig wechselnden Inhalten geworden ist. In unserem Newsroom sind mindestens fünf Menschen dafür verantwortlich, jederzeit Änderungen auf unserer Seite vorzunehmen. Sobald ich Zeit habe, schließe ich mich ihnen an, scanne das Internet nach Neuigkeiten und werfe einen Blick in den Ticker und auf die Website der Nachrichtenagentur *Associated Press*. Auf lokaler Ebene geht es für uns darum, welche Termine anstehen und was die Polizei finden oder wonach sie suchen könnte. Das alles erzählen mir dann die Reporter, der Chef vom Dienst und mein Verleger. Im Laufe des Tages entwickele ich daraus ein mentales Bild von dem, wie die Zeitung von morgen aussehen wird, während wir versuchen, aus all den Informationen ein Verständnis dafür zu entwickeln, was in unserer Gemeinde und darüber hinaus geschieht.

Das Newsroom-Café

Meine vielleicht wichtigsten Informanten sind Menschen, die zwar nicht zu unserer Redaktion gehören, aber sich trotzdem bei uns aufhalten, unsere Büros oder unsere digitalen Plattformen besuchen: Diese Stimmen gehören Mitgliedern der Öffentlichkeit. In der Vergangenheit müssen sich unsere Leser, wie alle Leser, gefühlt haben, als ob sich zwischen ihnen und den Journalisten eine Mauer auf-getürmt hätte. Wir haben diese Mauer eingerissen und nun die Möglichkeit, den Stimmen dahinter ganz nah zu sein und ihnen genau zuzuhören. Das sind die übergeordneten Wandlungsprozesse, die sich aktuell bei uns abspielen.

Unser Haus veröffentlicht nicht mehr nur eine Tageszeitung und einige Wo-chenzeitungen im Farmington Valley, also in Gemeinden rund um unsere Zentra-le in Hartford. Wir richteten auch, als wir vor einiger Zeit neue Büroräume in der Field Street bezogen haben, ein Newsroom-Café ein, das an allen Tagen der Woche geöffnet hat und unter anderem von Bloggern, Studenten und Senioren, aber auch Beamten und sogar Volksvertretern frequentiert wird. Gewöhnliche Bürger legen fast täglich einen Stopp bei uns ein, um uns von ihren Neuigkeiten des Tages zu berichten, manchmal eben auch bei einer Tasse Kaffee im News-room-Café. Als die Mitarbeiter des *Register Citizen* Ende des Jahres 2010 aus ihrem 105 Jahre alten Zuhause an der Water Street auszogen, war es ein komi-sches Gefühl zu wissen, dass wir ab sofort Teil eines öffentlichen Raums sein würden, wo Jeder, und ich meine wirklich Jeden, einfach ohne Vorankündigung zur Tür hineinspazieren und uns ansprechen könnte. Jeder Bürger kann buchstäb-lich zu Fuß bis zu uns an den Schreibtisch gelangen und eine Frage stellen. Die Trennwände um unsere Schreibtische sind so niedrig, dass wir bei unserer Arbeit für alle zu sehen sind, die durch die offene Tür unsere Redaktion betreten. Nie-mand von uns kann sich verstecken. Niemand kann und soll einen Gast abweh-ren. Wir müssen bereit sein für den Dialog. Und das sind wir.

Ich erinnere mich noch gut an den Tag, als ein Mann mit einem Ordner un-ter dem Arm in unsere Redaktion marschierte. Sein kleiner Sohn begleitete ihn, und nachdem er sich kurz umgeschaut hatte, fragte er mich, ob er einen Reporter sprechen könnte. Einer unserer Autoren, Mike Agogliati, saß gerade an seinem Schreibtisch, also schickte ich die beiden zu ihm. Schon wenige Augenblicke später waren sie in unserem Newsroom-Café ins Gespräch vertieft. Der Mann öffnete seine Mappe, und schon betrachteten die Drei die mitgebrachten Doku-mente, Briefe und andere Informationen. Es stellte sich heraus, dass der Mann einen Marktstand besitzt, mit dem er im Sommer und Herbst Obst und Gemüse verkauft. Sein Standort war in einer nahe gelegenen Gemeinde direkt gegenüber vom Rathaus, bis eines Tages ein Streifenpolizist meinte, es handele sich dabei um einen ‚Schrottplatz'. Daraus entwickelte sich eine juristische Auseinanderset-zung: Der Mann wurde verklagt. Am Folgetag seines Redaktionsbesuchs wollte er zum Gericht – sein Anliegen bestand alleinig darin, uns über den Fall zu in-formieren.

Als er mit meinem Kollegen sprach, wurde deutlich, dass es um viel mehr ging als das, was mit seinem Verkaufsstand passiert war. Was die Geschichte für uns so überzeugend machte, war die Verbindung zwischen dem juristischen

Verfahren und früheren Geschichten rund um den besagten Polizisten, der schon einmal gefeuert, sogar verhaftet und zu einer Geldstrafe verurteilt worden war, weil er falsche Arbeitszeiten angegeben hatte. Und am Ende des Gesprächs hatte unser Autor Mike eine Geschichte, der er nachgehen und die er überprüfen konnte. Am Ende des Tages stand seine Geschichte über den Polizisten und den Bauernstand auf unserer Webseite und war bereit für unsere Print-Ausgabe. Es entwickelte sich also eine tolle Story – solche Erfahrungen haben sich bis heute mehrfach wiederholt.

Etwas Ähnliches hätte sich sicherlich auch in unserem alten Newsroom zugetragen, aber unsere einladenden, sperrangelweit geöffneten Türen und die Verfügbarkeit unseres Reporters gaben diesem Mann das Vertrauen, das er brauchte, um persönlich bei uns vorbeizuschauen und den Kontakt herzustellen. In unserem alten Gebäude waren wir in einem Flügel abseits der Öffentlichkeit untergebracht: Dort bekamen wir Menschen von draußen nur zu Gesicht, wenn wir sie direkt zu uns eingeladen hatten. In der Regel mussten wir also die Redaktion verlassen, um Menschen zu treffen und mit ihnen ins Gespräch zu kommen. Der heruntergekommene Newsroom mit seinen hohen Trennwänden und einsamen Arbeitsparzellen war nicht gerade förderlich für eine solche offene Atmosphäre. Heute haben wir eine Galerie, ein Café und damit viele Orte und Gelegenheiten, sich zusammenzusetzen und miteinander zu sprechen. Es gibt einen Mikrofilm-Sichtplatz, damit die Menschen einen Blick in unsere Archive bis zurück ins 19. Jahrhundert werfen können. Oder sie können sich einfach in aller Ruhe hinsetzen, die Zeitung lesen oder an ihren Laptops arbeiten.

Darüber hinaus halten wir unsere Redaktionssitzungen werktags um 16 Uhr öffentlich ab und streamen live auf unserer Website, wie unsere Reporter ihre Themenvorschläge vorstellen. Interessierte können sich dann via Live-Chat dazu schalten, Fragen stellen und uns Informationen zuspielen. Das wäre in unserem alten Newsroom unvorstellbar gewesen. Nach anfänglichem Ansturm hat sich das Publikum mittlerweile wieder etwas beruhigt, aber wenn etwas Großes geschieht in dieser kleinen Stadt, loggen sich die Bürger wieder massenhaft ein und fordern uns aktiv auf, sie über das Gesehen zu informieren. Das bestärkt uns darin, dass der Social Media-Aspekt unserer Arbeit wichtiger ist denn je. Seit wir in unser neues Zuhause eingezogen sind, wo einst Fabriken am Werke waren, kommen die Menschen viel häufiger auf uns zu. Das soll nicht heißen, dass die Leute Schlange stehen, um mit einem Reporter zu sprechen. Aber zu wissen, dass wir da und unsere Türen offen sind, macht für viele Leser einen gewaltigen Unterschied – auch für uns. Wenn mich jemand fragt, wie viel sich mit unserer neuen Philosophie geändert hat, gibt es darauf keine einfach Antwort, weil sich der Wandel so schwer beziffern und beschreiben lässt. Deshalb antworte ich so, wie es mir selbst erscheint: „Alles."

Es gibt heutzutage viele Menschen, die meinen, dass Zeitungen bald verschwinden werden, genauso wie das Mammut, das als ausgestorbene Kreatur seinen Weg ins Museum fand, wo im übrigen auch die Schreibmaschine schon steht. Spätestens im Jahr 2025, vielleicht früher, hätten wir keine Verwendung mehr für sie. Ich hoffe, dass das nicht stimmt, aber ich weiß, dass unser Zeitungshaus wiederholt in finanziellen Schwierigkeiten steckte. Aber wir retteten unser sinkendes, vom Konkurs bedrohtes Schiff in etwas Lebensfähiges, auf das sich Leser verlassen können. Tausende Nutzer besuchen unsere Webseite jeden Monat. Wir haben eine lebendige, wenn auch bissige und launenhafte Online-Community, die so gut wie alles von Gesundheitskosten, über den neuen Feuerwehrwagen bis hin zur Farbe der Blumen im Stadtpark debattiert.

Online Community Building

Kommentaren in einer Online-Community fehlt es bekanntlich selten an Leidenschaft – und wir sind stolz, ein Teil davon zu sein. Wenn es das Internet insgesamt und im Besonderen Twitter und Facebook und all die wunderbaren Werkzeuge, die für uns Journalisten heute verfügbar sind, nicht gäbe, würden wir auf geradezu jämmerliche Weise unwissend bleiben. Wir würden nicht erfahren, was unsere Leser wirklich wissen wollen. Wir nutzen die digitalen Tools, um unseren Nutzern Fragen zu stellen, und im Regelfall bekommen wir auch eine Antwort. Zum Beispiel beinhaltet unsere tägliche Umfrage Fragen über Politik, Schule, öffentliche Mittel und das Wetter, also eine ganze Reihe unterschiedlicher Themen. Einige gewinnen an Schwung, die wir dann weiter verfolgen und die Nutzer um mehr Input bitten. Während eines riesigen Schneesturms im Januar animierten wir unsere Leser, ihre Fotos dazu bei Twitter und Facebook hochzuladen. Die Resonanz war phänomenal. Wir stellten die besten Bilder auf unserer Website vor und veröffentlichten Kommentare von unseren Lesern, was wiederum zu mehr Kommentaren führte und ganz offensichtlich Erinnerungen weckte. Deshalb baten wir die Leute darum, uns ihre Fotos von anderen Schneestürmen zu schicken und bekamen eine Lawine von Erinnerungen über den großen Schneesturm von 1978, der damals den gesamten Bundesstaat lahmgelegt hatte.

Ein weiteres Beispiel: Kürzlich schlenderte ein 78-jähriger Mann zu Fuß die Autobahn entlang in Richtung Stadt, bewaffnet mit einem Messer. Ein Polizist bemerkte ihn, hielt an und näherte sich dem Mann, der – sein Messer schwingend – auf ihn zukam. Der Polizist befahl ihm, stehen zu bleiben – leider vergeblich. Also zog der Polizist seine Pistole und erschoss den Mann. Er wurde sofort ins Krankenhaus gebracht, wo er jedoch seiner Schussverletzung erlag. Die Autobahn wurde für die längste Zeit des Tages gesperrt, und der Polizist vorerst zum Schreibtischdienst beordert, bis der Vorfall restlos aufgeklärt ist. Nicht nur wir recherchierten, auch viele Mitglieder unserer Online-Community verfolgten die Ereignisse und informierten uns über unsere Website, unsere Facebook-Seite und Twitter über ihre Beobachtungen. Wir waren in der Lage, diese so tragische und traurige Geschichte weiter zu verfolgen, auch weil die harte Arbeit unserer Reporter und Redakteure von den interessierten und engagierten Stimmen aus der Bevölkerung unterstützt wurde.

Wenn der Bürgermeister unserer Stadt etwas tut, was den Menschen nicht gefällt, sagen sie es uns auf unserer Website. Wir bekommen zwar immer noch klassische Leserbriefe an den Chefredakteur, aber ein deutlich höherer Anteil unserer Inhalte und Informationen kommen über das Internet oder von Menschen, die persönlich bei uns in der Redaktion vorbeischauen, um uns zu erzählen, wie sie sich fühlen. In unserer Stadt gibt es eine starke gemeinschaftliche Verbindung zu unserer Zeitung. Die Eröffnung des Newsroom-Cafés war ein Schritt, um dieses Gefühl zu verstärken und noch mehr Menschen einzubeziehen in unsere Arbeit.

Sorgen und Perspektiven

Nach unserem Umzug ins neue Gebäude und der Etablierung des Open Newsroom fragte mich ein Reporter der *New York Times*, was ich tun würde, wenn sich ein Bürger das Recht nehmen würde, sich einfach an meinen Schreibtisch zu setzen, und beginnen würde mir vorzuschreiben, wie ich meine Berichte schreiben solle. „Wäre das nicht schlimm?", fragte er. Sein Gesichtsausdruck war voller Sorge. Seine Frage ließ mich innehalten und tatsächlich eine Weile allen Ernstes darüber nachdenken, wie ich mich in einem solchen Szenario fühlen würde. Schließlich antwortete ich ihm, dass ich nicht wüsste, wie genau ich reagieren würde – aber ich würde es dann herausfinden müssen. Bisher ist solch ein Fall zwar noch nicht eingetreten, aber wenn jemand vorbeikäme und über eine Geschichte reden wollte, an der ich gerade arbeite, hoffe ich, dass ich mehr als bereit dazu wäre zuzuhören, was mir der Bürger zu sagen hätte. Wenn seine Ideen die Geschichte verbessern könnten, würde es aus meiner Sicht nicht schaden, sich die Zeit zu nehmen und ihm sogar zu erklären, in welche Richtung sich die Geschichte zu entwickeln scheint, um ins Gespräch zu kommen. Aber die Vorstellung, dass mir ständig jemand über die Schulter schaut, ist wirklich grenzwertig. Bisher blieb die Sorge des New Yorker Kollegen unbegründet.

Unser digitaler Newsroom erweitert unseren Sinn dafür, was Gemeinschaft bedeutet. Als Journalisten sind wir nun sehr viel stärker Teil jener Gemeinde, über die wir berichten. Diejenigen, die in der Gemeinde leben, und diejenigen, die unsere digitale Community bevölkern – und da gibt es natürlich Überschneidungen – fühlen sich wiederum auch intensiver als Teil unserer Arbeit. Alles, was wir veröffentlichen, erscheint zuerst online, und unsere Print-Ausgabe liefert denjenigen Worte und Bilder, die sie lieber auf gedrucktem Papier in den Händen halten wollen. Wie jeder Kollege in der Nachrichtenredaktion verschicke ich Updates per Twitter, verlinke Geschichten auf Facebook und stelle Fotos und Text online, die unsere Leser interessieren. Als Redaktionsleiterin arbeite ich natürlich auch eng mit den Reportern zusammen, stelle Story-Ideen zusammen, lektoriere Texte und bearbeite ihre Stücke für die Druckausgabe und die Webseite. Im März 2011 veranstaltete John Paton, CEO der Journal Register Company, der unsere Zeitung angehört, eine Beiratssitzung mit Digital-Media-Experten wie Jeff Jarvis (Autor von „Was würde Google tun?") und Jay Rosen, Professor an der New York University, die vor der Belegschaft diskutierten. Wir saßen nicht alle im selben Raum, sondern waren per Live-Schaltung verbunden. Dies eröffnete uns allen einen Blick darauf, welche Entwicklungen im digitalen Zeitalter auf uns zukommen, und diente als gutes Beispiel für einen funktionierenden digitale Newsroom.

Wir verstehen unseren digitalen Newsroom nicht als eine Erweiterung unserer Zeitung. Er bildet das neue zentrale Kernelement unserer Arbeit. Natürlich muss unser Haus weiterhin Werbung verkaufen, damit die Rechnungen bezahlt werden können, aber gleichzeitig verändert sich ständig die Art und Weise, wie wir unseren Job machen. Ich arbeite seit über dreizehn Jahren im ‚Community Journalism'. Wenn ich zurückblicke auf das, was die Kombination der beiden Worte ‚Gemeinde' und ‚Journalismus' damals ergab, und es mit den heutigen Verhältnissen vergleiche, sehe ich ganz fundamentale Veränderungen. Es ist faszinierend, den Medienwandel aktiv mitzugestalten – aber es ist großartig, dass die Menschen aus der Gemeinde uns dabei begleiten.

Wir haben uns dafür entschieden, das Nachrichtengeschäft zu innovieren und vollkommen neu zu gestalten. Rückblickend ist unser Experiment geglückt: Zum Experiment auserkoren, wurden wir zu Pionieren einer Bewegung, die Transparenz ermöglicht, neue Perspektiven des Bürgerjournalismus erschließt und einen Open Newsroom geschaffen hat, der die Öffentlichkeit dazu einlädt, mit Journalisten in einen Dialog zu treten. Seit unser Newsroom buchstäblich seine Türen öffnete, gibt es diverse weitere Redaktionen, die das Konzept adaptiert haben. Wir aber waren die ersten.

Monate nach seiner Eröffnung hat sich der Rummel um das Newsroom-Café gelegt. Wir haben immer noch Besucher – wir nennen sie jetzt „Stammgäste" – die fast jeden Tag kommen, um die Computer zur Archivrecherche zu nutzen oder einen Reporter anzusprechen. Anfangs dachten wir, es würden täglich Menschenmassen in die Redaktion strömen, aber mit der Zeit glich es vielmehr einer ruhigen Strömung, einem langsam wachsenden Publikum, weil die Leute begriffen haben, dass wir da sind und sie ohne Anmeldung kommen können, auch wenn sie nur ‚rumhängen' wollen. Für unsere Begriffe könnten sich noch viel mehr Bürger mit ihren Geschichten an uns wenden als bisher. Ich weiß nicht, was die Zukunft bringt. Die Zeit wird zeigen, ob sich unser Konzept dauerhaft durchsetzen wird. Wir werden unsere Leser auch weiterhin ermutigen, uns Input zu liefern – sowohl für unsere Print- als auch für unsere Online-Ausgabe – um uns dabei zu helfen, täglich das zu berichten, was die Gemeinde interessiert. Wir hoffen sehr, dass das Newsroom-Café und der digitale Newsroom ein Teil dieses Strebens bleiben wird. Sicher sein können wir uns aber nicht.

Hardy Prothmann

Warum hyperlokale Blogs so erfolgreich sind

Abstract

Gerade in Regionen, die von Regionalzeitungen gar nicht mehr oder nur unzureichend abgedeckt werden, erfüllen neue journalistische Internetportale nach Ansicht des bloggenden Journalisten Hardy Prothmann eine äußerst wichtige Funktion – als Chronisten des Ortsgeschehens und journalistische Begleiter der Gemeinden. Hyperlokale Blogs können dadurch Lücken in der Lokalberichterstattung klassischer Nachrichtenmedien füllen und den Lokaljournalismus wenn nicht revolutionieren, dann doch zumindest renovieren. Es gehe darum, etwas Neues zu beginnen, statt Traditionelles zu verwalten.

Was leisten *Heddesheimblog, Ruhrbarone, Regensburg digital* oder *Prenzlauer Berg Nachrichten*, was *Westdeutsche Allgemeine Zeitung, Mittelbayerische Zeitung, Der Tagesspiegel* oder WDR, BR, RBB nicht leisten oder nicht leisten können? Eine gute Frage, die mir die Herausgeber dieses Bandes da gestellt haben. Ich soll sie mit eigenen Erfahrungen analytisch beantworten. Dabei müsse der „angebliche Gegensatz zwischen Blogs und traditionellen Medien" keine große Rolle spielen. Das lässt sich leider nicht ganz vermeiden, wenn man eine systemisch-analytische Betrachtung vornimmt, vor allem in Bezug auf das Gemeinwohl und die Rolle eines die Demokratie stützenden Journalismus.

Special statt General Interest

Der entscheidende Vorteil von Blogs oder hyperlokalen Angeboten ist deren Special-Interest-Charakter. Das ist zugleich aus Sicht der traditionellen Medien der unterscheidende Nachteil, denn diese sind überwiegend General-Interest-Angebote. Ganz traditionell denken die alten Medien in großen Reichweiten, ob als Quote oder Auflage definiert. Darauf ist der komplette Produktionsprozess der Ware Information ausgelegt. Und diese Produktionsmaschine muss laufen – es gilt Programmfenster zu bestücken und auszustrahlen und Papier zu bedrucken und auszuliefern. Eben feste Formate zu bedienen.

So paradox das klingt, durch die Formatierung der traditionellen Medien sind diese erheblich begrenzter als Blogs, die keine Formatgrenzen einhalten müssen. Umfang und Veröffentlichungszeit sind erheblich flexibler als bei traditionellen Medien. Die Begrenzung findet trotzdem statt, aber eher thematisch, indem man eben nicht versucht, „alle" Bereiche abzudecken. Niemand erwartet von einem hyperlokalen Blog, dass es aktuelle Börsenkurse bringt, die Tabellen der Fußballergebnisse vom Wochenende oder die neuesten Nachrichten von irgendeiner Traumhochzeit von Promis im Ausland. Und dazu Politik, Wirtschaft, Lokales und Kultur aus dem meist großen Erscheinungsgebiet traditioneller Medien. Ganz im Gegenteil erwartet die lokale Leserschaft, dass die thematische Auswahl das Ortsgeschehen abbildet – das ist der Special-Interest. Sicher bieten den auch traditionelle Lokalmedien – aber eben in ihrem systembedingten begrenzten Umfang als General-Interest unter vielen anderen Themen.

Konzentration auf das Wesentliche

Wer sich zudem kritisch mit inhaltlichen Qualitäten befasst, stellt eine zunehmende Verflachung der Tagesberichterstattung fest. Artikel müssen zu einem durch den Produktionsprozess bedingten Termin fertig sein. Sie können danach nicht mehr ergänzt werden. Blogs sind durch ihre thematische Konzentration oft tiefergehend in ihrer Berichterstattung, setzen sich also häufig intensiver mit der Ortspolitik auseinander, sind häufig subjektiver und meinungsfreudiger, was die Wahrscheinlichkeit von Debatten erhöht. Die ‚Auseinandersetzung' ist folglich ebenfalls höher, damit einhergehend oft auch eine tiefgründigere Erörterung.

Klar – auch die traditionellen Medien bespielen mittlerweile das Internet, aber in den allermeisten Fällen nur als Weiterverwertungskanal und nicht als eigenständiges redaktionelles Produkt. Auch hier wird weitgehend industriell-maschinell produziert. Eine redaktionell-inhaltliche Steuerung findet meist nicht statt. Eigene, nur für den Ausspielkanal Internet produzierte Informationen sind Mangelware. Wer das ‚exklusive Original' nutzt, benötigt in der Regel nicht die Internetinhalte, da sie weitgehend gleich sind.

Die Wächterfunktion der Medien wieder aufnehmen

Zugleich erfährt das traditionelle Mediensystem seit Jahren zunehmende Konzentrationsprozesse. Zeitungen wie die WAZ ziehen sich ebenso aus der Fläche zurück, wie der WDR oder der Tagesspiegel aus den Kiezen und der RBB aus der Region. Dadurch entstehen weiße Flecken – journalistisch unbearbeitete Orte, Landstriche, Stadtteile. Mit der Folge, dass die demokratische Wächterfunktion der Medien hier immer weniger erfüllt wird. Der Redakteur vor Ort wird aus Sicht des klassischen Systems zum Auslaufmodell. Es herrscht das Agenturprinzip – man bearbeitet aus der Ferne zugeliefertes Material, ohne eigene Recherche vor Ort. Damit ist eine Berichterstattung hochgradig anfällig für von anderen gewünschte, aber nicht von Journalisten überprüfte Informationen.

Viele Themen werden an nicht gelernte ‚freie Mitarbeiter delegiert, weil die Redakteure die Produktion übernehmen. Die Mitarbeiter werden schlecht bezahlt, dementsprechend ist die Qualität. Bei Blogs wird häufig noch gar nichts bezahlt – aber die Motivation ist hoch, eigene Nachrichten zu produzieren, die kein Mainstream sind. Dieser Idealismus birgt klar auch Gefahren in sich, von objektiver Berichterstattung abzuweichen. Wer die Mechanismen des Mediengeschäfts aber kennt, weiß, dass der objektive Journalismus schon immer eine Mär war. Für die großen Systeme sind diese kleinen Einheiten nicht mehr lukrativ genug. Umgekehrt können sich viele Unternehmer vor Ort die Werbepreise der großindustriellen Medien nicht mehr leisten. In diese Lücken stoßen zunehmend lokale Internetmedien, ob Blogs, Internetzeitung, hyperlokale Angebote genannt – die Benennung ist nicht wesentlich.

Warum der Mangel an Traditionen innovativ sein kann

Charakteristisch ist, dass viele der neuen journalistischen Angebote einen weiteren Vorteil gegenüber den traditionellen aufweisen, nämlich das Fehlen einer Tradition und damit auch einer über Jahrzehnte herausgebildeten Selbstreferenzialität. Gefälligkeitsjournalismus, parteiliche Einflussnahme, Vetternwirtschaft und monopolistische Strukturen sind den neuen Medienangeboten wesensfremd – ganz überwiegend entstehen sie aus Mangel an inhaltlich gutem Journalismus vor Ort, der demokratische Aufgaben wahrnimmt und umsetzt. Und das nicht nur auf dem platten Land, sondern selbst in einer Großstadt wie Berlin mit dem größten Medienmarkt in Deutschland. Der *Tagesspiegel* beispielsweise hat eingeräumt, dass gewisse Stadtteile nicht mehr intensiv genug journalistisch begleitet werden. Diese Nische füllen beispielsweise die *Prenzlauer Berg Nachrichten*.

Die Produktionsbedingungen sind oft sehr, fast zu schlank, denn es fehlten ebenso wie ‚Traditionen‘ in anderen Bereichen etablierte Wertschöpfungssysteme, die sich dann doch ‚klassischerweise‘ über Werbung zu entwickeln beginnen, allerdings auch hier nicht an Reichweitenmodellen, sondern in Bezug auf Relevanz. Leider scheitert eine systemisch-analytische Betrachtung an der Unvergleichbarkeit der neuen journalistischen Angebote untereinander. So haben die Ruhrbarone ein Einzugsgebiet von sicherlich über einer Million Einwohner, die Prenzlauer Berg Nachrichten richten sich theoretisch an 150.000 Leserinnen und Leser und das *Heddesheimblog* an 11.500 Einwohner und damit an rund 5.000 Haushalte.

Trotzdem werden diese drei Medien (andernorts viele weitere) zunehmend als bedeutend wahrgenommen, weil sie mit ihrer thematischen Auswahl Relevanz schaffen und an der öffentlichen Meinungsbildung mitwirken. Sie nehmen eine originär journalistische Aufgabe wahr: Recherche, Faktenprüfung, Berichterstattung, Einordnung. Zwar tun sie dies nicht an ,tradierten' Informationsvermittlungsprozessen entlang – denn es fehlen diese tradierten Meinungsvermittlungsschienen. Es gibt häufig neue Quellen, andere ,Bespieler' der öffentlichen Meinung. Das hängt von den Bindungen der Blogmacher und deren journalistischem Ehrgeiz ab.

Gewohnte Informationsabwicklungen zwischen lokalen Medien und Entscheidungsträgern aus Verwaltung, Wirtschaft und Institutionen sind mit einem neuen Informationsmarktteilnehmer schwieriger. Teils entstehen hier schon erste Konflikte, die die ,Schmierung' der vorherigen Zustände deutlich machen – allerdings nur, sofern die Blogs einen kritischen Ansatz verfolgen. Häufig ist auch zu beobachten, dass Themen behandelt werden, die sonst keine Erwähnung erfahren haben, also bewusst oder unbewusst unterdrückt worden sind. Der Meinungsmarkt und die Themenvielfalt in der Gemeinschaft werden also größer durch die neuen Angebote.

Renovation statt Revolution

Dadurch tragen die Blogs auch erheblich zu einer Renovierung des Medienmarktes bei, auch wenn das sicherlich viele der etablierten Medienmacher noch einige Zeit bestreiten werden. Renovierung – nicht Revolutionierung, denn die Funktionalitäten eines gesunden Mediensystems und eines anspruchsvollen Journalismus sind längst er- und gefunden und in Deutschland auch grundgesetzlich über Artikel 5 gesichert. Die heute entscheidende Frage lautet, ob man die Kenntnisse und die Rechtssicherheit auch nutzt, um kritischen Journalismus umzusetzen.

Die Debatte um den objektiven Qualitätsjournalismus darf man auch ohne ,offizielle' Bestätigung durch wen auch immer als beendet betrachten. Qualität kann nicht meinen, dass wenn alle dasselbe (nicht) berichten, der Inhalt wohl stimmen muss. Das ist leider die Realität bei vielen traditionellen Medien, die agenturgetrieben sind. Statt originärer Inhalte wird hier in erheblichem Maße Copy & Paste-Journalismus betrieben, also die Ware Agenturbericht massenweise verbreitet. Blogs haben zu den teuren Agenturtexten keinen verwertbaren Zugang, was gut ist, weil sie dadurch nicht nur ein weiterer Verbreiter einer Quelle werden, sondern selbst Themen recherchieren und setzen müssen. Am einfachsten dort, wo keine Agentur arbeitet: im Lokalen. Die Agenturen besetzen wie die traditionellen Medien nur noch die größeren, massentauglichen Termine und bieten dadurch auch hier Blogs viel freie Fläche zum Beackern.

Vernetzung als Geschäftsprinzip

Während sich viele Blogs an journalistische Tugenden halten und beispielsweise keine Scheu haben, sich auf traditionelle Medien zu beziehen, vermeiden Monopolmedien jeglichen Bezug auf die neuen journalistischen Angebote. Damit handeln diese Medien extrem unredlich und gegen ihren eigentlichen Auftrag, den Lesern ein umfassendes Bild zu aktuell wichtigen Themen zu geben. Denn damit müsste man eingestehen, dass man nicht selbst ein Thema entdeckt hat, sondern jemand anderes, viel kleineres, unbedeutenderes. Auch auf Agenturseite ist es bis heute fast unvorstellbar, dass eine Nachricht ein konkretes Blog als Quelle benennt.

Ein sehr gutes Beispiel ist dafür der Sportjournalist Jens Weinreich, der sich seit Jahren mit der Sportmafia anlegt und durch eine fundierte Berichterstattung auf seinem Blog für Furore sorgt. Auch er bedient ein Special-Interest – nämlich Sport. Und auch er wird von traditionellen Medien weitgehend bewusst nicht wahrgenommen, denn das Dilemma liegt auf der Hand: Würde man seine Berichte übernehmen oder in den von ihm gefunden Problemfällen weiterrecherchieren, könnte man keine ‚schöne' Berichterstattung mehr machen, sondern müsste kritisch und leider auch unangenehm berichten. Wohin das führt, hat jeder Sportfan bei der Tour de France erlebt. Die traditionellen Medien sind mit verantwortlich, dass ein sehr beliebter Sport mafiös unterwandert worden ist, weil sich niemand getraut hat, kritisch zu berichten. Die Geschäfte gingen erst vor und dann kaputt.

Lokale Blogs oder Spezial-Blogs mit gesellschaftlich-relevanten Themen stellen insgesamt sicherlich bislang keine Revolution des journalistischen Angebots dar, nur weil sie da sind. Sehr wohl aber, wenn sie inhaltlich bedeutend sind und journalistisch Druck auf traditionelle Medien ausüben- und natürlich an der Meinungsbildung mitwirken. Die traditionellen Medien haben sich lange sehr viel Mühe gegeben, das Internet zu kriminalisieren. Die Meldungen über Kinderpornographie, Verbrechen und Betrug sind Legion. Weil aber immer mehr seriöse Quellen das Internet als Informationsverbreitungskanal nutzten, war diese Kampagne von Anfang an zum Scheitern verurteilt. Auch hier haben Special-Interest-Angebote den Weg geebnet, dass Blogs seriöse Informationen anbieten. Ob das Watchblog *Bildblog*, der Strafprozess-Anwalt Udo Vetter, der Werber Sascha Lobo, der Print-Journalist Stefan Laurin mit seinen *Ruhrbaronen* im

Nebenprojekt oder viele andere Spezialisten – bis hin zur Bundeskanzlerin, deren Regierungssprecher nun – sehr zur Empörung der Bundespressekonferenz – auch exklusive Nachrichten twittert.

Die Muskeln spielen lassen

Sobald sich eine gesellschaftsrelevante Funktionalität herausstellt, reagieren auch die traditionellen Medien – leider erst aus der Not heraus – auf die neue Konkurrenz, egal, als wie ‚unbedeutend‘ man sie auch gerne einordnen möchte. Die intensiven Recherchen zu sozialpolitischen Themen durch *Regensburg-Digital* erzeugen in bayerischen Medien eine Beschönigungskampagne zu Missbrauchsfällen durch katholische Geistliche, die der Journalist Stefan Aigner thematisch hochgehalten hat. Die *Ruhrbarone* schaffen es immer wieder, kontroverse Themen zu setzen. Das *Heddesheimblog* hat die lokale Zeitungskonkurrenz gezwungen, den Umfang des regionalen Zeitungsbuchs zu verdoppeln. Oft reagieren traditionelle Medien auf ernstzunehmende Blogs wie Monopolisten eben reagieren – sie lassen die Muskeln spielen. Groß, größer, Reichweite vorspielen, ist die Standardformel. Tatsächlich verlieren die Zeitungen Jahr für Jahr Abonnenten und Leser, während die Leserschaft der Blogs sich vergrößert. So gesehen verhindern Blogs, dass Menschen sich von der Gesellschaft und relevanten Informationen und der Teilhabe über Meinungsbildung abwenden.

In Bezug auf die gesellschaftliche Funktion des Journalismus erreichen Blogs also eine Menge – Leser und Leserinnen mit ihren Inhalten zu gewinnen und Druck auf das etablierte Mediensystem durch ihre zunehmende Relevanz auszuüben. Dazu kommt die Ebene einer weiteren Kontrolleinheit in Bezug auf das öffentliche Leben. Teils wird der Inhalt der traditionellen Medien dadurch besser, weil die Konkurrenz angenommen und inhaltliche Tiefe gesucht wird. Teils wird nur auf größere Mengen an Informationsausstoß gesetzt, um ‚Größe‘ darzustellen. Im Kern reagieren die traditionellen Medien aber zunehmend auf die neue Konkurrenz. Damit bewirken journalistische Blogs also zumindest eine ‚Neuorientierung‘ traditioneller Medien. Das bekannte Sender-Empfänger-Modell oder das Gatekeeping verlieren aber zunehmend an Bedeutung. Die Meinungsmärkte haben sich durch das Internet ausdifferenziert und tun das weiterhin. Lokale Blogs stiften durch ihre thematischen Inhalte neue ‚Communities‘, die sich für das spezielle Ortsgeschehen interessieren. Dieser Prozess läuft analog zu einer wahrnehmbaren Sehnsucht der Menschen nach Heimat und Identität in Zeiten der Globalisierung.

Interaktion als Chance, nicht als Bedrohung

Durch Interaktion mit der Leserschaft entstehen neue Kanäle – die Grenze zwischen Produzent und Rezipient verschwindet. Auch hier sind Formatgrenzen relevant. Wenn Beiträge bei *Spiegel Online* hundertfach kommentiert werden, wird die Interaktion gesprengt. Es ist schlicht nicht leistbar, redaktionell vernünftig auf alle Beiträge zu reagieren, noch als Konsument alle Beiträge zu lesen. Eine differenzierte Auseinandersetzung mit diesen Inhalten ist nicht möglich – anders als im Lokalen mit überschaubaren Leserreaktionen. Die begrenzte Zielgruppe von Lokalblogs erreicht bei Aufregerthemen häufig nur einige Kommentare, manchmal ein paar Dutzend, selten einige hundert. Diese Zusatzinformationen aber kann man verwalten und beantworten und verfolgen – neue Diskussionen entstehen dadurch und Bürger vor Ort sind bei sonst eher abstrakten Themen beteiligt.

Hier kommen wieder Formatgrenzen ins Spiel. Bei Radio und Fernsehen sind *Leser*briefe unbekannt, bei der Zeitung früher ein probates Mittel, um relevante Themen zu kennzeichnen. Und wer es schaffte, im engen Format zu erscheinen, war stolz über die Dokumentation seiner Gedanken – auch wenn die oft passend zur Redaktionsmeinung ausgesucht worden sind. Oder um ein Thema zu befeuern. Kommentare von Bloglesern können unbegrenzt erscheinen. Und anonym! Wer sich darüber aufregt, weiß nicht, dass es gängige Praxis der Zeitungen ist, durch Redakteure geschriebene Leserbriefe unter falschem Namen zu veröffentlichen. Inhaltlich sollte die Verbindung: Echter Name, echte Meinung, überholt sein. Ein gutes oder schlechtes Argument verändert sich nicht durch einen Namen. Oder etwa doch?

Die Demokratie retten

Journalistische Blogs sind eine neue Spielart im Medienmarkt – und eine, die sich dynamisch entwickelt. Anders als die traditionellen Medien, die systemtheoretisch betrachtet, möglichst viel Energie in den Systemerhalt stecken. Fragt man nach der gesellschaftlichen Bedeutung der traditionellen Medien und der neuen Gattung, sind die Verhältnisse klar. Jahrzehntelange Lizenzierung steht gegen eine erst seit wenigen Jahren sich entwickelnde neue Mediengattung. Diese hat aber durch das Internet enormes Potenzial. Ob kritische Berichterstattung über Kirche und Kindesmissbrauch, Rechtsradikalismus bei gewählten Parteien oder Strafanzeigen gegen Minderjährige – journalistische Bloginhalte werden lokal erarbeitet und beenden eine monopolistische Berichterstattung. Damit beeinflussen sie auch die Themenfächer anderer Medien. Die Nutzer der Blogs profitieren zweifach – einerseits durch eine neue Informationsquelle, andererseits durch eine Qualitätsverbesserung der traditionellen Medien.

Blogs wirken also an der Meinungsbildung mit und erfüllen als Special-Interest-Medien damit eine wichtige demokratische Funktion. Vor allem Nicht-Zeitungsleser, eine Gruppe die beständig zunimmt, erhalten hier Informationen über das Gemeinwesen, Einordnungen zur Politik, Positionen, Quellen, Hintergründe. Auch unterhaltende oder zerstreuende Elemente – wie in klassischen Medien. Typischerweise aber ohne Bezahlschranke und rund um die Uhr außerhalb der bislang verwendeten Formatgrenzen nutzbar. Blogs erfüllen also in hohem Maße die gesellschaftlich relevante demokratie-fördernde Funktion der Medien. Sie stützen die gesellschaftliche Meinungsbildung nach Artikel 5 GG durch die Möglichkeit der freien und unzensierten Informationsbeschaffung und ermöglichen die freie und staatlich unzensierte Meinungsäußerung. Sie erfüllen in gewissem Umfang ebenfalls bereits die ‚Chronistenpflicht'. Ein Special-Interest-Blog wie der Internet-Sender *fluegel.tv* wird durch die Politik als so relevant angesehen, dass der baden-württembergische Ministerpräsident Winfried Kretschmann das Non-Profit-Projekt bereits zu zwei exklusiven Interviews eingeladen hat, um deren Zielgruppe der Stuttgart 21-Gegner zu erreichen.

Verschiedenen Blogs ist es bereits gelungen, mit exklusiven Nachrichten, die teils auf investigativen Recherchen beruhten, bundesweit Schlagzeilen zu machen. Auch hier war die Folge eine breite gesellschaftspolitische Debatte. In der Bevölkerung werden lokaljournalistische und regionale Blogs zum Teil bereits als selbstverständliche mediale Informationsquelle verstanden und nicht mehr als Nischenangebot. Das *Heddesheimblog* beispielsweise bestimmt nach drei Jahren wesentlich die Debatte und Meinungsbildung im Ort. Auch viele lokale Entscheider, ob Bürgermeister oder Geschäftsleute, arbeiten mittlerweile aktiv mit Blogs zusammen, weil sie erkannt haben, dass die Gruppe der Nicht-Zeitungsleser wenn, dann hier erreicht werden kann.

Zum Ende: ein Ausblick

Rund zwei Dutzend lokale Blogs gibt es in Deutschland, die sich eine feste Größe in Bezug auf Meinungsbildung und gesellschaftliche Relevanz erarbeitet haben. Weitere 50 sind auf dem Weg dahin. Sehr viel mehr haben den Weg aufgenommen und die Entwicklung im vergangenen Jahr zeigt, dass noch mehr neue Angebote entstehen. Teils ist die journalistische Professionalität von Lokalblogs deutlich ausbaufähig, die Angebote sind also nur ausreichend bis befriedigend. Teils sind sie aber schon gut oder sogar sehr gut. Die Ausdifferenzierung des Systems des lokaljournalistischen Bloggens hat aber längst begonnen und damit auch eine ständige Optimierung des Informationsangebots. Die weitere Entwicklung bleibt abzuwarten, es würde mich aber nicht verwundern, wenn Blogs zunehmend nicht nur Nischen füllen würden, sondern als wachsende Systeme vor allem Zeitungen in erheblichem Maße zusetzen, was Meinungsbildungsstärke durch journalistische Relevanz und letztlich auch relevante Reichweite angeht.

Nicolas Kayser-Bril

Wie Computer den Journalismus verändern[1]

Abstract

Nicolas Kayser-Bril skizziert, was Datenjournalismus heutzutage bereits zu visualisieren vermag und erläutert die Veränderungen, die für den Journalismus insgesamt damit einhergehen.

In den ersten Tagen des Jahres 2008 gründete eine Gruppe kenianischer Blogger und Entwickler ein Werkzeug zur Aggregation von Augenzeugenberichten, da zuvor Schwierigkeiten der Wahlbeobachtung bei der umstrittenen Präsidentschaftswahl 2007 auftraten. Das Werkzeug funktionierte ganz einfach: Jeder konnte in einer Kurzmitteilung oder einer E-Mail ein Ereignis beschreiben. Diese Informationen wurden dann kartiert und auf einer Zeitachse aufgetragen. Im selben Jahr veröffentlichte die Gruppe dieses Werkzeug, Ushahidi, als Open-Source-Plattform. Bis 2012 wurde es in diversen Krisen verwendet, um Daten schnell und effizient zu sammeln. In Haiti konnte über Notfälle und humanitäre Bedürfnisse nach dem Erdbeben 2010 berichtet werden. In Russland half es, Informationen während und nach den Sommer-Waldbränden im selben Jahr zu organisieren. Auf dem Balkan wurde es verwendet, um Informationen über Stromausfälle nach einem Schneesturm im Februar 2012 zu sammeln.

Ushahidi wird als Werkzeug für eine der wichtigsten Aufgaben im Journalismus genutzt: Informationsbeschaffung. Keiner der Gründer war Journalist. Sie waren Web-Strategie-Berater, Programmierer, Blogger und Anwälte. Die Plattform wird allerdings heute allgemein als journalistisches Werkzeug anerkannt. Sie gewann die „Knight News Challenge", einen der prestigeträchtigsten Innovationswettbewerbe im Medienbereich, dessen Ziel „die Förderung des Qualitätsjournalismus" ist. Ushahidi wird auch von traditionellen Nachrichten-Organisationen verwendet: die oben beschriebene Balkan-Version wurde von Al Jazeera eingesetzt.

Seit 2010 ist Wikileaks ein heißes Thema. Die undurchsichtige Organisation von Julian Assange veröffentlicht im Jahr 2006 vertrauliche Dokumente wie zum Beispiel Sarah Palins E-Mail-Archiv, die Liste aller Mitglieder der rechtsextre-

---
[1] Dieser Text wird unter folgender Lizenz veröffentlicht: http://creativecommons.org/licenses/by/3.0/. Übersetzung: Karsten Wenzlaff.

men British National Party, interne Dokumente der isländischen Kaupthing Bank und, was noch bemerkenswerter war, Berichte der US-Armee aus Afghanistan und dem Irak sowie ca. 250.000 diplomatische Depeschen. Dies wurde in Zusammenarbeit mit einem Konsortium von mehreren Dutzend Medienorganisationen in vielen Ländern durchgeführt. Die Veröffentlichung der diplomatischen Dokumente hat Wikileaks als einen zentralen Pfeiler im Medienökosystem etabliert. Die Kommunikation mit Quellen und deren Schutz war ein weiteres Privileg der traditionellen Journalisten. Wikileaks macht das nun, obwohl kein Journalist an der Erstellung oder Entwicklung beteiligt war. Julian Assange ist Programmierer und Kryptographie-Spezialist.

Im modernen Journalismus werden Innovationen nicht durch Journalisten vorangetrieben

Journalisten sind immer noch da und sie werden weiterhin benötigt, als Benutzer von Ushahidi oder als Partner von Wikileaks, aber sie sind nicht mehr die einzigen, die für den Journalismus verantwortlich sind. Aber wie kam es dazu? Es begann alles in der kleinen Stadt Lawrence im US-Bundesstaat Kansas. Rob Curley, Chef von *LJWorld.com*, der Webseite der lokalen Zeitung, machte etwas sehr Merkwürdiges: Er sprach mit den Entwicklern auf gleicher Augenhöhe. Bis dahin hatten nur sehr wenige journalistische Führungskräfte jemals einen Entwickler gesehen, noch seltener wurde die Arbeit von Entwicklern von Journalisten wertgeschätzt. Die meisten Medien hielten nicht viel von ihren Online-Abteilungen, den Nerds und Geeks. Rob Curley und sein Team änderte das. Statt darüber nachzudenken, wie der Software-Code ihre traditionellen Produkte umsetzen könnte, umarmten sie das Web als ein integriertes Ganzes. Code ist Nachrichten, Nachrichten sind Code. Sie dachten den gesamten Prozess des Online-Publishing neu und sorgten dafür, dass Journalisten in enger Zusammenarbeit mit den Entwicklern arbeiten.

Adrian Holovaty, der leitende Entwickler von *LJWorld.com*, erklärt seine Vision von Inhalten so: Jede Information, die ein Artikel enthält, kann als Daten strukturiert werden. Ein Autounfall hat eine Anzahl von Personen, die beteiligt sind, ein Datum, eine Uhrzeit, ein Standort. Ein Feuer hat eine Dauer, ein Startdatum und die Startzeit, eine Adresse, eine Stärke des Schadens. Jede einzelne Nachricht kann also als eine Reihe von kleinen Bits an Daten zusammengestellt werden. Ein solcher Ansatz bedeutet, dass Informationen in vielen neuartigen Formen vermittelt werden können: nicht nur als Artikel oder Video-Bericht. Warum nicht statt eines Artikels über die Auswüchse der Kriminalität in der Nachbarschaft eine Karte eines jeden polizeilich verzeichneten Vorfalls in der

Stadt veröffentlichen? Diese Argumentation führte Holovaty zu *chicagocri-me.org*, einer News-Website, die ohne Artikel auskommt. Vielmehr ist es eine Datenbank aller der Polizei gemeldeten Verbrechen auf einer leicht durchsuchbaren Karte.

Das Internet senkt die Kosten der Veröffentlichung gegen Null, was zu einer Lawine von Inhalten führte. Der Wert eines Inhalts wird nicht mehr nur durch den Aufwand seiner Veröffentlichung erzeugt. Um in den achtziger Jahren Inhalte zu veröffentlichen, mussten Sie einen gesamten Druckvorgang finanzieren. Auf einer Publishing-Plattform wie Wordpress geht das in fünf Minuten und sie erreichen ein paar Milliarden Nutzer. Wert wird nun erzeugt, indem durch Aggregation von nützlichen Informationen relevante Inhalte erstellt werden. Das ist genau das, was Facebook macht, wenn man zum Beispiel lesen kann, was die Menschen, die einen am meisten interessieren, zu empfehlen haben. Je kleiner die Stücke sind, die Sie aggregieren, desto feiner das Ergebnis. Es ist wie bei einer Sandburg: mit Kieselsteinen oder feinem Sand, welche wird besser aussehen?

Wenn man Nachrichten als massive Menge an sehr kleinen Informationen versteht, können diese in einer Weise aggregiert werden, die Mehrwert für den Endnutzer schafft. Holovatys Verbrechenskarte war das kanonische Beispiel, wie ein Benutzer einen breiten Überblick über die Sicherheitslage in der Stadt haben kann. Würde man das gleiche mit einer Artikel-Reihe erreichen wollen, müssten mehrere dicke Bände geschrieben werden.

Daten sind nicht die goldene Kugel für den Journalismus

Wenn die Polizei sich nicht traut, in einem Viertel wegen der dort herrschenden Gesetzlosigkeit zu patrouillieren, wird keine Kriminalität in der Nachbarschaft gemeldet werden. Holovatys Karte zeigt die Region als „sehr sicher" an. Hinter ihrer scheinbaren Objektivität sind Zahlen hinterlistiger als Worte. Journalisten müssen Daten überprüfen und analysieren, bevor nützliche Informationen bereitgestellt werden können. Falsche Daten sind in den schönsten, modernsten, interaktivsten HTML5-Infografiken immer noch schlechter Journalismus.

Es gibt keine One-size-fits-all-Plattform, um datengetriebene Projekte zu entwickeln. Die meisten Content Management Systeme stellen Artikel in den Vordergrund und nicht Daten. Daher muss ein Journalist in der Regel mit einem Entwickler zusammenarbeiten, um ein Datenjournalismus-Projekt zu erstellen. Das Internet macht es möglich, sehr schnell auf neue Entwicklungen zu reagieren. Wenn ein Journalist eine Geschichte über den Klimawandel auf Recycling-Papier veröffentlichen will, kann er das nicht so einfach: bei einer Webseite ist die Hintergrundfarbe innerhalb von wenigen Minuten ausgetauscht.

Technologische Besonderheiten (Web-Programmierung ist sehr einfach und billig umzusetzen) sowie wirtschaftliche Realitäten (ein größerer Anteil der Wertschöpfung kommt von der Art und Weise, wie Daten aggregiert werden) sind so, dass in vielen Fällen nicht die Journalisten den entscheidenden Wert für den Benutzer produzieren, sondern diejenigen, die verfügbare Informationen in einer neuen Weise organisieren. In anderen Worten: Journalisten sollten weniger schreiben und sich mehr im Projektmanagement engagieren. Aufträge sollten aus einem fest definierten Team, einem Budget, Feedback-Schleifen und Leistungsbewertung bestehen. Ein solcher Ansatz steht auch im Einklang mit den aktuellen wirtschaftlichen Problemen in vielen Redaktionen, da es das Aussortieren nicht funktionierender Projekte ermöglicht.

Ein Projekt auf dem Informationsmarkt mit einem journalistischen Ansatz zu leiten, erfordert jedoch kaum Fähigkeiten, die in Journalistenschulen gelehrt werden. Dies erklärt, warum Julian Assange, Ory Okolloh (Ushahidi) und Adrian Holovaty in der Lage waren, einen solchen Einfluss auf den Onlinejournalismus auszuüben, obwohl keiner von ihnen einen Presseausweis hatte. Um im Onlinejournalismus erfolgreich zu sein, benötigt man Fähigkeiten im Projektmanagement und ein eigenes Netzwerk. Was den Datenjournalisten vom normalen Projektmanager unterscheidet, ist das Engagement für journalistische Werte: Überprüfen Sie die Fakten, analysieren Sie die Daten, produzieren Sie einen Sinn und erzählen Sie Geschichten.

Das Denken des Journalismus in Projekten ist die eigentliche Neuheit beim Datenjournalismus. Es erkärt, warum eine Definition des Journalismus so schwer ist. Auf Twitter wurde eine Vielzahl von Projekten mit dem Hashtag #datajournalism gekennzeichnet: diverse Journalismus-Projekte mit Computern, Zahlen oder interaktivem Design. Kritiker machen gerne auf die Tatsache aufmerksam, dass nichts davon neu ist. Denn Infografiken waren in den 1990er Jahren schon bekannt, interaktive Funktionen seit den Anfängen von Adobe Flash und Statistiken kommen in US-Redaktionen seit 1970 zum Einsatz. Das Neue ist, dass die Datenjournalismus-Projekte außerhalb journalistischer Clans ihren Ursprung finden.

OWNI in Paris begann als Newsroom ohne professionelle Journalisten. Damals beschäftigte das Projekt für je zwei Journalisten einen Grafikdesigner. *Techcrunch*, eine der wichtigsten Quellen für Informationen aus dem Silicon Valley, begann als Blog von Michael Arrington, einem Unternehmer und Rechtsanwalt. Selbst traditionelle Medien nutzen die Startup-Philosphie, um neue Inhalte zu erstellen, die meisten US-Redaktionen haben zur Zeit Forschungs- und Entwicklungs-Labore. Datenjournalismus ist nur ein Teil der Bewegung zu einem diversifizierten Markt für Informationstechnologie.

Der Zukunftsmarkt für Informationen wird keine datajournalistische Utopie sein, in der Tweets und Facebook-Updates automatisch aggregiert werden, um durch Crowdsourcing dann Inhalte von der Qualität der *New York Times* zu produzieren. Die Idee hinter Datenjournalismus ist, dass das Konsumieren von Inhalten mehr Spaß machen sollte. Ein solcher Ansatz steht im Widerspruch zu dem, was die meisten Nachrichtenorganisationen machen. Sie legen mehr Wert auf die Wertsteigerung ihrer Aktien und auf ihre Eigenfinanzierung.

Deshalb wird der Nachrichten-Markt des Jahres 2020 nicht viel anders aussehen als heute. Aber er wird innovativer sein. Viele neue Akteure des Journalismus werden im Markt präsent sein. Viele Journalisten werden sich verändern: Ihr denken über ihre Arbeit, über die Erstellung und Veröffentlichung von Inhalten.

Ansgar Mayer

Digital first. Und dann…?
Die zentralen Herausforderungen für Deutschlands Medienhäuser

Abstract:
Seit Johannes Gensfleisch und der Erfindung des Buchdrucks waren die Strukturen öffentlicher Kommunikation keinem so gravierenden Wandel unterworfen wie aktuell. Journalismus hat eine Chance, wenn er weiter auf Markenqualität setzt und die Zersplitterung des Marktes konstruktiv annimmt. Verlage der Zukunft sind Service-Provider mit individualisierbaren Premium-Inhalten. Journalismus der Zukunft wird zu Context Media. Dies setzt voraus, dass Medienhäuser umstrukturieren und umdenken. Verlage müssen konsequent auf journalistische Qualität setzen und sich als Service-Provider mit individualisierbaren Premium-Inhalten verstehen, fordert der Medienberater Ansgar Mayer.

Jonas Bonnier ist bereits mit gutem Beispiel vorangegangen. Der Präsident der gleichnamigen schwedischen Mediengruppe sagte Ende 2011 ein geradezu bestechend gutes neues Medienjahr voraus: „I think 2012 is going to be the best year ever in the history of media, and of Bonnier. It's a general feeling I have." (Bonnier 2011) Noch ehe Deutschlands Journalisten im hoffnungsfrohen Überschwang hätten mitjubeln können, legte Bonnier eine bezeichnende Ergänzung nach: Aufwärts gehe es mit der Medienbranche, aber doch bitteschön nicht mehr mit dieser fürchterlichen Inhalte-Fixierung: „If you're a person that speaks about content, you haven't understood anything about journalism or storytelling. You think that words are like earth that you can shovel and pour somewhere." (Bonnier 2011)

Fast zeitgleich veröffentlichte der Thinktank MedienRat seine Jahresprognose, die auf einer Delphi-Befragung von Medienmachern, -wissenschaftlern und Media-Experten basiert. Und laut dieser Stichprobe erwarteten alle Befragten, dass die Bedeutung von Content 2012 noch zunehmen werde. Wie passen die beiden Thesen zusammen? Akademische Antwort: beide hatten Recht. Bonnier ging es darum, einen generellen Bewusstseinswandel in der Einstellung gegenüber Inhalten zu erreichen. Die von MedienRat befragten Experten können sich dagegen ebenfalls bestätigt sehen: Der Marktforscher IDC erwartete für

2012 weltweite digitale Content-Uploads im Umfang von 2,7 Zettabyte (das ist eine 1 mit 21 Nullen). Das Fachblatt „Ad Age" hatte schon vor einiger Zeit gespöttelt: „For a forseeable future, the forecast of the planet's media habits is in a word, more." (Kerwin 2010) Für Medienunternehmen muss die Ableitung aus dieser Entwicklung zwei grundsätzliche Folgerungen umfassen:

1. In der Aufbereitung und der richtigen Kontextualisierung von Inhalten steckt nach wie vor ein journalistisches Geschäftsmodell.
2. Diese passgenaue Aufbereitung wird immer stärker zu einer rein technischen Lösung, schon heute ist beeindruckende Recherche-Software auf dem Markt und die Amazon-Algorithmen („Diese Bücher könnten Sie auch interessieren...") liefern einen ersten Beleg für zielsichere Mensch-Maschine-Kommunikation. Medienhäuser müssen deshalb noch einen Schritt weitergehen: weg vom Content- hin zum Serviceprovider. So argumentiert auch Bonnier: In Zukunft werden Marken abonniert, nicht mehr (Print-)Produkte: „You will have a subscription to *Dagens Nyheter* or the *The New York Times*, and it will include paper products, websites, mobile applications, seminar tickets." (Bonnier 2011)

Der Mediennutzer der Zukunft ist verwöhnt und erwartet auch von Verlagshäusern einen flexiblen Rundum-Service. Dies umfasst auch die situationsbezogene Aufbereitung von Inhalten. Für die Inhalte-Produktion der Zukunft bedeutet das: Datenbanken werden immer wichtiger, Algorithmen, mit denen die Produktion automatisch diversifiziert werden kann (Taxonomie), gehören bald zum Standard-Repertoire. Für deutsche Medienunternehmen ist diese Erkenntnis natürlich nicht neu, beinahe jeder Verlag, jede Redaktion befindet sich im Umbau oder analysiert gerade, wie die Arbeitsabläufe und Unternehmensstrukturen der digitalen Welt angepasst werden können. Redaktionen der Zukunft werden unabdingbar zu vernetzten Produktionseinheiten, mit deutlichen Konsequenzen:

1) Print ist nicht mehr Taktgeber
Die große Schlagzeilenkonferenz als das Herzstück des redaktionellen Alltags – vorbei. Natürlich findet in jeder Redaktion noch Agenda Setting statt, doch die Abläufe werden sich die längste Zeit an der Druckerpresse ausgerichtet haben. Der Ausgabekanal Internet bestimmt die Erzählform. Online ist keine digitale Kopie der Zeitung, Themen definieren sich nicht mehr allein über Texte.

2) Kein Redaktionsschluss mehr
Redaktionen der Zukunft sind Non-Stop-Services wie Feuerwehr und Schlüsseldienste, das bedingt neue Arbeitszeitmodelle. Diese fortlaufende News-Produk-

tion führt in den Verlag 3.0: Tradierte Vertriebsstrukturen müssen modifiziert werden (Stichwort: ‚web to print').

3) Mehrwert durch Teamspirit
Die neue Arbeitsweise hat zur Konsequenz, dass die klassische Aufteilung in Ressorts (Politik, Sport, Kultur, etc.) flexibler wird. Abhängig vom Thema regeln Infografiker, Programmierer und Redakteure über mehrere Themen hinweg ihre Arbeitsabläufe für die jeweiligen Ausgabekanäle.

4) Ausgabekanal bestimmt die Erzählform
Die Zeitungsgruppe *Die Welt* hat 2012 mit „Newsgate" ein integriertes Redaktionssystem gestartet, aus dem heraus alle Medienkanäle – von Print über Online bis Apps – bedient werden. Nicht jedes Unternehmen wird sich ein so komplexes Content Management System leisten können. Wichtig ist aber, über ein alle Ausgaben-Kanäle klammerndes Informations-System zu verfügen, damit aller verfügbarer Content (Text, Video, Audio, Bild, Grafik, User Generated Content) zumindest von jedem Mitarbeiter transparent eingesehen werden kann.

Die oben beschriebenen Fixpunkte einer Umstrukturierung von Medienhäusern werden durch eine personelle Veränderung begleitet: Seit ein paar Jahren bilden die ‚Digital Natives' den redaktionellen Nachwuchs. Sie mögen in ihrer jeweiligen Redaktion quasi ‚bei null' beginnen, aber sie bringen jede Menge mit, nicht zuletzt eine revolutionäre Art der Kommunikation und des persönlichen Informationsverhaltens.

Nachwuchskräfte in Medienhäusern eignen sich schon allein durch ihre Facebook-Vernetzung eine Arbeits- und Kommunikationsform an, die für sie zum Standard wird, auch nach ihrem Volontariat, egal an welcher Stelle im Unternehmen. Diese Eigenschaft der neuen Mitarbeiter-Generation belegte auch die Studie „Millennials vor den Toren" der Unternehmensberatung Accenture, die auf einer deutschlandweiten Online-Befragung von 570 Personen im Alter von 14 bis 32 Jahren basiert. Zwei von drei Teilnehmern gaben an, dass sie auch im Beruf erwarteten, eher über Social Networks wie Facebook zu kommunizieren als über klassische E-Mails. Social Networks sind als Kommunikations-Instrument nicht nur schneller, sondern auch interaktiv und damit bei vielen Aufgabenstellungen der mono-direktionalen E-Mail überlegen (Accenture 2009).

Die Kommunikationsstruktur von Digital Natives funktioniert und arbeitet schneller, unmittelbarer und dynamischer. Der Nutzer hat direkten Zugriff auf sein persönliches Kontaktnetz – redaktionsintern wie – extern. Er sieht, wer gerade online und somit erreichbar ist, er kann jederzeit von der Communityinternen Mailfunktion auf einen Chat wechseln, um somit Instant Messaging zu betreiben – das jedenfalls steht für die Möglichkeiten einer solchen Struktur.

Im Gegensatz dazu ist die Implementierung dieser Kommunikationslandschaft und -kultur innerhalb etablierter Netze ein komplexes Anliegen. Die Accenture-Studie zeigte folglich auch, dass viele Digital Natives eher ernüchtert sind, was ihre eigene Kommunikationsumgebung am Arbeitsplatz betrifft. Nur 31 Prozent der befragten Teilnehmer gaben an, dass die – gewünschte – Form der Kommunikation via Social Networks auch tatsächlich den Möglichkeiten innerhalb ihres Unternehmens entspreche. Nur jeder Zweite erklärte, dass die Nutzung von Social Networks an seinem Arbeitsplatz überhaupt rein technisch möglich sei. Dagegen werden vor allem Sicherheitsbedenken angeführt.

Nach Angaben des Schweizerischen „Forum Bildung" starten in diesem Jahrzehnt europaweit 51 Millionen Digital Natives ins Berufsleben und beeinflussen folglich Arbeitsplätze und -prozesse (Müller Möhl 2010). Die besondere Stärke dieser Generation liege in der Fähigkeit, Teams und Netzwerke zu nutzen und sich fortwährend und effizient auf neue Menschen einzustellen, die eigenen Netze somit immer flexibel zu halten. Junge Talente erwarten deshalb gerade in Medienunternehmen, dass die IT-Infrastruktur ihren Anforderungen genügt und auch die Hierarchien flach sind.

Aber nicht nur Volontäre und Jungredakteure müssen damit zurechtkommen, dass die Redaktionen teilweise weder technisch noch mental darauf eingestellt sind, Transparenz, Vernetzung und Kooperation zu leben – den Zusammenprall der Kulturen bekommt vor allem auch das mittlere Management zu spüren. Gerade Ressort- und Unit-Leiter in Verlagen werden mit der Aufgabe, diesen Wandel im Redaktionsalltag zu gewährleisten, oft allein gelassen. Selbst wenn Vorstand oder Geschäftsführung den Prozess aktiv unterstützen, kann der Erfolg ausbleiben, wenn Führungskräfte der zweiten Ebene überfordert werden oder sich überfordert fühlen. Oben macht der Vorstand Druck, unten meutert die Belegschaft über Mehrbelastung, dazwischen ergibt sich die Sandwich-Problematik für das mittlere Management. Das Folgerisiko bilden Blockade, schlechte Laune und innere Kündigungen.

Damit kommen wir zu einer weiteren Komponente, die Medienhäuser massiv fordert: Mobile Media. Das PEW-Research Center's Project for Excellence in Journalism schrieb in seinem Ausblick für 2012, die „digital revolution" habe im Laufe des Jahres 2011 eine neue Ära beschritten: „The age of mobile." Bis 2015 soll es weltweit mehr als eine Milliarde „mobile only"-Nutzer geben, die weder LAN-Internet noch PC – und schon gar kein Zeitungsabo mehr – besitzen (PEW 2012).

In Deutschland ist schon heute jeder dritte Smartphone-Besitzer im Mobile Web unterwegs. Und das Smartphone sorgt endgültig für eine Art technische

Chancengleichheit, die Verlagsstrategen nicht willkommen sein dürfte: Ganze Medienimperien reduzieren sich auf dem Startbildschirm eines internetfähigen Handys auf wenige Quadratmillimeter eines App-Icons, Seit' an Seit' mit Facebook, „Angry Birds" oder Instagram. Mit Apple und Amazon als Taktgebern arbeiten dabei immer mehr Hightech-Spezialisten daran, komplette digitale Ökosysteme zu errichten, die Marktplätze mit Inhalten aller Art enthalten, technische Endgeräte – wie iPhone, iPad oder Kindle Fire – umfassen und mittels Cloud-Technologie ein ‚always on' garantieren.

Für Medienunternehmen ist das immens gefährlich, weil sie in diesem Ökosystem allenfalls noch als ein Zulieferer unter tausenden anderen wahrgenommen werden. Auch das Pew Research Center stellte in seinem „State of the News Media Report 2012" fest, dass sich eine ganze Reihe von Tech-Giganten dahin entwickelten, „makers of ‚everything' in our digital lives" zu werden; allen voran natürlich Google, Amazon, Facebook und Apple (ich würde noch Samsung, Microsoft und chinesische Durchstarter wie Huawei und Baidu dazurechnen) (PEW 2012). Mediennutzer von morgen werden in diesem Ökosystem sozialisiert. Die ersten Berührungspunkte mit der Medienwelt sind nicht mehr die regionale Abozeitung auf dem Frühstückstisch oder die *heute*-Sendung am Feierabend.

Auch Nachrichtenwerte verschieben sich: Die nahezu heiligen Ideale Seriosität und Objektivität wurden längst abgelöst durch die schwammige ‚Authentizität': relevant ist für einen Mediennutzer nicht, was das Gütesiegel irgendeiner Redaktion trägt, sondern was ihm von Freunden empfohlen wird. Das kann der Link zu *Spiegel Online* sein, aber ebenso gut die neue iPad-App des BMW-Magazins oder ein HD-Imagevideo auf Youtube. Vor allem an Technikunternehmen verliere die Newsindustrie Umsatz, so das Pew Research Center. Im Jahresvergleich 2010 zu 2011 haben demnach in den USA bis auf das Kabelfernsehen alle klassischen Medienkanäle wirtschaftliche Einbußen verzeichnet. Online konnte dagegen zulegen, doch der Zuwachs basierte ausgerechnet auf einem deutlichen Gewinn aus Banner-Anzeigen – dem einfallslosesten aller digitalen Erlösmodelle (die Auferstehung der Zeitungsanzeige im Internet).

Medienunternehmen müssen sich zunächst eingestehen, das die Strukturen der Kommunikationsbranche zuletzt durch Johannes Gensfleisch und die Erfindung des Buchdrucks so fundamental durcheinander gekommen sind. Journalismus hat eine Chance, wenn er weiter auf Markenqualität setzt und die Zersplitterung des Marktes konstruktiv annimmt. Mit Content lässt sich Geld verdienen, wenn er richtig aufbereitet ist und konkrete Bedürfnisse erfüllt. Dabei geht es längst nicht mehr nur um individuelle Interessen, sondern auch um individuelle Nutzungsumfelder.

In wenigen Jahren wird ‚mobile' keine Kategorie von Mediennutzung mehr sein, und somit auch keine Basis für Geschäftsmodelle. Diese Entwicklung kann man sich schon heute einfach klarmachen: Wer Inhalte mobil abruft, liegt dabei vielleicht trotzdem gerade zu Hause auf der Couch (*second screen* via Tablet). Möglicherweise steht er aber auch in einer Warteschlange, sitzt in einem Café oder im Taxi, teilt via Facebook oder Twitter einen schönen Augenblick mit einem Freund. *Location Based Services* (LBS) wie Foursquare, *Emotion Based Services* (EBS) wie die Mood Music-App von Aupeo, oder auch die ‚Smart Cockpits' aus den Entwicklungslaboren der Kfz-Industrie – überall geht es um den Kontext der Nutzung.

Verlage der Zukunft sind Service-Provider mit individualisierbaren Premium-Inhalten. Journalismus der Zukunft wird zu Context Media. Und eines können Medienhäuser dabei immer noch besser als Apple, Amazon und Co., glaubt zumindest Jonas Bonnier: „As a media firm, there's only one thing you can compete with, and that is quality." (Bonnier 2011)

Literatur

Accenture (2009) Millennials vor den Toren. Anspruch der Internet-Generation an IT, Kronberg/Ts.

Bonnier J (2011) Creative Futures – Global. Monocle 49/2011, S 121

Kerwin A M (2010) 10 Trends That Are Shaping Global Media Consumption. AdAge. http://adage.com/article/global-news/10-trends-shaping-global-media-consumption/147470/. Zugegriffen: 10. Oktober 2012

Müller-Möhl C (2010) Eine Schule für «Millennials» Computer in die Schulen? Nein: Schulen in die Computernetze! Bilanz. http://www.bilanz.ch/people/carolina-mueller-moehl-eine-schule-fuer-millennials. Zugegriffen: 10. Oktober 2012

PEW (2012) State of the News Media Report. Pew Research Center's Project for Excellence in Journalism http://stateofthemedia.org/. Zugegriffen: 10. Oktober 2012

Karsten Wenzlaff

Bezahlbarer Journalismus in der digitalen Moderne

Abstract

Karsten Wenzlaff beschreibt Gründe, warum traditionelle Geschäftsmodelle für Journalismus im Internet ihre Schwierigkeiten haben, obwohl eine gewisse Bereitschaft zur Zahlung für journalistische Inhalte via Crowdfunding oder Social Payments durchaus vorhanden ist. Er zeigt auf, wie die Online-Spiele-Industrie das Dilemma der Monetarisierung von kostenlos verfügbaren Inhalten gelöst hat und welche Lehren der Journalismus daraus ziehen kann.

Die Digitalisierung des Journalismus hat die alten Geschäftsmodelle gründlich in Frage gestellt. Symptomatisch dafür ist die „Content Alliance", ein Bündnis aus privaten und öffentlich-rechtlichen Rundfunkanstalten sowie Zeitungsverlegern. Im Kontext der sogenannten ACTA-Proteste und der Debatte um das Leistungsschutzrecht wurde von dieser umtriebigen Allianz die Behauptung vorgetragen, dass die Nutzer für ihre Inhalte im Netz nichts bezahlen wollen und kein Unrechtsbewußtsein für geistigen Diebstahl im Internet hätten (Content Allianz 2012). Daher, so die Logik der Verfechter alter Geschäftsmodelle, müsste ein starkes Urheberrecht die Interessen der Verwertungsindustrie besser sichern. Der Dank für diese Charakterisierung war ihnen gewiss und die Debatte wurde zunehmend unsachlicher: Mittlerweile werden Unternehmen wie Verlage, Musik-Labels, private und öffentlich-rechtliche Sender oder Organisationen wie die GEMA oder die VG Wort in Teilen des Netzes nur noch als „Content-Mafia" bezeichnet. Durch die gegenseitige Beschimpfung wird vor allem eins erreicht: die Akzeptanz von fairen, innovativen und profitablen Erlösmodellen für Inhalte im Netz sinkt. Die Urheber journalistischer Inhalte, also die Redakteure und Redakteurinnen sowie die freien Journalisten und Journalistinnen, stehen bei dieser lautstark und öffentlich geführten Debatte meist nur kopfschüttelnd am Rande.

Die Entstehung von journalistischen Biotopen abseits alter Geschäftsmodelle

Unbezweifelbar ist, dass das Internet drei nicht mehr reversible Prozesse in Gang gesetzt hat. Erstens, durch das stetige Sinken technischer und finanzieller Hürden wird das Angebot publizistischer Inhalte immer breiter und größer. Dadurch steigt die Vielfalt, nehmen aber auch die Preise für Inhalte ab. Zweitens, die publizistischen Inhalte benötigen nicht mehr die Vermittlertätigkeit der Verleger und Sender. Damit können sich Qualitätsmarken im Journalismus abseits von tatsächlichen Distributionswegen etablieren. Drittens, die mobile Nutzung von digitalen journalistischen Inhalten nimmt massiv zu, während klassische analoge Medien in der Nutzung zurückgehen. So entstehen an den Rändern bisheriger Publikationsstrategien fruchtbare und reichweitenstarke Biotope für journalistische Inhalte.

Für einen Journalisten ‚alter Schule', der sein Geschäft durch Recherche von Themen und Verkauf an Verleger, TV-Sender und Radio-Stationen finanziert, sind diese Trends Chance und Gefahr zugleich. Einerseits nimmt die Anzahl der Menschen, die hochwertige Inhalte zu einem Thema publizieren können, zu – kein Journalismus-Volontariat, kein Abschlusszeugnis der Henri-Nannen-Schule kann Unternehmen, NGOs, Parteien und Bürger davon abhalten, auf die journalistische Leistung zu verzichten und ihre Botschaften direkt zu publizieren. Andererseits bedeutet dies auch, dass Journalisten selbst in der Lage sind, die Konsumenten von Medieninhalten zu erreichen, mit ihnen zu interagieren und sich als journalistische Qualitätsmarke zu etablieren. Sie benötigen kein verzweigtes Netzwerk am Zeitungskiosk, keine Druckerpresse, keinen Abonnentenservice, um die Leser zu erreichen.

Wo das Angebot steigt, weil Einstiegshürden niedriger werden, da sinken auch die Preise. Journalisten merken das an ihren Honoraren, Werbetreibende daran, dass die Erlöse bei Bereitstellung von Online-Reichweite im Internet sehr viel geringer ausfallen als in der analogen Welt. Indirekt profitieren Journalisten, Verleger und Leser davon, dass durch den eCommerce eine Reihe von Bezahlformen im Netz mittlerweile so sehr standardisiert und gebräuchlich sind, dass digitale Geschäftsmodelle nicht an technischen Hürden scheitern müssen. Auch wenn die Gebühren für elektronische Bezahlsysteme teilweise noch so exorbitant hoch sind, dass Micropayments, also die Überweisung von Kleinstbeträgen von weniger als 20 Euro, sehr teuer sind, so steigert sich doch langsam das Vertrauen von Internetnutzern in die elektronischen Bezahlwege.

Aufmerksamkeitsökonomien verdrängen Verknappungsökonomien

Zusätzlich entstand im Netz im Laufe der letzten Jahre eine Aufmerksamkeitsökonomie, die sich von der klassischen Medienökonomie durch fehlende Distributionshürden unterschied (Goldhaber 1997). Reichweite und damit Aufmerksamkeit entwickelte sich anhand von Personenmarken – die sogenannten

Alpha-Blogger der 2000er Webszene wie Robert Basic oder Sascha Lobo können ein gut finanziertes Lied davon singen. Angebot und Nachfrage in der Aufmerksamkeitsökonomie bedingen und verstärken sich gegenseitig. Aufmerksamkeit machte sich bezahlt – durch Vorträge und Beratungshonorare, aber eben immer weniger durch direkte Zahlungen für journalistische Inhalte.

Die These der klassischen Verleger lautet, dass die Nutzer aufgrund der kostenlosen Verfügbarkeit von Inhalten kein Gespür mehr für den Wert von Inhalten hätten und daher das freiwillige Bezahlen nicht möglich sei. Es gibt aber zahlreiche Studien, die belegen, dass durchaus die Bereitschaft dafür da ist, für Inhalte im Netz zu bezahlen, aber eben nicht als pauschale Abgabe (Price Waterhouse Coopers 2011). Skepsis erzeugen Bündelungsgeschäfte, wo pauschal für einen gewissen Zeitraum ein Zugang verkauft wird. Die Modelle von starren Paywalls, die einige Zeitungen für ihren Online-Journalismus aufstellten, sind deswegen im wesentlichen gescheitert. Die *Times* aus dem Murdoch Imperium kämpfte seit der Einführung der Paywall mit stark rückläufigen Nutzerzahlen, während sich *Guardian* und Co über neue Leser freuten (Halliday 2011).

Die Übertragung der Logik einer Verknappungsökonomie scheitert in der Regel bei solchen Angeboten, die im Internet zahlreiche Konkurrenten haben – zum Beispiel die Nachrichtenportale der meisten Tageszeitungen. Ausnahmen bestätigen die Regel: Spezielle Branchenportale mit exklusivem Inhalt (wie z.B. die Angebote von iBusiness) oder auch gebündelte Angebote aus flexiblen Paywalls und Abomodellen wie bei der *New York Times* können durchaus Einnahmen erzielen, die andere Einnahmerückgänge auffangen können (Filloux 2012). Die Bündelung von digitalen Inhalten, ansprechendem Design und mobiler Verfügbarkeit machen mobile Abomodelle, z.B. über Smartphones, wieder interessant für Leser. Die gute Nachricht ist, dass die Verbreitung von Smartphones und die Bandbreite im mobilen Web stark ansteigt. Die schlechte Nachricht ist, dass sich nur wenige journalistische Marken über App-Verkäufe allein finanzieren werden – und dazu gehören sicherlich die etablierten Online-Marken wie *Spiegel* und *Bild*. Die schlechte Nachricht ist auch (sowohl für Verlage als auch für Journalisten), dass Apps wie Flipboard es schaffen, kostenlose RSS-Feeds aus dem stationären Web so ansprechend aufzuarbeiten, so dass die Verlags-Apps dagegen nur bestehen können, wenn sie von guten Designern und nicht nur von iPad-verliebten Herausgebern gestaltet werden.

Für den großen Teil der Journalisten und Medienhäuser ist im mobilen Web noch kein Erlösmodell in Sicht. Das ändert sich schlagartig, wenn sich mobile Payments durchsetzen können und auf dessen Basis Inhalte, die zum Beispiel in Flipboard integriert, jederzeit finanziell honoriert werden können. Das stationäre Web zeigt, wie es geht.

Wer einen Standpunkt hat, dem gibt man Geld

Eine Reihe an Erlösmodellen hat sich im stationären Web etabliert, welche zeigen, dass es zumindest eine grundlegende Zahlungsbereitschaft für journalistische Inhalte gibt. Die Leser sind dabei aber durchaus anspruchsvoll und detailversessen. Journalistische Inhalte, die meinungsstark sind, exklusive Informationen enthalten oder existierende Inhalte auf anspruchsvolle Weise neu kuratieren, werden von Lesern in den sozialen Netzwerken verbreitet, aber auch finanziell honoriert. Leser wollen eine Auswahl treffen, wofür sie bezahlen, und sie wollen sicherstellen, dass das Geld bei dem Urheber ankommt.

Zwei grundlegende Modelle sind dabei vielversprechend: Social Payments und Crowdfunding. Beide Modelle ermöglichen die gemeinschaftliche Finanzierung von Journalismus, in der Regel mit kleinen Beiträgen, die es in der Masse ermöglichen, Journalisten ein Auskommen zu geben. Das gelingt den Journalisten am besten, die sich ein eigenes Profil erarbeiten: als Fachjournalisten und Meinungsjournalisten.

Das soziale Bezahlen

Social Payment Anbieter wie Flattr oder Kachingle sind Überweisungen im Micropayment-Bereich, das heißt, sie beginnen bei einigen Cents bis zu Beträgen von ca. 20 Euro. Ein Inhalteanbieter muss dafür einen kurzen Programmcode, einen Flattr- oder Kachingle-Button, auf seiner Webseite einbauen. Wenn einem Benutzer die Inhalte gefallen, dann kann er mit einem Klick eine kleine Summe an den Urheber überweisen (vgl. Wenzlaff 2010). Zahlreiche freie Journalisten nutzen das, um Geld auf ihren Blogs einzunehmen, darunter bekannte Autoren wie der Podcaster Tim Pritlove, der über Flattr teilweise mehr als 2000 Euro im Monat einnahm (Pritlove 2012). Auch freie Journalisten wie Ulrike Langer und Journalismus-Portale wie *Carta* oder Zeitungen wie die *taz* oder der *Freitag* setzen die kleinen Bezahl-Buttons ein. Die *taz* führte vor einem Jahr ihr eigenes Bezahlsystem ein: „tazzahlich". Auf dem *tazblog* wird regelmäßig über die mittlerweile monatlichen Einnahmen von fast 4000 Euro berichtet (taz 2012). Der Erfolg spricht dafür, dass auch andere Zeitungen überlegen sollten, ihre Leser an der Finanzierung zu beteiligen.

Natürlich ist es nicht so, dass das Volumen der Social Payments eine echte Alternative zu bisherigen Erlösmodellen ist. Bis auf wenige Ausnahmen sind Einnahmen eher im dreistelligen Bereich und davon kann kein Journalist und erst recht kein Medienhaus leben. Social Payments werden noch von den wenigsten Internetnutzern verwendet, daher waren sie bisher vor allem in der Blogosphäre beliebt. Um für Massenmedien spannend zu werden, benötigte es deutlich mehr mediale Aufmerksamkeit. In der Diskussion ist die Nutzung von Social Payments für ein staatlich initiiertes Umlagesystem. Der Chaos Computer Club (CCC) schlug in seinem Konzept der Kulturwertmarke vor, dass aus einer Internetabgabe (z.B. für Breitbandanschlüsse) heraus für jeden Teilnehmer eine gewisse Menge an Kulturwertmarken verteilt werden, die dann wiederum an Künstler im Netz vergeben werden können. So würde eine Marktsystem entstehen, dass staatlich teilfinanziert werden kann. Der CCC knüpft die Bedingung aber daran, dass die dadurch finanzierten Inhalte nach einiger Zeit in die Public-Domain übergehen (CCC 2011).

Das gemeinsame Finanzieren

Bei Social Payments werden in der Regel Inhalte finanziert, die schon produziert sind. Bei Crowdfunding geht es um Inhalte, die noch nicht produziert worden sind. Crowdfunding im Journalismus heißt konkret, dass jemand eine Idee für einen Artikel, ein Buch, einen Film oder ein Hörspiel auf einer Crowdfunding-Plattform veröffentlicht, zusammen mit der Angabe, wieviel Geld er für sein Werk benötigt, um es umzusetzen. Innerhalb einer gewissen Zeit besteht dann die Möglichkeit, ihm das Geld zukommen zu lassen, dafür gibt es festgelegte Gegenleistungen (Prämie).

Sowohl Social Payments als auch Crowdfunding nutzen das Internet, um den Finanzierungsvorgang transparent zu machen. Bei beiden ist klar, wer am Ende das Geld erhält und auch wofür. Bei beiden Methoden geht es darum, darüber zu kommunizieren, warum man Geld möchte und warum man Geld gibt. Auf den bekannten amerikanischen Plattformen wie Kickstarter und Indiegogo sind schon einige journalistische Projekte gefördert worden, zum Beispiel das Print-Magazin der Occupy-Wallstreet-Bewegung mit knapp 75.000 US-Dollar. Noch vielversprechender sind allerdings auf den Journalismus spezialisierte Plattformen wie *spot.us* und *emphas.is*. *Spot.us*, das u.a. von der amerikanischen Knights-Foundation unterstützt wurde und von American Public Media gekauft wurde, ermöglicht es, Journalisten Recherchevorhaben und deren Preis den Bürgern vorzuschlagen, die dann mit kleinen Summen die Produktion der Artikel finanzieren können. Die Autoren erhalten teilweise einen vierstelligen Betrag für ihre Texte, so wurde zum Beispiel eine Reportage über den Arabischen Frühling mit 3500 US-Dollar finanziert (vgl. Wenzlaff/Hoffmann 2012). So entsteht also ein durch Bürger finanzierter investigativer Journalismus.

Emphas.is geht einen anderen Weg – und appelliert an das Auge des Betrachters. Die Plattform ermöglicht Fotojournalisten, ihre Arbeiten finanzieren zu lassen. Eine Foto-Reportage über die wirtschaftliche Situation amerikanischer Ureinwohner sammelte beispielsweise knapp 26.000 US-Dollar ein. Foto-Journalisten können ihre Bilder auch als Buch publizieren lassen. Ein Foto-Buch über den Handel mit bedrohten Arten konnte beispielsweise knapp 6000 US-Dollar erlösen (vgl. ebd.). Im deutschsprachigen Raum ist mit Mediafunders ähnliches geplant. Über einen Fond will das Schweizer Unternehmen mediaquell investigativen Journalismus fördern, wobei die ‚crowd‘ ebenso Artikel finanzieren kann. Die finanzierten Artikel werden dann als Creative Commons lizensierte Artikel im Netz veröffentlicht (vgl. ebd.).

Bislang müssen sich die Journalisten allerdings auf den deutschsprachigen Crowdfunding-Plattformen ihre Fans suchen. Allerdings sind auch auf Plattformen wie visionbakery, startnext, inkubato, pling oder mySherpas einige journalistische Projekte erfolgreich abgeschlossen worden: von Sachbüchern wie dem Buch über Auto-Immunkrankheiten von Andrea Kamphuis über Zeitschriften wie das *Low-Magazin* oder dem *Päng!-Magazin* – die Kreativität der Journalisten zeigt keine Grenzen. Crowdfunding ist Teil des Crowdsourcings – und auch davon profitieren Journalisten. Die Post startete im letzten Jahr das Portal dieredaktion.de, auf der sich Journalisten registrieren lassen können, um an PR-Aufträge zu kommen, die dort wiederum von Unternehmen eingestellt wurden. Deutschland ist reich an innovativen Geschäftsmodellen im Journalismus – obwohl sich die öffentliche Diskussion fast nur um Themen wie das Leistungsschutzrecht dreht, in dem der Staat die analogen Geschäftsmodelle der Verleger im Netz rettet.

Dabei könnte der Staat mehr. In den USA, aber auch in anderen europäischen Ländern, hilft der Staat dabei, wenn es darum geht, Stiftungen für investigativen Journalismus zu fördern und aufzubauen. In Deutschland gibt es bis auf Projekte wie *Vocer* (das von mehren Stiftungen gefördert wird) oder *Carta* (das perspektivisch in eine Stiftung übergehen soll) keine nennenswerten Initiativen – und daher noch genügend Potenzial für öffentlich-geförderten und privat kofinanzierten Journalismus.

Was der Journalismus von der Spielebranche lernen kann

Wenn man die Diskussionen über die Finanzierung von Journalismus verfolgt, dann hat man oft den Eindruck, zwei Szenarien sind fest in den Köpfen der Akteure verankert.

Szenario 1: Zeitungen sterben. Niemand kauft mehr eine Zeitung. ARD und ZDF, die Seniorensender, deren durchschnittlicher Zuschauer die Rentengrenze in Sichtweite hat, kämpfen mit sinkenden Quoten. Audiovisuelle Inhalte werden eher über YouTube konsumiert. Die traditionellen Medien als Gatekeeper verlieren ihre gesellschaftliche Deutungshoheit, Blogs, Twitter und soziale Netzwerke ziehen die Aufmerksamkeit im Netz auf sich. Doch im Internet wird nur wenig Geld verdient, weshalb Journalisten in prekären Beschäftigungsverhältnissen arbeiten müssen, die Verlage Google mit Hilfe des Leistungsschutzrechtes zur Übergabe ihrer Gewinne bewegen wollen – oder ihr Geschäftsmodell gleich ganz aufgeben. In Kommentaren wird der Eindruck erweckt, der Untergang des Abendlandes ist nahe, oder doch wenistens die Aufgabe aller zivilisatorischen Errungenschaften des Journalismus.

Szenario 2: Zu Hause, unterwegs oder bei der Arbeit werden als erstes die Online-Nachrichtenseiten genutzt. Nachrichten sind es, die am häufigsten bei Twitter oder Facebook geteilt werden. Nie zuvor in der Geschichte war der Zugang zu Informationen so einfach, nie zuvor gab es eine solche Menge an Informationsproduzenten – Nachrichtenagenturen, Zeitungen, Zeitschriften, Onlinemedien, Sender, Blogs, Podcasts und jede Menge Bürgerjournalisten.

Die Wertigkeit von Informationen, die Verfügbarkeit von Mediengeräten und damit die Reichweite steigen. Die Produktionskosten von Informationen sinken stetig. Die Akzeptanz für die Notwendigkeit, im Internet für Inhalte zu bezahlen, steigt zusammen mit der Möglichkeit, über Micropayments, Social Payments und Crowdfunding auf freiwilliger Basis Inhalte im Netz zu erwerben. Creative-Commons-Lizenzen ermöglichen das Mischen und Weiterverteilen digitaler Inhalte. Flexible Bezahlmodelle und Paywalls ermöglichen die Monetarisierung von Spezialwissen. Mit der Möglichkeit, Daten und Texte zu kombinieren, entstehen neue Formen der digitalen Informationssynthetisierung.

Diese beiden Szenarien kennzeichnen die Bipolarität der digitalen Moderne für den Journalismus. Schon beim Lesen wird hoffentlich klar, dass weder Dystopie noch Utopie in der Lage sind, die Realität des digitalen Journalismus umfassend zu beschreiben – sie beschreibcn vielmehr kleine oder größere Biotope innerhalb des weltweiten Mediendschungels. Während aber früher die Tageszeitungen neben dem selbstlayouteten Gemeindeblatt, der kommerzielle Radiosender neben dem Amateurfunker, der öffentlich-rechtliche Fernsehsender neben dem Offenen Kanal bestehen konnte, so sind die beiden Welten dank des Internets nur einen Mausklick voneinander entfernt. In der Debattc darum, wie Journalismus in der digitalen Moderne finanziert werden kann, scheinen beide Welten allerdings an entgegengesetzten Enden des Universums zu liegen. Einerseits auf dem absteigenden Ast der durch Werbung, Abonnements, Gebühren und Kioskverkäufe finanzierte Journalismus alter Schule, andererseits der durch das Social Web sprudelnde Informationsfluss der ‚Crowdmedien'.

Es ist verwunderlich, dass beide Welten so wenig voneinander wissen, ihre Prinzipien so wenig verstehen. Hardy Prothmann versucht an anderer Stelle zu erklären, wie hyperlokaler Journalismus funktioniert, und welche Idee hinter dieser neuen Form des Journalismus steckt. Vielleicht ist es instruktiv, wenn man kurzzeitig die unmittelbare Welt des Journalismus verlässt und sich ansieht, wie im Netz an anderen Stellen Geld verdient wird und mit welchen Methoden es verdient wird: beim Spielen beispielsweise.

Die Spielebranche steht durch das Internet vor ähnlichen Herausforderungen wie die Medienbranche. Es ist teuer, hochwertige Spiele zu produzieren, zu vermarkten, den Support und die Infrastruktur bereitzuhalten. Die Gegenfinanzierung bestand früher im wesentlichen darin, im Handel Spiele und Spielekonsolen zu verkaufen. Spielekonsolen, die *Walled Gardens* der Neunziger, hatten das Prinzip der Tablets und Apps schon verinnerlicht, bevor Apple es neu erfand: geschlossene Hardware-Systeme mit speziell programmierter Software, die hohe Qualität des Spieleerlebnisses und ein Quasimonopol des Konsolenherstellers sicherte. Durch das Internet entstanden zwei zusätzliche Spielwelten: Spiele-Communities wie „World of Warcraft" oder „Second Life", die über eigene Programme Zugang ermöglichten und so diverse Finanzierungsmöglichkeiten, zum Beispiel monatliche Abos oder Premium-Accounts, nutzen, oder aber Browser-Spiele, die in der Regel kostenlos sind.

Die kostenlosen Browser-Spiele stellen für die anderen Geschäftsmodelle zweifellos eine ähnliche Gefahr dar wie die kostenlosen Nachrichtenportale für Tageszeitungen. Alle Spielehersteller nutzen im Augenblick diese kostenlosen Browserspiele, um ihre Reichweite zu steigern und Werbung zu machen für ihre kostenpflichtigen Angebote. Aber je mehr Spielehersteller dies tun, und je besser die Qualität der Browserspiele wird, desto weniger Anreize gibt es, kostenpflichtige Angebote zu nutzen. Hilfe, Kostenlosmentalität! Staatliche Subventionen für die Spieleindustrie, Kultur-Flatrates oder besser noch eine GEZ für Online-Spiele, sonst droht der Untergang des Abendlandes! Es ist seltsam, dass die Spielebranche im Gegensatz zur Medienbranche nicht in eine kollektive Starre verfällt und die Politik um Hilfe anruft. Man liest auch keine Feuilletontexte darüber, dass kostenlose Spiele im Netz der Geburtsfehler des Internets wären. Liegt es an einer Geheimformel der Spielehersteller, die aus kostenlosen Angeboten prosperierende Geschäftsmodelle macht? Könnte man diese auf journalistische Inhalte anwenden?

Wer einmal ein Browserspiel gespielt hat, der weiß, dass ein wesentliches Element ist, Ressourcen künstlich zu verknappen und dann gegen reale Währung einen Ausweg aus dem Mangel anzubieten. Bei vielen Spielen sehen die Regeln vor, dass auch ein Teilnehmer, der nichts bezahlt, ans Ziel kommt. Bezahlt er aber reales Geld, wird das Spieleerlebnis komfortabler, Vorteile gegenüber anderen Spielern sind möglich. Wer selbst nie spielt, wird sich wundern, warum sich jemand freiwillig in ein Ökosystem begibt, das ihn so ausbeutet? Der wichtigste Grund: Es macht Spaß.

Kostenlos ist nicht der Todesstoß

Was kann man daraus für den Journalismus lernen? Kostenlose Angebote sind kein Todesstoß für den Journalismus, sondern sind zunächst nur eine Form der Reichweitensteigerung. Wer sich über die Monetarisierung kostenloser Angebote keine Gedanken macht, wer diese nicht im gesamten Prozess der Informationsdarbietung integriert, der verliert sein Geschäftsmodell.

Die wenigsten journalistischen Angebote sind so strukturiert, dass sie Spaß machen. Das beste Negativbeispiel sind Klickstrecken in Fotogalerien, die einzig dazu dienen, die Onlinereichweite künstlich zu erhöhen. Spaß entsteht nicht beim Klicken, sondern durch Informationsgewinn, Unterhaltung, Diskussion und Austausch. Es ist bezeichnend für die deutsche Medienlandschaft, dass unterhaltsame Onlinemedien außerhalb der klassischen Medienmarken gegündet werden: *Berliner Gazette, Titanic* oder *Postillon* suchen sich genau einen Aspekt medialer Unterhaltung und machen diesen so gut, dass die Leser bereit sind, nicht nur Aufmerksamkeit zu spenden, sondern die Online-Angebote auch finanziell zu unterstützen.

Keines der großen Onlineportale bietet die Möglichkeit von Social Payments. Lediglich Nischenangebote wie die *taz* oder der *Freitag*, und natürlich eine Vielzahl von Blogs. Woran liegt das? Es ist nicht besonders schwer, einen Flattr- oder Kachingle-Button in einer Webseite zu integrieren, um so den Lesern das freiwillige Bezahlen zu ermöglichen. Weder *Spiegel Online* noch *stern.de* oder die Portale der öffentlich-rechtlichen Sender oder großer Tageszeitungen ermöglichen es überhaupt, für Onlineinhalte, die man ohne Bezahlschranke lesen kann, freiwillig etwas zu bezahlen.

Mit einem Flattr-Button alleine ist es nicht getan. Das „taz zahl ich"-Programm der Tageszeitung aus Berlin zeigt ja, dass es eine Menge Arbeit ist, den Lesern diese Form der Bezahlmethode zu erklären. Sicher wäre aber bei zum Beispiel bei *Spiegel Online* nicht nur die Reichweite, sondern auch die Kreativität vorhanden, eine Social Payment-Funktion sinnvoll einzubinden. *Spiegel Online* hätte wahrscheinlich auch die Kapazität, spielerische Elemente einzubauen. In Onlinespielen wird zum Beispiel über Ranglisten der Wettbewerb zwischen den Spielern gefördert. Ein ähnliches Element könnte die *Spiegel Online*-Community anspornen, Texte möglichst weit zu verbreiten und zu flattern. Die über Social Payments eingenommenen Gelder könnten direkt in einen Fonds für investigativen Journalismus fließen, der freien Journalisten Recherchestipendien finanziert, die unter einer Creative-Commons-Lizenz nicht nur *Spiegel Online*, sondern auch der Öffentlichkeit insgesamt zur Verfügung stehen.

Ein wichtiges *Gamification*-Element ist der schnellere Zugang zu knappen Ressourcen. In der Medienlandschaft wird der Zugang zu Informationen über einen einmaligen Kaufpreis oder ein Abomodell verknappt. Dagegen ist nichts zu sagen – allerdings ist es unrealistisch, davon auszugehen, dass der subjektive Charakter von Knappheit sich immer noch in Abostrukturen pressen lässt. Die Mediennutzungsgewohnheiten werden zunehmend dezentraler, individueller, orientieren sich stärker an spontanen Bedürfnissen – und stellen das klassische Sender-Empfänger-Modell in Frage. Wer in diesem Rahmen Mediennutzung monetarisieren will, muss Bezahlmodelle dezentralisieren, individualisieren, und auf Nachfrage reagieren.

In einem Online-Spiel heißt das beispielsweise, dass man einen Spielzug schneller ausführen kann, wenn man einen minimalen Betrag bezahlt, meist nur einen Bruchteil eines Cents. Auch im Nachrichtengeschäft ist es vorstellbar, dass Informationen kostenlos, aber langsam bereitgestellt ein Anreiz für die Nutzer sind, für einen schnelleren oder besseren Zugang mit Micropayments zu bezahlen. Das würde nicht mal einen staatlichen Eingriff in die Netzneutralität bedeuten, sondern könnte sich einfach dadurch äußern, dass ein Artikel, ein Stream oder ein Podcast für bezahlende Kunden wesentlich einfacher und schneller abgerufen werden kann. Wichtig ist, dass man den besseren Service jederzeit mit dem kostenlosen schlechteren Service vergleichen kann.

Es gibt ein Geschäftsmodell für den Journalismus – aber der Journalismus muss sich dafür neu erfinden

Social Payments, Crowdfunding, stiftungsfinanzierter Journalismus, Gamification – es gibt eine Reihe an Trends, welche die Finanzierung der Produktion von nachrichtlichen Inhalten ermöglichen. William Gibson, dem Erfinder des Begriffs ‚Cyberspace‘, wird zugeschrieben, gesagt zu haben: „The future is already here — it's just not very evenly distributed." (NPR 1999) In diesem Sinne: Die Zukunft des Journalismus ist eigentlich schon da – sie ist nur noch nicht überall in gleicher Weise angekommen. Um ein alternatives Geschäftsmodell für den Journalismus zu entwickeln, muss man zuerst verstehen, dass Journalismus in der digitalen Moderne unabhängig von einem Medium ist. Das mag verwunderlich erscheinen, da doch immer von den sozialen Medien oder den neuen Medien oder den klassischen Medien oder den Massenmedien gesprochen wird. Journalismus ist erstmal nur ein Prozess des Kuratierens, Bewertens und Veröffentlichens von Informationen, orientierend an ethischen Prinzipien der Aufklärung und der Transparenz.

Journalismus in diesem Sinne ist kein Beruf, für den man Geld erhält, sondern eine Berufung, die man ausführt, weil ein Ziel angestrebt wird. Das Ziel ist eine fortschrittliche und gerechte Gesellschaft. Die Rezeption von hochwertigen Informationen ist ein essentieller Bestandteil dieser Gesellschaft, weil die Entscheidungsprozesse innerhalb der Gesellschaft der digitalen Moderne ohne hochwertige Informationen zu katastrophalen Fehlentwicklungen führen. Ein Geschäftsmodell für Journalismus muss also dieses Ziel verstehen und umsetzen, sonst scheitert es. Journalismus der digitalen Moderne ist nicht nur unabhängig vom Medium, sondern auch von der Plattform. Die technischen Geräte und die Verbreitungstechnologie passen sich den Bedürfnissen der Informationsbereitsteller und -nutzer an. Nicht die Technologie treibt den Wandel des Journalismus, sondern die Bedürfnisse schaffen sich ihre Technologie. Die Zukunft des Journalismus liegt also darin, rechtzeitig auf die sich veränderten Informationsbedürfnisse einzugehen.

Die digitale Moderne unterscheidet sich vom analogen Zeitalter durch ein schnelleres Kopieren und damit reibungsloserem Verbreiten von Informationen. So wie der Buchdruck die manuelle und orale Verbreitung von Informationen durch schnelleres Kopieren von Informationen ablöste, stellt die erhöhte Geschwindigkeit des Kopiervorgangs eine Kulturtechnik dar, die erlernt werden muss. Sie ist aber Bestandteil eines notwendigen zivilisatorischen Fortschritts der Gesellschaft. Ebenso wie die orale und manuelle Verbreitung von Informationen in die analoge Welt eingeflossen ist, so wird auch die analoge Welt in der digitalen Moderne Bestand haben.

Die digitale Moderne ist dort schon angekommen, wo die Kulturtechnik des beschleunigten Kopierens und Verbreitens verstanden wurde. Das bedeutet nicht, dass diese Kulturtechnik unhinterfragt eingesetzt wird, sondern das Verständnis einer Kulturtechnik geht einher mit dem sinnvollen und zielgerichteten Einsatz zugunsten einer fortschrittlichen Gesellschaft. Es ist aber der Vorteil der digitalen Moderne, dass das Ziel einer hochwertigen Bereitstellung von Information eine Menge Menschen teilen und durch die Instrumente der digitalen Moderne die Hürden für das Transferieren von Ressourcen zugunsten derer, welche die Informationen bereitstellen, immer geringer geworden sind. Die Wertschätzung für Journalismus, die sich vor allem in drei knappen Gütern, nämlich Aufmerksamkeit, Reflexion und Reputation, übertragen lässt, lassen sich alle drei monetär abbilden. Journalismus, der Aufmerksamkeit erzeugt, Reflexion ermöglicht und die Reputation der Konsumenten aufwertet, hat immer ein Geschäftsmodell. Die digitale Moderne verringert die Markteintrittshürden für neue Geschäftsmodelle so drastisch und vergrößert gleichzeitig den Marktplatz, so dass jeder Mensch aus der Berufung einen Beruf machen kann.

Literatur

CCC (2012) Kulturwertmark. http://www.ccc.de/de/updates/2011/kulturwertmark Zugegriffen: 10. Oktober 2012

Content Allianz (2012) ACTA-Abkommen: Deutsche Content Allianz fordert Bundesregierung zur konsistenten Positionierung zum Urheberrecht auf. https://www.gema.de/presse/pressemitteilungen/presse-details/article/acta-abkommen-deutsche-content-allianz-fordert-bundesregierung-zur-konsistenten-positionierung-zu.html. Zugriff 10. Oktober 2012

Filloux F (2012) Is the New York Times making paywalls pay? Guardian http://www.guardian.co.uk/technology/2012/apr/23/monday-note-nyt-paywalls. Zugegriffen: 10. Oktober 2012

Goldhaber M (1997) The Attention Economy: The Natural Economy of the Net. http://www.well.com/user/mgoldh/natecnet.html. Zugegriffen: 10. Oktober 2012

Halliday J (2011) Times loses almost 90% of online readership http://www.guardian.co.uk/media/2010/jul/20/times-paywall-readership. Zugegriffen: 10. Oktober 2012

NPR (1999) The Science in Science Fiction. http://www.npr.org/templates/story/story.php?storyId=1067220. Zugegriffen: 10. Oktober 2012

Price Waterhouse Coopers (2011) Consumer privacy: What are consumers willing to share. http://www.pwc.com/us/en/industry/entertainment-media/assets/piracy-survey-summary-report-0111.pdf Zugriff 10. Oktober 2012

Pritlove T (2012) Zwei Jahre Flattr. http://tim.geekheim.de/2012/05/01/zwei-jahre-flattr/. Zugegriffen: 10. Oktober 2012

taz (2012) Taz-Zahl-ich-Einnahmen im August. http://blogs.taz.de/hausblog/2012/09/12/taz-zahl-ich-einnahmen-im-august/. Zugegriffen: 10. Oktober 2012

Wenzlaff K (2010) Social Payments und Crowdfunding – eine Übersicht. http://www.ikosom.de/2010/10/11/social-payment-und-crowdfunding-eine-ubersicht/. Zugegriffen: 10. Oktober 2012

Wenzlaff K, Hoffmann A (2012) Digitale Erlösmodelle für den Journalismus: Freiwillig bezahlen? In: Heinrich-Böll-Stiftung (Hg) (2012) Schriften zu Bildung und Kultur. Band 11: Öffentlichkeit im Wandel – Medien, Internet, Journalismus. http://www.boell.de/publikationen/publikationen-publikation-journalismus-neue-medien-oeffentlichkeit-im-wandel.html. Zugegriffen: 19. September 2012

Teil III: Aussichten

Stefan Plöchinger

Innovation | Journalismus | INNOVATION

Abstract
Der deutsche Journalismus leidet unter Innovationshemmungen. Wandel wird im Zweifelsfall als Bedrohung und nicht als konstruktive Möglichkeit der Erneuerung verstanden. Gleichzeitig droht ein dominant ökonomisches Verständnis von Innovation. Aber wer trägt die Verantwortung für die Konturierung einer eigenen Innovationskultur in den Redaktionen? Der Beitrag beleuchtet das zum Teil verzerrte Zukunftsdenken in der Nachrichtenbranche und diskutiert Strategien, die nachhaltige Innovation im Journalismus befördern können.

> *„Was mir am besten gefällt am deutschen Onlinejournalismus, ist die unglaubliche Zähigkeit und der Humor, mit dem so viele Redakteure unterhalb des Radars traditioneller Medienkapitäne die Zukunft vorbereiten."*
> – Wolfgang Blau, Chefredakteur Zeit Online bis Frühjahr 2013
> (zitiert nach Becker 2012)

Von der Unkultur der Innovation

Innovation ist ein fürchterliches Blähwort. Wer es ausspricht und Hirn hat, will es am liebsten gleich zurücknehmen. Jeder ist innovativ heutzutage. Jeder ahnt, dass diejenigen am lautesten nach Innovation schreien, die die größten Probleme damit haben. Innovation gehört als Wort, wie es gerade missbraucht wird, auf den Index jeder ernstzunehmenden Redaktion. Innovation heißt auf Deutsch ‚Erneuerung', was eigentlich etwas Schönes ist, und die Frage sei gestellt, wie es mit dem Wort soweit kommen konnte.

Jeder hat vermutlich seine eigene Geschichte mit dem Niedergang des Begriffs. Einige erinnern sich da vielleicht an 1998. Damals machte Gerhard Schröder mit dem Slogan „Innovation und Gerechtigkeit" Wahlkampf und einen Außenseiter aus der Internet- und Computerbranche zum Schattenwirtschaftsminister (vgl. Dettmer/Knaup/Leinemann 1999). Jost Stollmann war in der SPD-Dramaturgie die Rolle des Innovatoren zugedacht. Am Ende obsiegte im Machtspiel die personifizierte Gerechtigkeit namens Oskar Lafontaine. Stollmanns politische Karriere war mit Schröders Sieg beendet, was nicht schlimm war, weil er auch einigen Unsinn redete, aber so ist das mit der Innovation: Das Reizwort wird gern benutzt wie Flitter, der dekorativ glänzt – und den es dann schnell mal verweht, wenn es ernst wird. Innovation ist oft rhetorisches Beiwerk im öffentlichen Diskurs statt inhaltliches Zentrum.

Die schiere Aussprache des Begriffs verleitet dazu, sich fortschrittlich fühlen zu dürfen, ohne noch vom Wort zur Tat finden zu müssen. Der Flirt mit der Zukunft ersetzt das Arbeiten an der Zukunft. Uns Journalisten ist in der Innovationsshow in der Regel die Rolle zugedacht, die Innovationsinszenierung zu transportieren, was oft funktioniert – vor allem wenn Journalisten von den Innovationsthemen wenig verstehen. Stollmann war eine Art Fortschrittsplacebo für Schröder, wie es normalerweise die Rundgänge von Politikern auf Technikmessen sind oder die possierlichen Besuche in Hightech- oder Internet-Firmen. Heute, vierzehneinhalb Jahre später, wäre es vermutlich wieder ein innovativer Coup, einen zweiten Stollmann aus dem Nichts zu zaubern, der dann solche Dinge sagt wie damals der erste: „Wir müssen jetzt endlich das Signal setzen: Die Deutschen brechen auf. Ich muss jetzt immer nach Amerika reisen, um herauszufinden, wie Zukunft geht. Ich möchte gerne, dass Amerikaner zu uns reisen." (zitiert nach: Schäfer/Großbongardt 1999: 27) Letzteres ist 2013 noch eher selten der Fall – gerade was digitale Innovation angeht. Und gerade was den Journalismus betrifft. Womit wir beim eigentlichen Drama sind: der digitalen Innovation im Journalismus.

Im März 2011 kam es in der Bundespressekonferenz zu einem Eklat, der gleich wie ein doppeltes Echo der beschriebenen Innovationsunkultur wirkte. Da saßen Hauptstadtjournalisten, die zur Elite ihres Berufsstandes zählen wollen, und knöpften sich einen Regierungssprecher vor, weil @RegSprecher Steffen Seibert eine USA-Reise der Kanzlerin auf Twitter angekündigt hatte statt über die üblichen Verteiler (vgl. Stöcker/Knoke 2011). Doppeltes Echo, weil erstens die Regierungschefin hier mediengerecht Twitter für sich besetzen ließ: nicht etwa mit einem eigenen Account, sondern stellvertretend in Szene gesetzt über ihren Sprecher. Zweitens, weil sich die Journalisten einer solchen Inszenierung nun nicht mehr fügten, sondern protestierten – allerdings nicht auf Höhe der Innovation, sondern in Opposition zu ihr. Nachdem die Innovation namens Twitter plötzlich nicht mehr nur harmloses Inszenierungsmittel war, sondern realbedrohliche Bedeutung für die Kollegen bekam, begehrten sie auf. In anderen Ländern hätten Reporter vielleicht kritisiert, dass Angela Merkel nicht selbst twitterte. Hier kritisierten Weltfremde aus der berühmten Berliner Käseglocke, dass die Kanzlerin einen PR-Kanal in einer digitalen Welt aufmacht, den zwar Millionen Leute draußen verstehen, sie selbst aber nicht. Die Szene war das peinlichste, was den Bundesjournalisten in vielen Jahren passiert ist – zur Verzweiflung gerade junger Kollegen in Berlin, die in Neuem nicht sofort eine Bedrohung von Besitzständen sehen.

Das Spannendste an der Geschichte ist mit zwei Jahren Distanz, dass sich danach manches verändert hat. Heute sind zuhauf Berliner Kollegen auf Twitter: weil sie über das Netzwerk tatsächlich Informationen früher bekommen als einst, was wichtig ist in der Hektik des Hauptstadtjournalismus. Twitter nutzt den Journalisten. Der Druck, Twitter zu nutzen, ist darum groß. Mit bösem Blick ließe sich aus Fällen wie Stollmann und Seibert ableiten: Journalisten lieben schöne Geschichten zu Innovationen, gern zu Hightech und Internet, selbst wenn diese nur inszeniert sind – aber wehe, die Innovation trifft sie selbst. Dann setzt ein, was das Change Management als Phasen des Übergangs von einer alten in eine neue Welt kennt.

In den Phasen des Übergangs

In der Theorie laufen diese Übergangsphasen psychologisch so ähnlich ab, als bekäme man gesagt, dass man nur noch einige Monate zu leben hat oder dass etwas anderes Schreckliches passiert ist. Erst leugnet man die Nachricht. Dann setzen Wut und Verzweiflung ein. Darauf folgen rationale Akzeptanz und irgendwann emotionale. Am Ende gewöhnt man sich an den veränderten Alltag. Bei manchen Menschen wiederum dauert das solange, dass sie gar nicht mehr in die neue Welt rüberkommen. So zäh zieht sich oft auch Innovation im Journalismus. Das ist erstaunlich, weil das Neue in der Welt eigentlich unser Job ist. Wir machen Nachrichten, und Neugier gilt uns dabei als eine Art Berufsvoraussetzung. Wir haben in vielen Millionen Geschichten seit vielen Jahrzehnten immer wieder beschrieben, wie schwer sich andere Branchen, Länder, Menschen, Wasauchimmer mit einem bestimmten Wandel tun. Wieso tun sich viele Journalisten dann so schwer, Neues in ihrem Job anzunehmen?

Wolfgang Blau hat in einer bemerkenswerten Grundsatzrede dargestellt, wie „Zeitungsredaktionen das Internet nun viele Jahre lang tendenziell als ein eher bedrohliches Phänomen dargestellt haben, das Kriminalität befördert und den Niedergang kultureller Werte und des gesellschaftlichen Zusammenhaltes beschleunigt"; dass „ganze Mythologien entstanden (sind) wie etwa die, dass ein besonnener, nachhaltiger intellektueller Diskurs eher auf Papier als im Netz stattfinden könne" (Blau 2012b). Er und andere Kritiker bewerten auch die Urheber- und Leistungsschutzrechtdebatten als eine Art Abwehrkampf gegen die digitale Ära. Tatsächlich werden Zukunftsdiskussionen in unserer Branche selbst von klugen Kollegen oft verbittert-verengt geführt – und verzweifelt, da am

Ende vermutlich ohne Chance auf einen Sieg. Denn was soll das hier sein, ein Sieg?

Diese Kollegen agieren als Konservative, als Bewahrer in eigener Sache, wobei sie eben jene eigene Sache riskieren: den Journalismus, der nun mal nicht am Papier oder den analogen Rundfunkwellen als Übermittler hängt. Wer sich der digitalen Innovation, die für viele Journalisten nunmehr bedrohlich oder begeisternd real geworden ist, mit verqueren Argumenten verschließt, wer digitale Medien nicht als selbstverständliche Bühne annimmt, wer es also gar nicht in die neue Welt schaffen will – der kann diese auch nicht erobern, und der verschließt sich immer größerer Teile seines potentiellen Publikums. Doch ohne Publikum kein Geld, kein Journalismus. In den Redaktionen können Sie heute alle Typen beobachten: den *Leugner*, der auf die rasche Rente hofft oder auf einen Reporterjob klassischen Zuschnitts. Den *Wütenden*, der hintenrum gegen Neuerungen agitiert und vornerum vielleicht sogar den Innovativen mimt. Den *Verzweifelten*, der mit den neuen Techniken nichts anzufangen weiß, obwohl er eigentlich will. Den *rational Akzeptierenden*, der weiß, dass er mit diesen Sachen warm werden müsste, aber einfach lieber elegische Reportagen schreibt. Den *emotional Akzeptierenden*, der von sich aus ein Onlinepraktikum macht oder sich freut, bei Online endlich wieder Texte zu veröffentlichen, weil er in Print schon lange nichts mehr untergebracht hat. Und dann jene Kollegen, die nie wieder zurück wollen in die alte Welt – in der Regel sind das vor allem jene, die man Digitale oder Onliner nennt.

Zu einer Kultur der Innovation

Jahrelang waren die Onliner die Underdogs der Redaktionen, die Zweite Klasse des Journalismus, oft jung, unterbezahlt, bemitleidet vom Establishment des jeweiligen Medienhauses (vgl. Schneider/Raue 2012: 23-48). Ihre Arbeit brachte wenig Geld ein, wenn überhaupt, und dafür mussten sie immer auf Klicks der Leser schielen. Inzwischen werden die Digitalen selbstbewusst. Denn jetzt sind sie in der Rolle der Erneuerer, bei ihnen wachsen die Umsätze, oft *nur* bei ihnen. Der Veränderungsdruck ist groß geworden im Journalismus, und nur sie sind schon dort, wo die anderen jetzt hin müssen. Sie verfolgen deren Übergang in die neue Welt aus naher Ferne und wundern sich: Wieso ist das für die so kompliziert?

Wenn heute ein, sagen wir, Fernsehkollege dem Internetredakteur Tipps gibt, wie er seinen Job machen soll, oder ihm doziert, wie dämlich sein Medium ist, dann ist die Wahrscheinlichkeit, dass sich der Onliner weg duckt und sich ins Underdog-Schicksal fügt, geringer als vor fünf Jahren. Man lässt sich nicht mehr unwidersprochen von Kollegen belehren, beleidigen oder bemitleiden, die höchstens Halbwissen haben und nichts mehr dazulernen wollen. So viel Selbstvertrauen ist gesund. Man stelle sich vor, früher hätte ein Printkollege zum Fernsehmann gesagt, wie er einen Beitrag schneiden soll. Surreal wirkt das. Nur bei digitalen Medien ist es anders. Denn erstens funktioniert im Internet jedes Ausdrucksmittel der bisherigen Medien, von Text über Ton bis Bewegtbild – weshalb jeder Journalist im Zweifelsfall erst mal denkt, die Innovation sei gar nicht so groß und man selber im Grunde schon Experte in diesem Netz. Zweitens nutzt heute jeder Journalist das Internet so selbstverständlich, dass die Komplexität gerade beim Blattmachen (den Printbegriff haben wir adaptiert) unterschätzt wird. Das wäre nicht schlimm, solange man sich eines Besseren belehren ließe. Letzteres aber fällt, drittens, vielen etablierten Kollegen schwer, weil Onliner im eigenen Kopf immer noch jung, unterbezahlt und Zweite Klasse sind.

Eine Innovationskultur in den Redaktionen muss an diesen Stellen ansetzen. Erst wenn jeder versteht, dass die digitalen Medien eigene Expertise brauchen und die eigenen Experten eine gewisse Wertschätzung, kurz: Erst wenn Augenhöhe hergestellt ist, wird der Übergang von der neuen in die alte Welt gelingen. In keinem Fall wird es helfen, Scheingefechte zwischen alter und neuer Welt auszutragen, dafür werden Zeit und Geld zu knapp. Die Methoden, um mehr Verständnis füreinander zu schaffen, sind vielfältig. Bei vielen Medien gehen prominente Vorbilder voran: Der Starautor schreibt für Online, also mache ich es besser auch. Beim Bayerischen Rundfunk hat der Intendant die Ära der Trimedialität offiziell ausgerufen, also Radio + Fernsehen + Online, und plötzlich reden auch Lordsiegelbewahrer der Tradition über Veränderung. Bei wieder anderen gibt es Lob und Boni für Vordenker, oder die Chefs strafen Verweigerer.

So oder so, in den meisten Fällen funktioniert diese Veränderung nur von oben – weil sonst die wenigen Kollegen unten, die von sich aus vorangehen würden, zu große Widerstände befürchten müssen. Auch wenn das zur angeblich individualistisch-liberalen Journalistenzunft kaum passen mag: Innovation wird unten oft erst richtig gelebt, wenn sie oben verlangt und gefördert wird. Das fordert den Chef, der Change Management versteht, und den Mitarbeiter, der Change gut finden sollte. Kurz, es fordert grundlegendes Umdenken von beiden Seiten.

Innovation als Dauerzustand

Was tun bei Innovationsangst, -müdigkeit und -scheu? Das Gegenteil ist jeweils die einzig richtige, einzig zulässige Antwort: Mut fassen und aufrappeln, nicht bequem werden, sich für das Neue begeistern. Auch wenn es schwer fällt, weil es mehr Arbeit bedeutet – aber niemand ist in den Journalismus gegangen, weil das ein leichter Job ist. Jeder Berufsanfänger, auch jeder Kollege kurz vor der Rente sollte es wissen: Journalismus wird künftig dauerhaft Innovationen ausgesetzt sein. Es gibt keine Ruhephasen mehr. Dieser Beruf wird sich permanent neu justieren müssen. Nicht immer radikal, aber zumindest regelmäßig graduell. Die Digitalisierung hatte schon bisher umfassende Folgen für die alten Medien, deren Rollen neu definiert worden sind und noch werden. Und so geht es weiter. Das nicht ganz so neue Medium namens Internet bringt ständig neue Möglichkeiten oder Herausforderungen.

Die vielleicht dümmste Frage, die man einem Journalisten heute stellen kann, ist die nach der Zukunft: Wird es in zehn Jahren noch Zeitungen geben? Wie sieht das Internet in fünf Jahren aus? Solche Zeiträume lassen sich nicht mehr überblicken, dafür ändert sich das Geschäft zu schnell. Das ist für viele Kollegen verstörend, weil es sich bei Zeitungen, Zeitschriften, Radio- und Fernsehsendern jahrzehntelang gut leben ließ und der Zweck dieser Medien nun infrage gestellt wird, ohne dass alle schon eine Antwort haben. Egal! Fest steht: Nur wer jetzt Antworten sucht, hat eine Überlebenschance; wer nicht, ist bedroht. Wir kennen diese Mechanik, wir haben sie in anderen Branchen x-mal beschrieben. Es ist die Mechanik der Marktwirtschaft. Wir Journalisten waren ihr lange nicht unterworfen, weil das Geld der Anzeigenkunden und Leser, Zuhörer, Zuschauer immer irgendwie kam. Diese Selbstverständlichkeit ist durch die Digitalisierung der Informationen erodiert. So funktioniert Innovation: Schöpferische Zerstörung hat Joseph Schumpeter das genannt. Der Journalismus wird schöpferisch zerstört – oder zerstörerisch neu erschaffen, wie man will.

So umfassend, wie sich dieser Prozess vollzieht, haben ihn nur wenige vorhergesehen. Der Vergleich mit der Erfindung des Buchdrucks, der Dampfmaschine oder der Elektrizität ist Legende. Und selbst, wer das für zu groß gegriffen hält: Die bisher größten journalistischen Umwälzungen in der jüngeren deutschen Geschichte, ob das frühere Zeitungssterben, die Gründung des ZDF, die Einführung des Privatfunks, die Neugründungen einiger Printtitel, der Journalismus-Neuaufbau Ost – nichts davon ist im Ansatz vergleichbar mit der Digitalisierung. Denn diese betrifft alle älteren Medien zugleich, und zwar restlos; das ist neu, das gab es so noch nie. Alle anderen Medien können potentiell im digitalen Medium aufgehen, während sich dieses noch dazu permanent weiterentwickelt. Was für eine Herausforderung, was für eine Chance für Neugierige! Für viele Kollegen, die noch fremdeln, ist digitale Innovation dagegen wie ein Nebelschleier. Es ist eine amorphe, gefährlich wirkende Erscheinung von unbekannter, aber immer größerer Dimension. Viele wollen lieber gar nicht wissen, wie dieses Ding funktioniert. Dabei ist es nicht so kompliziert. Man muss nur verstehen, dass die digitale Revolution gar keine große einzelne Umwälzung ist, sondern eine Kaskade weitreichender Evolutionen.

Am Anfang, in den Zeiten ratternder Modems, war Onlinejournalismus das, was sich heute noch viele etablierte Kollegen als Onlinejournalismus vorstellen: Text plus Bild, vielleicht eine Bildstrecke, gepresst auf ein paar Pixel, ausschließlich auf Klicks getrimmt, zunächst billig verkauft an eine nerdig-geekige Leserschaft. Doch dann war es irgendwann für Millionen schick, drin zu sein im Netz, es wurde zu einem Massenmedium, und schließlich kam DSL. Journalismus hatte plötzlich kaum noch Größengrenzen: riesige Bilder in Sekundenschnelle, Audio, Video, Live-Fernsehen eroberten den Rechner. Es folgte das mobile Netz, befeuert durch das iPhone: Plötzlich war das Internet immer und überall, war Journalismus immer und überall, ohne dass man noch am Kiosk eine Zeitung kaufen musste. Parallel kamen Apps auf. Sie zwängten den Journalismus aus den Weiten des Netzes wieder in abgeschlossene Marken-Gefäße. Dann folgten die Tablets, die digitalen Journalismus zieh-, tast- und berührter machen, ihn also für Nutzer enttechnisierten. Und schließlich, in den vergangenen Jahren über allem: Social Media, das globale Meta-Netz aus Freunden, Fans und Daten, das Journalisten ihrem Publikum so nahe bringt wie nie zuvor. Das ist nur ein grober Rückblick. Wer will daran zweifeln, dass es weitere Evolutionen geben wird? Keine der skizzierten Entwicklungen ist abgeschlossen.

Was bedeutet das schnelle Internet zum Beispiel fürs klassische Fernsehen – und in der Folge auch für Verlage, Stichwort Second Screen? Wird das mobile Netz das klassische kannibalisieren, weil bald mehr Menschen auf dem Handy surfen als im Büro? Wie entwickelt sich die App-Ökonomie der Medienhäuser endlich weiter? Werden Tablets und Laptops verschmelzen – was bedeutet das für Informationsangebote? Und welche Marktchance haben wir Journalisten künftig genau, wenn digitale Information zusehends von Beziehungsnetzwerken geprägt wird? Wenn Innovation zum Dauerzustand wird, müssen wir als Branche lernen, in solcherlei vielseitigen Abhängigkeiten zu denken, Chancen und Risiken von Neuerungen permanent gegeneinander abzuwägen, kurz: uns auf die Komplexität dieser Welt einzulassen. Die einfachen Antworten und Perspektiven gibt es für uns in der Informationsindustrie nicht mehr. Außer vielleicht eine Gewissheit – finanziell wird das alles die größte Herausforderung.

Wir alle wissen, dass das Geld für unsere Arbeit künftig schwieriger zu verdienen sein wird als in den vergangenen Jahrzehnten, und dass unser Publikum zu unserem Verbündeten in diesem ganzen Prozess werden muss, am besten zu einem gerne zahlenden Verbündeten. Unsere Finanzierung in der digitalisierten Welt zu sichern, werden wir in Zukunft nur schaffen, wenn wir mit unserem Journalismus an der Spitze der Innovation stehen. Welcher Leser, Zuhörer oder Zuschauer verbündet sich schon mit Vertretern des Ewiggestrigen? Datenjournalistische Projekte mögen teuer sein, interaktive Features und Videos aufwändig, Social-Media-Aktivitäten sich nicht sofort refinanzieren – nötig sind all diese Innovationen trotzdem: aus journalistischen Gründen ohnehin, aber eben auch aus wirtschaftlichen. In einem sehr dichten Wettbewerb der Internetangebote hilft nur publizistische Differenzierung, um herauszustechen und das Publikum zu überzeugen. Anders formuliert: Publizistische Innovation ist die einzige Chance, sich eine starke Marke auch in der digitalen Welt aufzubauen. Das fordert Redaktionen zu Innovation und Kreativität heraus. Nicht nur im Alltag – sondern auch in ihrer eigenen Funktionsweise.

Strukturen für Innovation

Jahrelang predigten Redaktionsreformer, dass wir Journalisten zu den berühmten eierlegenden Wollmilchsäuen werden sollen. Mal sollten alle Zeitungsredakteure auch Online beherrschen, mal sollten Lokalreporter auch VJs werden. Jeder soll potentiell alles können – das beschrieben Berater als Zwangsmaßnahme im Innovationsprozess. Das kann in einigen Häusern und bei einigen Titeln der richtige Weg sein. Aber bei allen? Wer glaubt wirklich, dass eine Seite Drei besser wird, wenn der Reporter im afrikanischen Dschungel noch ein Video von der Recherche dreht? Oder eine Pop-Rezension, wenn der Autor noch einen Podcast aufnimmt? Wenn er Zeit und Lust hat und das Handwerk beherrscht: vielleicht ja. Aber sonst ist sein Publikum vermutlich besser dran, wenn hundert Prozent seiner Schaffenskraft in die Reportage oder Rezension gehen.

In diesen Zeiten, in denen Journalismus exklusiver werden muss, im Sinne von: einmalig, unverwechselbar, differenziert vom Informationsgrundrauschen in den Weiten des Netzes – in diesen Zeiten ist nichts innovativer als der Spezialist, der einem Geschichten so erzählt, wie es kein anderer kann. Nur er wird die Leser, Zuhörer, Zuschauer zu seinen Verbündeten machen können. Niemand wird Fan eines Grundrauschens. Zumindest in den größeren Redaktionen des Landes wird und muss die Spezialisierung stattfinden – weil die Nutzer genau diese Professionalität erwarten. Datenjournalisten ergänzen darum jetzt schon Investigativteams. Interaktiv-Entwickler machen flache Grafiken klick- und erlebbar. Community-Redakteure professionalisieren den Dialog mit den Lesern. Livereporter versorgen die Onlineseiten der Printhäuser, die früher nie live berichten konnten. Blattmacher fürs Internet treten neben Seite-1-Chefs von Zeitungen und Sendungschefs im Rundfunk. Diese Reihe lässt sich fortsetzen, die Jobprofile vermehren sich. Innovation bedingt, dass wir die Strukturen unserer Redaktionen immer wieder ändern – um immer von Neuem ein gutes Blatt, eine gute Seite, eine gute Sendung machen zu können, wenn sich die Ansprüche des

Publikums ändern. Jede Redaktion muss dabei Lösungen finden, die zu ihrer Mission, ihrer Marke passen. Die SZ als Tageszeitung wird da zu anderen Schlüssen kommen als Wochentitel wie Zeit und Spiegel oder die Regionalpresse, und bei Radio und Fernsehen sieht es noch mal anders aus.

Es klingt banal: Innovation bedingt Professionalisieren und Experimentieren. Durchwursteln oder Weiter-so geht nicht mehr, Strukturen und Geschäftsmodelle gehören immer wieder angepasst. Verlage und Sender müssen zu echten Medienhäusern reifen. Mit am stärksten sieht man den Veränderungsbedarf an Abteilungen wie der IT, die bisher als Sachwalter des Technischen abseits der Redaktionen stand. Passé: Künftig ist eine gute Entwicklungsabteilung der Schlüssel für Erfolg. Das digitale Medium besteht nur aus 0 und 1, und wenn ein von der Digitalisierung herausgefordertes Medienhaus nicht genug Experten dafür hat, fehlt ihm schlicht die Grundlage fürs Geschäft. Programmierer sind für unsere Zukunft, was Drucker für die Zeitung oder Sendetechniker im Rundfunk sind: Möglichmacher. Virtuosen, die die virtuellen Spielräume für unser Geschäft erweitern. Partner, deren Sprache zumindest einige Journalisten verstehen müssen – ein bisschen HTML hat noch niemandem geschadet, man muss ja nicht gleich selbst programmieren. Mit der EDV-Abteilung, die Zeitungen oder Sender früher hatten, hat das nichts mehr zu tun.

Krise als Innovationsmotor

„For me everything starts with appreciating that we are in Schumpeterian Moment." So beschreibt Tim J. McGuire (2012), US-Journalismusforscher und einstiger Chefredakteur, die Herausforderungen für die Medienbranche. Das Wort Moment ist irreführend, dauert der Prozess doch schon einige Jahre und wird noch einige Jahre dauern. Blicken wir auf die vergangenen zehn, 15 Jahre zurück, die durch zwei, drei größere Krisen geprägt waren, dann trifft McGuires Prognose vermutlich zu: „A lot of things we know and love are going to be destroyed, but a lot of wonderful new things will be created." (ebd.) Auf solche Sätze kann man mit Resignation oder Wut reagieren; dann ist man in den Phasen des Übergangs noch nicht bei der Akzeptanz angelangt. Oder man fügt sich in das Unausweichliche dieser Innovationsära und überlegt, was man Wunderbares daraus machen kann, wie man die zerstörerische Kraft schöpferisch nutzen kann. Die psychologische Frage im Hintergrund ist, wie viel Pessimismus sich die latent zynische Journalistenzunft noch leisten kann. Zweckoptimismus wäre die bessere Wahl.

Es klingt platt, aber eine Krise ist eben immer auch eine Chance – und Medienhäuser wie Springer, Burda und der Spiegel haben sie genutzt, jedes auf andere interessante Weise. Dass es Wachstum in der Medienbranche heute fast nur noch auf digitalen Plattformen gibt, müsste auch dem letzten Skeptiker klar machen, dass sich Fundamentales ändert. Eine alte Werberweisheit lautet: Money follows eyeballs. Das große Geld fließt am Ende dorthin, worauf die Masse der Menschen schaut. Also seit einiger Zeit zu den digitalen Medien (vgl. Wray 2007). Krisen beschleunigen diese Umverteilung der Geldflüsse, und der ökonomische Druck auf uns ist inzwischen groß. Er bedingt, dass sich jedes Medienhaus seinen digitalen Chancen stellt. Erneuerung ist zwingend.

Journalisten als Innovationsmotor

Erneuerung ist aber kein Selbstzweck. Wir Journalisten müssen aufpassen, dass es bei allen Innovationen aus wirtschaftlichem Druck heraus nicht zu einer ziellosen Ökonomisierung des Journalismus kommt. Internetseiten, die auf Klick- und Besuchermaximierung zielen, machen vieles, was kein Journalismus im eigentlichen Sinne ist. Dienstleister bieten inzwischen Tools an, mit denen man den zu erwartenden Anzeigenerlös eines Artikels in Euro optimieren kann, indem sich der Redakteur bei Überschriften, Redigatur und Platzierung den Hinweisen einer Maschine unterwirft. Im englischen Sprachraum schreiben Computer automatisiert Texte zum Beispiel über Sportereignisse (die sich nicht mal schlecht lesen). Zu Ende gedacht, zielen solche Methoden darauf, das menschliche Urteil nun auch im Journalismus durch Algorithmen zu ersetzen. Auch das ist Innovation. Aber wollen wir das?

Man kann mit solchen Techniken sicher experimentieren. Und ein selbstbewusster Journalist darf Algorithmen zu Rate ziehen. Trotzdem – er darf den Kopf nicht ausschalten. Das menschliche Urteil, die kluge Einschätzung und Analyse sind es, die den Journalismus spannend machen, wenn es guter Journalismus ist. Seit längerem ersetzt klickgetriebenes Infotainment auf vielen Onlineplattformen den aufgeklärten Angang an Themen. Suchmaschinenoptimierung ist manchen Kollegen bedeutsamer als das Streben nach Akkuratesse, Objektivität und Wahrhaftigkeit. Das rührt natürlich an die Basis unseres Berufs. Die etablierten Kollegen haben uns Onlinern lange vorgeworfen, Trash zu machen; manchmal haben sie Recht, und die Antwort, dass Trash bei den Lesern funktioniert, greift zu kurz. Redaktionen können mit Überboulevardisierung und übertriebener Klickfixierung kurzfristig Erfolg haben, aber wie weit trägt dieser Erfolg? Wenn eine solche Taktik, die die intellektuelle Kapazität vieler Leser in Wahrheit unterschätzt, zu Schein- oder Trivialjournalismus führt, wenn sozusagen die bunten Seiten der Zeitung im Netz zur Titelseite werden: Welchen Dienst erweisen wir dann der Gesellschaft? Und wie wollen wir ein Publikum, das wir dergestalt deformieren, zu zahlenden Verbündeten machen, wenn es am Ende darum gehen wird, nicht bloß die Online-, sondern auch die Mutterredaktionen digital zu finanzieren? Es liegen viele Herausforderungen vor uns, und eine der schwierigeren ist, in der digitalen Welt publizistische Werte gegen jene durchzusetzen, die mit Journalismus nicht Rechtes mehr anzufangen wissen.

Innovativer Journalismus muss schon noch Journalismus sein. Deshalb verpflichtet uns die gefühlte Dauerbedrohung unseres Berufs in den vergangenen Jahren gleich mehrfach. Innovativ ist, mit dem Trash zu brechen. Den digitalen Wettbewerb über publizistische Profilierung zu führen. Die Möglichkeiten des Multimediums auszunutzen. Themen cooler, interaktiver, spielerischer zu präsentieren. Über Erwartungen unserer Nutzer zu debattieren und über die Möglichkeiten, sie für die Zukunft des Journalismus zu begeistern. Plus: sie finanziell zu beteiligen. Neue Formen des Leserdialogs einzuführen. Neue Ansätze für Recherche zu erforschen… – die Liste der Möglichkeiten ist lang. Wir Journalisten müssen die Hoheit in dieser Diskussion haben. Dafür müssen wir alle auf die nötige Diskussionshöhe kommen. Wir haben keine Zeit zu verlieren, denn die nächste Krise kommt bestimmt. Das muss uns anspornen. Innovation war lange genug ein Blähwort. Sie muss Alltag werden.

Literatur

Becker A (2012) „Online gibt es keine Plateaus zum Ausruhen". Wolfgang Blau über seinen Wechsel zum Guardian. Meedia, 16. Oktober 2012, http://meedia.de/internet/online-gibt-es-keine-plateaus-zum-ausruhen/2012/10/16.html. Zugriff: 23. Oktober 2012

Blau W (2012) Auch das schärfste Urheberrecht würde den Verlagen nicht helfen. stefan-niggemeier.de, 16. September 2012. http://www.stefan-niggemeier.de/blog/wolfgang-blau-auch-das-schaerfste-urheberrecht-wuerde-den-verlagen-nicht-helfen/. Zugriff: 23. Oktober 2012

Dettmer M, Knaup H, Leinemann J (1999) Knüppeln, reden, zuhören. Der Spiegel, 13. September 1999, 22-26

McGuire T J (2012) This I believe about journalism, newspapers and the future of media. McGuire on Media, 30. Mai 2012, http://cronkite.asu.edu/mcguireblog/?p=304. Zugriff: 23. Oktober 2012

Schäfer U, Großbongardt A (1999) „Das ist alles alte Denke". Der Spiegel, 29. Juni 1998, 26-29

Schneider W, Raue P-J (2012) Das neue Handbuch des Journalismus und des Online-Journalismus. Rowohlt, Reinbek bei Hamburg

Stöcker C, Knoke F (2011) Netz spottet über Hauptstadtjournalisten. Spiegel Online, 29. März 2011. http://www.spiegel.de/netzwelt/netzpolitik/twitter-eklat-auf-bundes

pressekonferenz-netz-spottet-ueber-hauptstadtjournalisten-a-753789.html. Zugriff: 23. Oktober 2012

Wray D (2007) 'Money follows eyeballs' and all eyes are glued to the web. How the cake is sliced: Newspapers are poised to claw back lost advertising by attracting big brands to their own online operations. The Guardian, 31. März 2007, http://www.guardian.co.uk/media/2007/mar/31/pressandpublishing.business. Zugriff: 23. Oktober 2012

Jens Radü

Technologie als Chance
Auf welche Weise Smartphones, Tablets und die Medientechnologie der Zukunft journalistische Qualität sichern helfen

Abstract
Moderne Technologien sind eine Chance für den Journalismus, keine Bedrohung. Jens Radü zeichnet nach, wie technische Neuerungen schon in der Vergangenheit dem journalistischen Erzählen immer mehr Ebenen hinzugefügt haben – und stellt fest, dass schon heute das digitale Erzählen einen Gewinn für Mediennutzer bietet. Daraus resultiert der Appell an Journalisten, neue Technologien nicht zu verdammen, sondern sie aktiv zu erkunden.

Der erste Kuss, das erste Taschengeld, das erste Auto. Als Partygespräch inzwischen ähnlich gefragt – wenn auch ungleich langweiliger als der erste Kuss – ist inzwischen die erste Internetseite. Also: Die erste Seite, die ich im Netz ansteuerte, war die Homepage von Machine Head, einer Heavy-Metal-Band aus den USA. Es war im Sommer 1994, mein Vater hatte ein 54k-Modem gekauft und ich wollte mal sehen, was es mit diesem Internet auf sich hat. Machine Head hatten allerdings ein Bandfoto auf ihre Seite gestellt. Das Ergebnis meines ersten Netz-Ausflugs: Ich wartete 20 Minuten, bis sich das Bild aufgebaut hatte. Mehr als die Adresse für postalische Autogramm-Anfragen fand ich auf der Seite dann nicht. Wenn das das Internet ist, dachte ich damals, dann ohne mich.

Inzwischen kann man sich das charakteristische Piepen und Schnarren eines Modems allenfalls als Klingelton für sein Smartphone herunterladen: 75,9 Prozent der Deutschen (2011: 73,3%) sind online, die meisten gehen mit schnellen Breitbandverbindungen ins Netz (Eimeren et al. 2012). 113 Millionen Mobiltelefone gibt es in Deutschland und jeden Tag werden in Deutschland doppelt so viele Smartphones verkauft, wie Babys geboren werden (Thuma 2012). In acht Prozent aller Haushalte ist ein Tablet vorhanden (ARD/ZDF 2012), Teenager in den USA erhalten durchschnittlich 3417 Textnachrichten im Monat (Tuma 2012). Das sind sieben bis acht Mitteilungen pro Stunde. Schöne neue Medienwelt.

Der Traum, der in der Populärkultur im allwissenden Computer „Hal" in Stanley Kubricks „2001 – Odyssee im Weltraum", Iron Mans Computerhirn

J.A.R.V.I.S. oder dem Fähnlein-Fieselschweif-Handbuch der Disney-Enten Tick, Trick und Track entworfen wurde, ist so längst wahr geworden. Die knapp 500 Millionen Smartphones, die 2010 weltweit verkauft wurden, haben sich vom bloßen Telefon zum persönlichen Assistenten entwickelt. Der begrüßt Sie am Morgen, legt Ihnen das wichtigste aus allen Lieblingszeitungen vor, schlägt bei Bedarf nach, wann Ihr Zug fährt, informiert Sie darüber, an welche Geburtstage Sie heute denken sollten und erinnert Sie außerdem noch an den Termin beim Zahnarzt. Nur das mit dem Kaffee machen ist noch ein Problem, aber daran arbeitet Apple sicher schon. Dank dieser stets wachen, immer bereitstehenden Dienstboten, die nicht weniger als das Weltwissen parat haben, müssen wir nur noch das tun, was Chefs im Allgemeinen tun: Entscheidungen treffen. Die Informationen sind dafür nur der Rohstoff. Und Journalisten sind in den vergangenen Jahrhunderten gut damit gefahren, exzellenten Rohstoff zu liefern.

Ob dieser Rohstoff gedruckt oder digital übermittelt wird, war bis vor wenigen Jahren vor allem eine Geschmacksfrage. Doch die Vorteile digitaler Publikationen treten immer deutlicher hervor: Nachrichtenseiten im Netz haben keinen Redaktionsschluss und bieten den Lesern Informationen beinahe in Echtzeit (Range/Schweins 2007: 27). Digitale Magazine sind in der Regel billiger als die gedruckte Ausgabe und sind nicht von der Zuverlässigkeit des Postboten abhängig, sondern auf Knopfdruck weltweit verfügbar. Doch diese digitalen Geräte sind nicht nur ein neuer Verbreitungsweg für Journalisten. Sie stellen ganz spezifische Anforderungen an die Redaktionen. Eine gute Nachrichtenseite im Netz muss anders aussehen, funktionieren und etwas anderes liefern als eine gedruckte Tageszeitung. Ein digitales Magazin muss anders sein als die gedruckte Variante. Es gilt, diese Anforderungen und Stärken der einzelnen Medien auszumachen und zu nutzen. Eine Herausforderung für Verlage, das Redaktionsmanagement, jeden einzelnen Journalisten. Denn die Nutzung dieser neuen Möglichkeiten bestimmt das, was die Leser von exzellentem Journalismus erwarten: die Qualität.

Die Qualität

Schon immer haben die Trägermedien den Journalismus beeinflusst. Als die ARD am 1. November 1954 den regelmäßigen Sendebetrieb aufnahm, entwickelte sich schnell eine neue Form des Journalismus (Merten 1999: 318): In bewegten Bildern, unterlegt mit Sprechertext, ließen sich Nachrichten anders präsentieren als in Textform. Das Radio erforderte andere Darstellungsformen als das Vorlesen von Zeitungsartikeln. Und als in den 1990er Jahren das Internet in den Wohnzimmern der Menschen ankam, verhieß es erstmals die Verbindung aller bisherigen Mediengattungen: Text, Fotos, Töne und Bewegtbild verschmelzen im Netz zu einem umfassenden Informationsangebot: „Die monomedialen Grenzen der klassischen Medien verschwinden." (Pavlik 2009a: 35) Und plötzlich ist der Leser selbst in der Lage, diesem Informationsangebot aktiv etwas hinzuzufügen. Oder gar schneller zu sein, als die klassischen Medien. Als am 11. März 2011 ein Erdbeben der Stärke 9,0 Japan erschütterte, waren es nicht Reuters oder CNN, die die ersten Bilder von umstürzenden Supermarktregalen und panisch auf die Straßen flüchtenden Menschen zeigten. Sie waren auf YouTube zu sehen, gefilmt und hochgeladen von Menschen, die mit professioneller Berichterstattung nichts zu tun hatten.

Und der Leser will mitreden. Allerdings immer weniger im kontrollierten Bereich der Foren auf den Nachrichtenwebsites. Die sozialen Netzwerke haben für die Kommunikation und Diskussion mit dem Leser immens an Bedeutung gewonnen. Wenn mir vor sieben Jahren jemand gesagt hätte, dass einmal Social-Media-Redakteure in allen großen Medienhäusern arbeiten und sich um einen Auftritt der Marke in einem sozialen Netzwerk kümmern, das einmal damit begonnen hat, dass man nach Ex-Freunden und Schulbekanntschaften suchen kann – ich hätte es als arg übertrieben abgetan. Ähnlich erging es dem ZDF-Mitarbeiter, der während meines Volontariats beim WDR vor einem knappen Jahrzehnt auf Rollschuhen, Webcam am Helm und Tastatur um den Arm geschnallt in den Seminarraum glitt und verkündete, er sei die Zukunft des Journalismus. Texten, Videos drehen und schnell alles online stellen, das müsse in Zukunft jeder Journalist können. Damals erntete er von den Fernsehvolontären allenfalls lächelnde Ungläubigkeit. Inzwischen sieht die Realität ähnlich aus – allerdings ohne die Rollschuhe.

Die Qualität eines journalistischen Produktes ist untrennbar mit dem Medium verbunden, über das es konsumiert wird. Nur wer die Möglichkeiten und Bedingungen des Mediums kennt und nutzt, wird Journalismus liefern können, der den Ansprüchen des Lesers genügt. Denn wenn es der Journalismus nicht tut, werden es andere übernehmen. „Medienhäuser müssen offen sein für neue Formen der Berichterstattung, wollen sie ihre Märkte nicht an innovativere, branchenfremde Unternehmen verlieren." (Pavlik 2009b: 131) Es ist amüsant nachzulesen, wie die Kommunikationswissenschaft noch zur Jahrtausendwende dem Phänomen Internet begegnete – Wissenschaft und Branche sahen das Netz vor allem als „Problem", „weil es die bislang akzeptierte Medientypologie radikal unterläuft." (Merten 1999: 320) Doch das Internet und andere neue Technologien sind eben keine Gefahr, sondern Chancen. Erst wenn Medien versäumen sich darauf einzustellen, werden sie zur Gefahr für den Journalismus. In der klassischen Qualitätsdebatte der Journalistik werden diese neuen Herausforderungen allerdings noch zu wenig beleuchtet. Die Frage der journalistischen Qualitätsdimensionen ist ohnehin ein wenig eindeutiges Terrain, geprägt von sehr verschiedenen Gewichtungen und Meinungen. So benennt Kunczik (1988: 9) lediglich vier Merkmale des modernen journalistischen Produktes: Publizität (Öffentlichkeit), Aktualität, Universalität und Periodizität. Rager (1994) modifiziert diesen Kanon in Aktualität, Relevanz, Richtigkeit und Vermittlung, basierend auf den Daten journalistischer Hand- und Lehrbücher sowie einer Umfrage unter etwa 100 Redakteuren.

Pöttker (2000) arbeitet vor dem Hintergrund eines journalismustheoretischen Entwurfes mit umfassender Darstellung der modernen Aufgaben des Journalismus acht Qualitätsdimensionen heraus: *Richtigkeit, Vollständigkeit (oder Relevanz), Wahrhaftigkeit, Verschiedenartigkeit* sowie *Unabhängigkeit, Zeitigkeit (Aktualität), Verständlichkeit* und *Unterhaltsamkeit. Richtigkeit* bedeutet in diesem Zusammenhang, dass die Informationen „intersubjektiv empirisch überprüfbar" (Pöttker 2000: 382) sein müssen. Mit *Vollständigkeit* ist hier nicht der Anspruch auf eine allumfassende Berichterstattung erhoben, die ohnehin nie möglich ist, dieses Qualitätsmerkmal bezieht sich eher auf die Vermittlung aller relevanten Informationen, die für den Eindruck und die Bewertung eines Ereignisses wichtig sind. Ebenso differenziert betrachtet Pöttker die Dimension der *Wahrhaftigkeit.* Da der Begriff der Wahrheit zu großen Teilen von Standpunkten und Informationsdefiziten abhängt und „als fertige Eigenschaft der Information nicht zu haben ist" (Ebd.: 384), verweist er auf den Prozesscharakter der *Wahrhaftigkeit* und plädiert folglich für möglichst große Transparenz. Die *Verschiedenartigkeit* bezieht sich auf die Verarbeitung möglichst vielseitiger Inhalte, um unterschiedliche „Vorverständnisse und Interessen" (Ebd.: 385) der Rezipienten zu integrieren.

Damit eine *Unabhängigkeit* des journalistischen Erzeugnisses gegeben ist, muss sich vor allem der Journalist selbst als unabhängig gegenüber Einflussnahmen verschiedenster Motivationen erweisen und lediglich seine professionellen Interessen des Publizierens wahren. Mit *Zeitigkeit* bezeichnet Pöttker die Forderung nach *Aktualität* des Stoffs und der Aufbereitung, wobei nicht die „unmittelbare Tagesaktualität" (Ebd.: 386) gemeint ist, sondern vielmehr der allgemeine Gegenwartsbezug, wozu auch die Erörterung von Hintergründen und die historische Reflexion eines Themas gehören können. Mit der Dimension der *Verständlichkeit* spricht Pöttker die journalistischen Darstellungsformen an, allen voran die Sprache. Mit anregender, prägnanter und interessanter Sprache erhöht sich auch die *Verständlichkeit* des Inhalts. Die *Unterhaltsamkeit* schließlich kann – bezogen auf die *Verständlichkeit* der gesamten Informationseinheit – noch verstärkend wirken. Pöttker benutzt die Metapher der *Unterhaltsamkeit* als „Brücke" (Ebd.: 387), die den Rezipienten zur Information führt. Phantasieanregung und sprachlich-gestalterische Mittel, wie die Satire- oder Karikaturform sind

Beispiele für unterhaltsamen Stil, der die Aufmerksamkeit des Lesers fördern und immer wieder neu anregen kann.

Mit dem Erstarken der Onlinemedien wird auch die Qualitätsdebatte neu geführt. Meier (2003: 255) führt den „Nutzwert" als Kriterium für guten Onlinejournalismus ein und ergänzt die Interaktivität: „Der Begriff 'Interaktivität' hat allerdings erst durch das Internet Hochkonjunktur, was vor allem an neuen technischen Möglichkeiten liegt, welche die alten Ideale einer Demokratisierung der Medien – wie sie zum Beispiel Bertolt Brecht in seiner Radiotheorie formuliert hat – wieder aufleben lassen." Ohne Frage gelten diese klassischen Qualitätsdimensionen nach wie vor. Die Grundlage dessen, was online oder auf Tablets als Journalismus stattfindet, ist vor allem die gute Geschichte, die sauber recherchierte Nachricht, die packend erzählte Reportage. Doch auf dem iPad etwa kann und muss eine Geschichte anders erzählt werden als im gedruckten Magazin. Besorgniserregend ist das nicht. Sondern eine Chance. Und so müssen zu den klassischen Qualitätsdimensionen mindestens drei hinzugefügt werden:

1. Dialogfähigkeit

Der Leser ist bequem: „Readers pay for convenience, not for content" (Amy O'Leary, *New York Times*). Das erklärt den Erfolg von Apps wie Flipboard. Einmal in Betrieb genommen, stellen sie ein personalisiertes Nachrichtenmagazin zusammen, angereichert mit den neuesten Tweets und Facebook-Meldungen meiner Freunde und Kollegen. Es entfällt, den Computer hochzufahren, Browser und Programme zu starten – Flipboard bringt mich auf den neuesten Stand. Und dabei ist das digitale Jedermann-Magazin auch noch gestaltet, mit Fotos und eingebetteten Videos, im Look eines Journals. Der Leser gewöhnt sich zusehends daran, dass die Nachrichten aus seinem sozialen Netzwerk zum Teil seines Informationsuniversums geworden sind. Facebook übernimmt für viele inzwischen die Funktion eines Messenger-, Mail- und Terminplaner-Programms. Twitter ersetzt den Chat und ohnehin den Nachrichtenticker der journalistischen Websites. Kein Wunder, schließlich twittern die meisten Nachrichtenseiten ohnehin die Links zu ihren Meldungen, wenn sie nicht von der Aktualität der Twittergemeinde überholt werden. Exklusive Nachrichten laufen inzwischen nicht mehr überwiegend über die klassischen Nachrichtenkanäle und -agenturen. Sondern in der Regel zuerst über Twitter. Selbst Steffen Seibert, der Sprecher der Bundeskanzlerin, ist ein Heavy User – und sorgte mit seiner Osama/Obama-Verwechslung im Mai 2011 für die bis dato wohl peinlichste Tweet-Anekdote im politischen Berlin (Helbig 2012).

Doch die sozialen Netzwerke sind keine Einbahnstraße. Nur Links zu posten und auf die Scharen der Leser zu hoffen, ist ein begrenzt funktionierendes Modell. Vielmehr müssen die Chancen genutzt werden – die direkte Kommunikation, der Dialog mit dem Leser. Von den sozialen Netzwerken hat der Leser gelernt, selbst zum Akteur zu werden, „Likes" zu vergeben, Kommentare zu posten, ohne sich erst umständlich anzumelden und einer Community beizutreten. Journalisten sollten sich das zunutzemachen. Längst sind die Themen, die auf Twitter oder Facebook diskutiert werden, Anlass für die klassische Berichterstattung: Etwa wenn Mitt Romney im zweiten TV-Duell des US-Präsidentschaftswahlkampfes 2012 gegen Barack Obama von den „binders full of women" spricht, die er in seiner Gouverneurszeit angefordert habe. Innerhalb weniger Minuten wird das Zitat aufgegriffen, eine Facebook-Gruppe wird gegründet, erst im nächsten Schritt nehmen die klassischen Medien das Thema auf, ordnen es ein und verweisen dabei auf die skurrilsten Einfälle der Netzwelt (Pitzke 2012). Es sind Kanäle entstanden, die die Voraussetzungen von Medien erfüllen und in Teilen sogar übertreffen: Ein hoher Grad von Publizität und Offenheit. Nur der Grad der Professionalisierung und die Prüfung von Informationen werden allenfalls über Umwege gewährleistet: Nach dem Wikipedia-Prinzip werden Falschinformationen in der Regel schnell von denen entlarvt, die es besser wissen. Es gilt, diese Bereitschaft der Leser, sich selbst einzubringen, zu nutzen und so nicht nur immer wieder auf neue Themen zu stoßen, sondern auch die Leserbindung zu stärken.

2. Multimedialität

Was wäre ein Artikel über Felix Baumgartners Rekordsprung aus 40 Kilometern Höhe ohne das Video? Langweilig. Was wäre ein Videobericht über die schwierigen Verhandlungen zum Länderfinanzausgleich? Langweilig. Es gilt, für jedes Thema, für jeden Aspekt einer Geschichte das passende Medium und die passende Darstellungsform zu wählen. Im Online- und Tablet-Journalismus gibt es so gut wie keine technischen Einschränkungen mehr, die eine wirkliche multimediale Berichterstattung verhindern.

Dabei umfasst das multimediale Erzählen drei Aspekte: Inhalt, Form und Technik. Was wird erzählt? Die Geschichte, der Stoff. Wie wird erzählt? Die Dramaturgie. Und schließlich der technische Aspekt: Wird ein Video, werden Fotos oder Audio-Kommentare verwendet, um die Geschichte zu erzählen? Dabei ist es ähnlich wie im Orchester: Jedes Instrument hat seinen eigenen Klang, seine spezifischen Stärken und Schwächen. Ähnlich ist es bei den unterschiedlichen Darstellungsformen des multimedialen Erzählens: Im Foto wird der Moment zum Bild. Im Video wird eine Sequenz, eine Aktion zur Szene. Im Audioelement wird ein Geräusch, eine Stimme zum Ton. Und der Journalist ist gleichzeitig Dirigent und Instrumentalist. Er muss um die Stärken und Schwächen der Instrumente wissen. Er muss sie dosieren, einsetzen können, damit am Ende eine Multimedia-Symphonie entsteht, die den Zuhörer begeistert (Lampert und Wespe 2012: 34). Kern dieses Konzepts ist das komplementäre Erzählen: „It means that while we are still creating well-crafted packages – be they in text, audio or video format – we are also creating material that can be broken up and repackaged. This means our content is becoming more granular. It´s not a sugar lump, it´s grains of sugar." (Bull 2010: 469)

Waren es in den 1990er Jahren die CD-ROMs mit anklickbaren Erlebniswelten über Wissen, Kultur und Politik, dominierten im Internet videogetriebene Formate. Nun, mit dem iPad, vervielfachen sich die Möglichkeiten: Das iPad kann durch Bewegung gesteuert werden. Das Antippen macht die bloße Bedienung zum haptischen Erlebnis. Und die GPS-Ortung ermöglicht eine geografische Verortung. 3D-Anwendungen werden wohl bald kommen. All das verführt zum multimedialen Erzählen unter Nutzung aller Möglichkeiten.

Natürlich gibt es Aspekte eines Themas, die sich am Besten in Textform vermitteln lassen. Text ist der kleinste gemeinsame Nenner, darauf lässt sich immer aufbauen. Doch genauso gibt es Punkte, die ein Video schneller und besser transportiert als Text. Gleiches gilt für interaktive Grafiken, die oft mehr sagen, als das geschriebene Wort. Journalistisch spannend wird es vor allem, wenn die unterschiedlichen Medien nicht nur nebeneinander stehen, sondern integrativ in Multimedia-Specials gebündelt werden. Auf den Tablets, die mit ihren Touch-Bildschirmen solche Anwendungen geradezu herausfordern, können solche Multimedia-Erlebniswelten, die bisher der Onlinewelt vorbehalten waren, eine neue Qualität erreichen. Auch und gerade, weil die Produktion anspruchsvoller Multimedia-Specials kostet – und das Geschäftsmodell journalistischer Apps in der Regel auf einen Mix aus Anzeigen- und Vertriebserlös setzt. Mit anderen Worten: Wenn die App funktioniert, kann auch in die Inhalte investiert werden, mehr noch als in der rein werbefinanzierten Onlinewelt.

Ohnehin haben sich die Sehgewohnheiten der Leser und Nutzer in den vergangenen fünf Jahren stark verändert. Das Videoportal YouTube, das Google im Oktober 2006 für fast 1,65 Milliarden US-Dollar kaufte (Range/Schweins 2007: 46), hat mit seinem Markteintritt einerseits technische Standards gesetzt, andererseits inhaltliche und formale Standards gebrochen. Technisch hat es den Flash-Videostandard für die Videoauslieferung für Jahre zementiert. Andererseits wurden anfänglich vor allem selbstgefilmte, wackelige Aufnahmen hochgeladen, die Fernsehansprüchen nicht genügt hätten. Doch die schiere Masse dieses User Generated Contents hat Zuschauer und Produzenten gleichermaßen geprägt.

> „Was sich bei YouTube abspielt, beschreiben Medienforscher als 'Demokratisierung des Fernsehens'. Die Zuschauer übernehmen die Rolle der Programmdirektoren und speisen das Archiv mit Kurzfilmen." (Ebd.: 47)

Inzwischen sind schlecht ausgeleuchtete Aufnahmen von Handykameras auch in den klassischen Fernsehnachrichten etabliert. Was zählt, ist die Authentizität und Originalität des Materials. Die formale Qualität ist zweitrangig. Und so werden auch die multimedialen Experimente einiger deutscher Regionalzeitungen, die sich qualitativ eher auf YouTube-Niveau bewegen, von den Lesern in der Regel akzeptiert. Die Folge: Ein Verlag braucht nicht zwingend eine hochprofessionalisierte Fernsehsparte, um multimediale Geschichten zu erzählen.

Der Einfluss von YouTube ist aber auch in der Dramaturgie von Filmen und Multimedia-Specials spürbar. Bill Clintons Rede auf dem Parteitag der US-Demokraten im September 2012 zählte an diesem Tag zu den meistgesehenen Videos auf YouTube. Die TED-Talks von Künstlern, Wissenschaftlern und Politikern inspirieren weltweit Millionen Internet-Nutzer. Bei solchen Ereignissen und Themen greift die journalistische Form des klassischen Fernsehbeitrags zu kurz. Das Internet hat die Menschen an Originalquellen gewöhnt – weil es immer jemanden gibt, der den kompletten Mitschnitt hochlädt. Verlage und Rundfunkanbieter sollten diesen wachsenden Wunsch der Leute erfüllen, um sie nicht an YouTube zu verlieren.

Auch klug kommentierte und über die sozialen Netzwerke eingebundene Live-Streams von Großereignissen gehören zu einem wachsenden Multimediaangebot vieler Onlinemedien. Zuletzt gründete die in den USA erfolgreiche *Huffington Post* einen eigenen Netz-Fernsehsender, der am ersten Sendetag allerdings vor allem mit einem etwas abgenutzten Teppich als Studiodekoration und vielen ‚Talking Heads‘ beeindruckte. Multimediales Storytelling sollte von Journalisten und Medienmanagern also spätestens mit der wachsenden Zahl der Tablets als das anerkannt werden, was es ist: Eine große Chance, den besseren Journalismus der Zukunft mitzugestalten. Wer klug die Möglichkeiten neuer Technologien auf ihren journalistischen Wert hin auslotet und nutzt, wird die Leser und Nutzer von morgen für sich gewinnen.

3. Verfügbarkeit

Wir erleben ein Jahrzehnt des Übergangs mit beeindruckenden Technologiesprüngen. Während die Smartphones heute mehr Rechenleistung bieten, als die Computer, die 1969 die Mondlandung kalkulierten (Tuma 2012), dominierte noch vor drei Jahren die Nutzung stationärer Computer. Momentan werden nahezu im Wochenrhythmus neue Smartphones und Tablets verschiedenster Hersteller präsentiert. Noch immer ist Apple auf dem Tablet-Markt am erfolgreichsten, doch Samsung, das die Smartphone-Sparte inzwischen beherrscht, Google und auch Microsoft attackieren den IT-Riesen aus Cupertino. Niemand weiß, ob Apple seine Vorherrschaft auch in fünf Jahren noch verteidigen kann. Zu vermuten ist, dass wir in fünf Jahren mit Geräten Medien konsumieren werden, von denen wir heute noch nicht einmal wissen, wie sie aussehen. Die Google-Brille? Faltbare Bildschirme? Smarte Kontaktlinsen? Implantate?

In dieser Phase des Übergangs ist es von größter Bedeutung, keine technische Zensur zuzulassen. Bietet ein Verlag sein Produkt nur für Apples iOS-Geräte an, vernachlässigt er die Android- und Windows-Kunden. Und andersherum. Ein Verlag, der für seine Printprodukte keine digitale Strategie hat, handelt fahrlässig. Oder überlässt das Handeln eben anderen. Die Marke eines journalistischen Angebots wird immer wichtiger – plattformunabhängig. Es gilt, mit der Marke eines Verlags oder Rundfunkanbieters ein Bild zu vermitteln und das in den Inhalten immer wieder zu untermauern. Und es gilt, niemanden auszuschließen, nur weil er das falsche Gerät gekauft hat.

Der bessere Journalismus

Neu gleich Gefahr. Technik gleich unjournalistisch. Es gibt viele Gleichungen, die es zu überwinden gilt. Journalisten sollten keine Angst vor neuen Technologien haben, sondern sie annehmen und ihre Vorteile nutzen lernen. Die berufsbedingte Skepsis in Ehren – aber bisher haben neue Technologien den Medien auf lange Sicht noch immer genutzt (Lilienthal 2011: 51). Radio, TV, Internet, Tablets: Eine Entwicklung, deren Ende nicht absehbar ist, und die vermutlich nie ein Ende haben wird. Angesichts von Social Media und automatisierten Nachrichtenaggregatoren wie Google News oder Flipboard das Ende des Journalismus auszurufen, lenkt von den eigentlichen Herausforderungen ab. Es wird immer Journalisten geben müssen, die erklären. Die Informationen sammeln und einordnen. Wenn sich Journalisten an den beschriebenen Qualitätskriterien orientieren, wenn der Dialog mit den Lesern, die angemessene Multimedialität und die Verfügbarkeit der Produkte in den verschiedenen Mediengattungen nicht nur pflichtbewusst erfüllt, sondern mit Kreativität umgesetzt wird, wird der Journalismus durch die neuen Technologien nicht verdorren, sondern aufblühen.

Das Sammeln, Aufbereiten und Präsentieren mag automatisiert werden können. Aber es bedarf des klugen Journalisten, der analysiert, Meinungen generiert, Gesamtzusammenhänge herstellt in der Flut der Informationen. Und vor allem: der recherchiert. Apps oder Computer stellen keine Anträge auf Akteneinsicht, telefonieren nicht, um Fragen zu klären, ziehen keine Schlussfolgerungen. Der gesamte Bereich der investigativen Recherche wird Journalisten nicht abgenommen. Aber durch Technologien erheblich erleichtert. Und alles, was den Journalisten in der Aufbereitung und Präsentation seiner Inhalte unterstützt und entlastet, lässt ihm mehr Zeit für das Kerngeschäft des Journalismus – die Recherche. Der Traum vom persönlichen Assistenten mag weitgehend wahr geworden sein, spätestens mit Apples Spracherkennungssoftware Siri. Bis allerdings Journalismus von Maschinen übernommen wird, bis die Parameter Dramaturgie, Spannungskurve, Überraschung und Witz von Computern nachvollzogen werden können, wird es dauern. Vielleicht werden sie es nie lernen. Siri mag an Termine erinnern, Telefonnummern auswendig herunterbeten und Wissensfragen beantworten können. Gute Geschichten erzählt Siri nicht.

Literatur

Eimeren B, Frees B, Busemann K, Gscheidle C, Mende A, Oehmichen E, Schröter C (2012) ARD/ZDF-Onlinestudie. http://www.ard-zdf-onlinestudie.de/. Zugegriffen: 24. Oktober 2012

Bull A (2010) Multimedia Journalism. A practical guide. Routledge, New York

Helbig F (2012) Der RegVersprecher. Frankfurter Rundschau Online, 2. Mai 2011. http://www.fr-online.de/digital/steffen-seibert-bei-twitter-der-regversprecher,147240 6,8399526.html. Zugegriffen: 24. Oktober 2012

Kunczik M (1988) Journalismus als Beruf. Böhlau, Köln

Lampert M, Wespe R (2012) Storytelling für Journalisten. UVK Verlagsgesellschaft, Konstanz und München

Lilienthal V (2011) Qualität unter Druck – Journalismus im Internetzeitalter. In: Schröder M, Schwanebeck A (Hg) Qualität unter Druck. Journalismus im Internetzeitalter. Nomos, Baden-Baden, S 49-60

Merten K (1999) Einführung in die Kommunikationswissenschaft. Band 1: Grundlagen der Kommunikationswissenschaft. Lit, Münster

Meier K (2003) Qualität im Online-Journalismus. In: Bucher HJ, Altmeppen KD (Hg) Qualität im Journalismus. VS Verlag für Sozialwissenschaften, Wiesbaden, S 247-268

Pavlik J (2009a) Perspektiven der Forschung. Innovationen im Redaktionsmanagement II: Digitale Nachrichtenredaktion. In: Fengler S, Kretzschmar S (Hg) Innovationen für den Journalismus. VS Verlag für Sozialwissenschaften, Wiesbaden, S 25-36

Pavlik J (2009b) Innovationen in Medienunternehmen und User Generated Content: Taktgeber Technik. Perspektiven der Forschung. In: Fengler S, Kretzschmar S (Hg) Innovationen für den Journalismus. VS Verlag für Sozialwissenschaften, Wiesbaden, S 122-132

Pitzke M (2012) Obamas Offensive, Romneys Patzer. Spiegel Online, 17. Oktober 2012. http://www.spiegel.de/politik/ausland/wer-war-besser-obama-und-romney-im-tv-duell-a-861705.html. Zugegriffen: 24. Oktober 2012

Pöttker H (2000) Kompensation von Komplexität. Journalismustheorie als Begründung journalistischer Qualitätsmaßstäbe. In: Löffelholz, Martin (Hg) Theorien des Journalismus. Ein diskursives Handbuch. VS Verlag für Sozialwissenschaften, Wiesbaden, S 375-390

Rager G (1994) Dimensionen der Qualität. In: Bentele G, Hesse KR (Hg) Publizistik in der Gesellschaft. UVK Verlagsgesellschaft, Konstanz, S 189-209

Range S, Schweins R (2007) Klicks, Quoten, Reizwörter: Nachrichten-Sites im Internet. Wie das Web den Journalismus verändert. Friedrich-Ebert-Stiftung, Berlin

Tuma T (2012) iPhone, also bin ich. Der Spiegel, 2. Juli 2012, S 62

Dan Gillmor

Unternehmer werden den Journalismus retten (und Sie können einer von ihnen sein)[1]

Abstract

Den Umbruch der Branche weiter zu ignorieren, wird Medienunternehmen und Journalisten nicht vor drastischen Veränderungen schützen. Dan Gillmor vermittelt ein Gefühl dafür, dass die Veränderungen der letzten Jahre, die viele Manager und Redakteure heute schon für dramatisch halten, erst der Anfang eines noch viel weitreichenderen Umbruchs sein werden. Sein Ausweg: Das Unternehmertum muss Einzug halten in die Redaktionen. Gillmor ist fest überzeugt, dass die ehemaligen Grenzen zwischen Kaufleuten und Journalisten der Vergangenheit angehören müssen. Und dass der professionelle Journalismus seine Existenzberechtigung nur dann behalten kann, wenn er engagierte Amateure endlich ernst nimmt. Von denen, die heute in den Redaktionen arbeiten, verlangt er Mut zu Offenheit gegenüber den eigenen. Gillmors Text (aus seinem aktuellen Buch „Mediactive") ist ein Appell an jeden Leser, selbst zum Medienschaffenden zu werden.

Erschreckt Sie der Titel? Das sollte er nicht – ich möchte Sie allerdings bitten, auf den nächsten Seiten ein bisschen weiter zu denken als sonst. In diesem Beitrag werde ich darüber diskutieren und spekulieren (und es auch ein wenig bejubeln), wie der Journalismus in eine neue Ära aufbricht. Wir machen derzeit riesige Schritte, weil so viele Menschen so viele neue Ideen ausprobieren und dabei innovative Start-Up-Unternehmen gründen. Vielleicht gehören Sie zu diesen neuen Unternehmern, egal auf welche Weise Sie sich ins Getümmel stürzen – mit einem Blog zu einem Spezialthema, bei dem Sie ein Experte sind, mit einer Mailingliste für eine bestimmte Gruppe interessierter Nutzer, mit einem Videoblog oder irgendetwas anderem, mit dem Sie das publizieren, was Ihnen am Herzen liegt. Vielleicht wollen Sie auch Geld damit verdienen, oder Sie möchten nur Ihrer Gemeinde einen Dienst erweisen. Sie dürfen nicht vergessen: Nichts kann Sie aufhalten, die Zugangshürden, selbst zu publizieren, sind verschwindend niedrig. Mein Punkt ist: Unternehmertum ist die Zukunft

---

[1] Der vorliegende Text ist ein Auszug aus Dan Gillmors Buch „Mediactive" (Gillmor 2010). Übersetzung: Dennis Ballwieser.

des Journalismus – eigentlich die Zukunft nahezu aller Projekte, also müssen wir versuchen zu verstehen, was dahinter steckt und wie Unternehmertum heutzutage funktioniert.

Eine Warnung vorweg, und ein unbeachteter Rat

Einige der erfolgreichsten Unternehmer der letzten Jahrzehnte kamen aus dem IT-Bereich. Einer der brillantesten Führungskräfte in jüngster Zeit ist Andy Grove, einer der Mitgründer des Konzern-Giganten Intel aus dem kalifornischen Silicon Valley. Grove war Intels Geschäftsführer und Vorstandsvorsitzender. In den 1980er Jahren führte Grove Intel durch eine qualvolle Phase des Wandels und stellte den Konzern gemeinsam mit seinen Kollegen neu auf: weg vom Geschäft mit Computerspeichern, das ohnehin schon an die asiatischen Wettbewerber verloren war, hin zum Geschäft mit Computerprozessoren, das zum Herz der Computerindustrie werden sollte. Mit diesem Schritt, dessen Genialität sich erst viel später offenbarte, legte Grove für sein Unternehmen den Grundstein für eine strahlende Zukunft und sicherte sich einen Platz unter den wichtigsten Unternehmenslenkern der Vereinigten Staaten.

Grove glaubt darüber hinaus tief und fest an die Wichtigkeit des Journalismus. Als Autor und Dozent hält er mit seiner Meinung niemals hinterm Berg. Niemals wurde das deutlicher als im April 1999, als er eine Rede auf dem Jahrestreffen der American Society of Newspaper Editors (ASNE) in San Francisco hielt. In einem Podiumsgespräch mit Jerry Ceppos, einem ehemaligen Redakteur der früher einmal bedeutenden *San Jose Mercury News*, warnte Grove die Redakteure, dass sie nicht mehr viel Zeit hätten: Zeitungen seien mit einem drohenden finanziellen Desaster konfrontiert. Grove war nicht der erste, der davor warnte, und bei weitem nicht der letzte. Doch der Grad, zu dem er ignoriert wurde, bleibt bedenkenswert – und traurig. Bei der ASNE-Konferenz gab Grove den Chefredakteuren dieselbe Warnung noch einmal mit auf den Weg:

> „Sie stehen heute da, wo Intel sich befand, drei Jahre bevor uns der Boden unter den Füßen weggezogen wurde. Sie bewegen sich auf einen strategischen Wendepunkt zu, und in drei Jahren vielleicht wird es offensichtlich sein… Meine Erfahrungen in der IT-Industrie haben mir gezeigt, dass man vor strategischen Wendepunkten nicht fliehen kann. Man kann sich nur noch tiefer in dem Morast verstricken, auf den man zusteuert, doch heraus schafft man es nur durch Investitionen. Und ehrlich gesagt frage ich mich, wie viele Führungskräfte im Journalismus das tatsächlich verstehen.“

Grove hatte zwar Recht, was die Richtung angeht, obwohl er den großen Umschwung etwas zu schnell kommen sah. Völlig richtig lag er aber damit, was die

Reaktionen der Branche anbetraf: rigorose Kostensenkung, deutlich zu wenig Investitionen und vor allem die fehlende Bereitschaft, unternehmerisch zu denken.

Wie die Zeiten sich doch gewandelt haben: Die neue Start-Up-Kultur im Journalismus hat das gesamte Berufsfeld infiltriert, dies aber in einem Prozess, der weitgehend außerhalb der großen Firmen stattfindet. Viele kreative Akteure probieren im Journalismus neue Dinge aus, weil es im digitalen Zeitalter kaum etwas kostet, drauflos zu experimentieren. Auch deshalb sehen wir vielerorts schon die Früchte dieser Entwicklung. Auch wenn der Medienwandel unschöne Folgen für viele Nachrichtenorganisationen haben wird, steuern wir auf eine großartige neue Ära der Medien und des Journalismus zu. Wir müssen damit rechnen, dass wir einige Dinge, die wir brauchen, verlieren werden – zumindest zeitweise. Doch bin ich letztlich Optimist und überzeugt: Wenn wir den Wandel richtig gestalten, dann werden wir mit einem vielfältigeren und lebendigeren Medien-Ökosystem belohnt. Und mit „wir" meine ich Sie, mich und alle anderen.

‚Ökosystem' und ‚Diversität' sind hier die Schlüsselwörter. Die Gefahren von Monokulturen, also Systemen, die sich durch wenig oder keine Diversität auszeichnen, sind bekannt, was nicht heißt, dass sie nicht in vielen Gebieten fortbestehen würden, z. B. in der modernen Landwirtschaft oder der Finanzwelt. Weil Monokulturen von Natur aus instabil sind, kommt es leicht zu Katastrophen, wenn sie versagen – das haben wir im Jahr 2008 an der Wall Street beobachten können. In einem diversifizierten Ökosystem dagegen ist die Bedrohung durch Unternehmenspleiten bei weitem nicht so groß, weil die einzelnen Unternehmen üblicherweise kleiner sind und von neuen Unternehmen ersetzt werden. Auf einem vielfältigen und lebendigen Markt ist eine Pleite nur für die Teilhaber dieses Unternehmens tragisch. Die langfristige Nachhaltigkeit des Markts dagegen wird durch die vom österreichischen Wirtschaftswissenschaftler Joseph Schumpeter so genannte „schöpferische Zerstörung" sichergestellt, vorausgesetzt es herrschen faire und durchsetzbare Regeln für alle Marktteilnehmer.

Das journalistische Ökosystem des letzten halben Jahrhunderts war geprägt von einer geringen Zahl riesiger Unternehmen. Diese Firmen, unterstützt von den gesetzlichen Rahmenbedingungen und den Strukturen des Industriezeitalters, kontrollierten den Markt und wurden immer größer. Die Kollision des traditionellen Geschäftsmodells der Medienindustrie, das sich hauptsächlich auf Anzeigenverkäufe stützte, mit den neuen digitalen Medientechnologien, allen voran dem Internet, wirkte sich verheerend auf die Mediengiganten aus. Aber ist das auch katastrophal für die Gemeinden und Gesellschaften, die von den großen Nachrichtenorganisationen bedient wurden? Kurzfristig ist es sicherlich problematisch, zumal wenn wir die Rolle des Qualitätsjournalismus als Kontrolleur der Mächtigen in den Mittelpunkt rücken (auch wenn die marktdominierenden Medien dieser Rolle nur uneinheitlich gerecht wurden). Doch die Zweifler scheinen zu glauben, dass wir einmal entstandene Lücken nicht wieder schließen können. Sie haben kein Vertrauen in die Selbstheilungskräfte eines vielfältigen, marktgetriebenen Ökosystems, weil sie kaum Erfahrungen damit haben.

Der zu erwartende Abwechslungsreichtum – der ja schon längst Einzug hält in die Branche – ist atemberaubend. Während wir alle von unseren Informationsquellen mehr verlangen und selbst glaubwürdige Informationen generieren, stehen uns alle Wahlmöglichkeiten, die wir benötigen, unmittelbar zu Verfügung. Und vergessen wir eines nicht: Die größten Unternehmen der Welt begannen mit den Ideen einzelner Menschen. Vielleicht wird es Ihnen ebenso ergehen. Selbst wenn Sie nicht wirklich daran glauben, denken Sie nicht, dass Sie es nicht versuchen könnten.

Ausprobieren kostet nichts

In der digitalen Medienwelt liegen die Kosten, um neue Ideen auszuprobieren, nahe Null. Das heißt, eine Unmenge an Menschen wird ausloten, was möglich ist; sie tun es bereits. Clay Shirky hat dieses Phänomen scharfsinnig analysiert. Er weist zum Beispiel darauf hin, was wir von der Webseite *Sourceforge* lernen können, wo Software-Entwickler ihre Programme zum freien Download bereitstellen. Während technisch unversierte Nutzer die Software einfach herunterladen und benutzen können, steht es technisch Begabteren offen, sie zu analysieren und auch weiterzuentwickeln. Clay merkt an, dass die überragende Mehrheit der *Sourceforge*-Projekte versagt: Von den mehr als 150.000 Projekten, die für Windows-Betriebssysteme geschrieben wurden, verzeichnen die erfolgreichsten davon mehrere zehn oder hunderte Millionen Downloads. Geht man die Liste der Programme weiter durch, sind selbst unter den 25 meistgenutzten Programmen einige vertreten, die weniger als tausendmal heruntergeladen wurden, was nüchtern betrachtet so gut wie nichts ist. (Bei mehr als einem Drittel aller Projekte hat sich noch niemand die Mühe gemacht, die Programme auch nur anzusehen, geschweige denn bei der Weiterentwicklung zu helfen oder sie herunterzuladen.) Doch diese zehntausende Misserfolge kosten jeder für sich genommen nicht viel Geld. Und sie bereiten die Bühne für die wenigen, aber lebenswichtigen Erfolge. Was folgt daraus? Clay schrieb 2007 im *Harvard Business Review* (Shirky 2007):

„Die niedrigen Kosten eines Misserfolgs bedeuten, das jemand mit einer neuen Idee zunächst niemanden überzeugen muss, bevor er sie ausprobieren kann – es gibt nur wenige Hindernisse zwischen der Idee und ihrer Umsetzung."

Genauso wird die Forschungs- und Entwicklungsarbeit, welche die Nachrichten-branche in den letzten Jahren hätte leisten müssen, heute auf viele Köpfe verteilt erledigt. Zugegeben, einiges davon wird auch von Menschen in Medienkonzer-nen geleistet. Doch der Großteil eben nicht, und dieser Anteil wird weiter wach-sen. Stattdessen wird die Arbeit an Universitäten, in Entwicklungs-Firmen, den sprichwörtlichen Garagen, und an Küchentischen entwickelt. (Ich wünschte, es gäbe einen strukturierten Weg herauszufinden und zu sammeln, was tatsächlich alles geschieht.) Mit anderen Worten braucht man nicht nur keine Erlaubnis, um Medien zu kreieren, man braucht auch nicht so viel Geld. Das ist ein Grund, weshalb ich so optimistisch in die Zukunft der Medien blicke, nicht zu vergessen die Zukunft des Journalismus.

Experimente traditioneller Medien

Obwohl ich weniger optimistisch bin, was die Bereitwilligkeit oder Fähigkeit großer Medienhäuser zur Veränderung angeht, will ich sie gar nicht komplett abschreiben. Sie werden nicht nur gebraucht, solange sie ihren Job gut machen; die meisten bewegen sich mit ihrem operativen Geschäft auch immer noch in der Gewinnzone. Außerdem haben die traditionellen Medien gerade erst begonnen, mit sich selbst herumzuexperimentieren. Und diejenigen, die experimentieren, machen erstaunliche Dinge; viele davon stellen wir auf *Mediactive.com* vor. Die meisten dieser Branchen-Experimente waren allerdings journalistischer Art. Unternehmerische Innovationen? Davon gibt es nicht so viele. Selbst hier glim-men allerdings schon Ideen auf, ausgelöst vor allem durch die schiere Panik der Manager.
Ende 2009 zum Beispiel überschlugen Medien-Manager sich mit ihren Ver-sprechen, Geld für das zu verlangen, was sie vorgeblich kostenlos verteilten. (Lassen wir außer Acht, dass sie es eigentlich über Jahrzehnte verschenkt haben.) Ich dachte mir: Na los, probiert es doch einfach mal aus. Während ich das schreibe, steht die *New York Times* kurz davor, eine ‚Paywall' aufzubauen, wie diese Art von Unternehmungen genannt werden. Ich habe meine Zweifel, dass Paywalls funktionieren werden, zumindest in den meisten Fällen. Es gibt zu viel kostenlos verfügbare Inhalte, gleichzeitig gibt es gegen Geld zu wenig offen-sichtlichen Mehrwert, wenn man das zugrunde legt, wofür die Medienkonzerne von den Nutzern Geld verlangen wollen. Doch es gibt eine Vielzahl von Bele-

gen, dass die Menschen für spezielle Inhalte durchaus bezahlen, die sie für nützlich halten. Ich selbst abonniere z. B. die Online-Ausgaben des *Wall Street Journal* und von *Consumer Reports* (das US-Äquivalent der Stiftung Warentest, – d. Hrsg.), und so lange ihre Abonnementpreise moderat sind, werde ich auch dabei bleiben. Zeitschriften und einige Tageszeitungen arbeiten an neuen Formaten und Bezahlsystemen, vermutlich in Verbindung mit Tablet-Computern. Ich wünsche ihnen viel Glück dabei.

Anfang 2009 habe ich versucht, eine Diskussion anzuregen, mit dem Vorschlag, einige wenige Top-Nachrichtenkonzerne sollten sich zusammenschließen und Geld für ihre Produkte verlangen. In einem Post im Blog *BoingBoing* fragte ich (Gillmor 2009):

> „Was würde passieren, wenn einige der führenden englischsprachigen Medienunternehmen sich einfach zusammenschlössen und beginnen würden, Geld für ihre Schlagzeilen und Kommentare über Politik, Wirtschaft und andere nationale und internationale Themen zu verlangen? Ich meine, was würde passieren, wenn eine kritische Masse an Nachrichtenproduzenten den Großteil ihrer journalistischen Erzeugnisse für einige Tage nach der Veröffentlichung nicht ins öffentlich frei zugängliche Internet stellen, sie aber später kostenlos in einem digitalen Archiv anbieten würde?"

Auf meiner Liste der Top-Nachrichtenproduzenten standen die *New York Times*, das *Wall Street Journal*, die *Washington Post*, die *Financial Times*, *The Economist*, *Atlantic Monthly*, *Washington Monthly* und *The New Yorker*. „Ich kenne die zusammengerechneten jährlichen Kosten für die Newsrooms dieser Konzerne nicht, aber ich wäre überrascht, wenn immerhin 750 Millionen US-Dollar zusammenkämen", schrieb ich. „Lasst uns wild spekulieren und annehmen, es wären sogar eine Milliarde US-Dollar, damit Anwaltskosten, Web-Entwickler, Betriebswirte und der Rest der Menschen, die man für ein Unternehmen so braucht, bezahlt werden könnten." Ein solcher Zusammenschluss könnte deutlich mehr Umsatz generieren, wenn es ihnen nur gelänge, zwei Millionen Abonnenten dazu zu bringen, einen moderaten Preis von wöchentlich zehn US-Dollar für ihre journalistischen Inhalte zu bezahlen. Natürlich habe ich für diese Idee viel Widerstand geerntet. Aber ich weiß eines: Ich selbst würde bereitwillig für ein solches Produkt bezahlen.

Staatshilfe

Einige große Nachrichtenorganisationen und ihre Mutterkonzerne haben traurigerweise einen alarmierenden, antikapitalistischen Anspruch entwickelt: Hilfe vom Staat (also: Steuerzahler). Sie sprachen von der Änderung des Urheberrechts, so dass angebliches ‚Schwarzfahren' verhindert werden könne – eine Ansicht, die davon ausgeht, dass Aggregationsdienste sich einfach der von Nachrichtenorganisationen geschaffenen Werte bedienen, ohne dafür zu bezahlen. Manche forderten sogar direkte Subventionen, und mehr.

Staatshilfe hat eine lange Geschichte, darin eingeschlossen (aber nicht beschränkt auf) die Nutzung der Übertragungsfrequenzen für Radio- und Fernsehsender oder Porto-Rabatte für Zeitungen und Zeitschriften. Das meiste dessen, was heute vorgeschlagen wird, ist aber entweder schlecht beraten oder sogar kontraproduktiv. Wir müssen den Markt arbeiten lassen, bevor wir vorschnell den Schluss ziehen, dass Steuergelder in irgendeiner Art und Weise notwendig sind. Das soll nicht heißen, dass Politiker und Bürokraten nicht Gesetze und Regularien verbessern könnten, die für die Medien relevant sind. Beim Urheberrecht und in anderen Bereichen könnte vieles besser sein.

Die ‚Startup-Kultur'

Worum geht es beim Unternehmertum? Egal, ob man innerhalb oder außerhalb eines anderen Unternehmens unternehmerisch aktiv wird, gibt es einige wichtige Eigenschaften (ein Großteil der nachfolgenden Punkte stammt von meinem Kollegen CJ Cornell):

- *Eigentum:* Das heißt nicht unbedingt, Anteile an einem Unternehmen zu besitzen, obwohl daran natürlich nichts verkehrt ist. CJ erklärt es unseren Studenten so, dass es darum geht, den Prozess und das Ergebnis dessen, was man tut, selbst bestimmen zu können.
- *Konzentration:* Wenn man sich nicht konzentrieren kann, wird man mit einem Startup keinen Erfolg haben. Ich weiß das aus eigener Erfahrung, mein Projekt *Bayosphere* ging unter anderem deshalb schief, weil ich glaubte, ich könne viele verschiedene Dinge gleichzeitig tun. Obwohl mich einer meiner Investoren davor gewarnt hatte.
- *Ambiguität:* Startups sind voller Ungewissheiten und sogar Chaos. Sind Sie der Typ Mensch, der damit nicht umgehen kann, dann sind Sie für ein Startup vielleicht nicht geeignet. Sie sollten eine Regel von Startups verstehen: Das fertige Produkt wird wahrscheinlich vollkommen anders sein, als das, welches Sie ursprünglich im Kopf hatten; und es wird sich weiterentwickeln.
- *Haushalten:* Startups müssen nutzen, was gerade zur Verfügung steht. Wenn alles auf Ihrer Wunschliste steht, haben Sie entweder zu viel Kapital oder Sie sind nicht kreativ genug.

- *Schnelligkeit:* Unternehmer handeln schnell. Sie ändern sich mit den sich wandelnden Vorgaben und nutzen ihre Chancen, die sich ebenso plötzlich ergeben wie sie auch wieder verschwinden. Sie fällen Entscheidungen und schreiten voran.
- *Innovation:* Man kann innovativ sein, indem man effizienter oder gründlicher ist, aber nicht nur durch die Erfindung neuer Technologien. Es gibt nur wenige Googles auf der Welt. Innovatoren sind Menschen, die Zusammenhänge erkennen, wo andere getrennte Welten sehen.
- *Risiko:* Risiken ernst zu nehmen ist entscheidend für den unternehmerischen Prozess, doch es gehört nicht an den Anfang der Liste. Man minimiert das Risiko, wo man kann, wissend, dass man es nicht ausschalten kann.

Der unternehmerische Prozess unterscheidet sich von Projekt zu Projekt. Grundsätzlich würde ich im digitalen Medienbereich Folgendes vorschlagen:

1. Beginnen Sie mit einer guten Idee. Wichtiger als alles andere ist die persönliche Leidenschaft. Ein Unternehmer, der nicht mit Haut und Haar an sein Ziel glaubt, hat bereits begonnen zu scheitern, um es mit den Worten von Dave Winer zu sagen, einem Unternehmer, der laufend neue Firmen gründet, und zugleich Pionier der digitalen Medien ist.
2. Entwickeln Sie Ihr Projekt schnell und kollaborativ, nutzen Sie dabei frei verfügbare Werkzeuge wann immer möglich und schreiben Sie den Code nur selbst, wenn Sie Bestandteile brauchen, die nirgendwo sonst zu finden sind. Seien Sie Anderen gegenüber offen bei dem, was Sie tun. ‚Geheimprojekte' können funktionieren, dafür gibt es Beispiele, doch die meisten Ideen werden durch die Hilfe Anderer besser, die interessant finden, was Sie machen.
3. Launchen Sie das Projekt, bevor Sie denken, dass Sie eigentlich so weit sind. Mit dem öffentlichen Start geht das Projekt eigentlich erst los. Das sagt wenigstens mein Freund Reid Hoffman, der Gründer von LinkedIn. Reid hat eine gute Nase für Investitionen in Internetfirmen und erklärte mir zum Start einer Konsumentenplattform: „Wenn Dir Deine Website nicht komplett peinlich ist, wenn sie online geht, dann hast Du zu lange gewartet."
4. Eine Folge des vorhergehenden Punktes ist, dass Sie eine Weile im Beta-Zustand arbeiten müssen. Es wird Fehler und Probleme geben. Reparieren Sie, was kaputt ist, und hören Sie nicht auf, sich zu wiederholen.
5. Wenn Sie merken, dass das Projekt misslingen wird, dann halten Sie es nicht künstlich am Leben. Vergeuden Sie keine Zeit und geben Sie kein Geld von Investoren aus, wenn Ihnen klar ist, dass Sie aufhören sollten. Das

mag wie ein Widerspruch zum ersten Ratschlag klingen, in gewisser Weise ist es das auch – erinnern Sie sich noch daran, was ich über die Ambiguität von Startups sagte?

6. Wiederholen Sie. Ein kleiner Fehler ist eine große Lehre. Innerliches Unternehmertum in Firmen, so genanntes „Intrapreneurship", sollte besonders tolerant gegenüber Fehlern sein. Vorausgesetzt, man ist nicht dumm oder rücksichtslos.

Große Konzerne können innovativ sein, doch in der digitalen Medienwelt sollten sie besser damit fahren, Startups aufzukaufen oder deren Produkte zu lizenzieren. Bill Joy, Mitgründer von Sun Microsystems, fasste es plausibel in dem Satz zusammen: „Egal wer Du bist, die meisten schlauen Menschen arbeiten für jemand anderen." Eine gute Idee ist nur der Beginn eines großartigen Startups. Unternehmer müssen die harte Realität der Unternehmensführung verstehen. Das ist für ein Non-Profit-Projekt genauso wahr wie für ein gewinnorientiertes Unternehmen; die Überlebensfähigkeit der Unternehmung zu sichern ist die wichtigste Aufgabe. Ich höre monatlich von etwa einem Dutzend neuer Startups. Die meisten werden versagen, ich muss aber noch einmal betonen: Das ist nicht ein Fehler im System. Es ist ein Bestandteil dessen.

Wenn ich ein Medienunternehmen leiten würde (Teil 1)

Traditionelle Nachrichtenorganisationen haben lange einen geringen Unternehmerquotienten gehabt – aus einer Vielzahl von Gründen. Ganz oben auf der Liste steht, dass ihre Journalisten von den betriebswirtschaftlichen Vorgängen streng getrennt waren. Das Management hielt sie von der Anzeigenabteilung fern, so als ob sie eine tödliche Krankheit bekämen, wenn sie zu viel Kontakt miteinander hätten. Diese Trennung von Kirche und Staat, wie wir Journalisten das mit großer Hybris nannten, hatte ihren Ursprung in ehrbaren Motiven: So sollte sichergestellt werden, dass Werbekunden – die Hauptkunden der Zeitung, wenn Akteure, die für den höchsten Umsatz verantwortlich sind, die Hauptkunden sind – die Berichterstattung nicht bestimmen oder auch nur beeinflussen. Diese Trennung war immer eine Fiktion, wenigstens teilweise, wenn man die betriebswirtschaftlichen Aufgaben von Verlegern und Sender-Managern und deren Einfluss auf die ihnen unterstellten Mitarbeiter berücksichtigt. Doch die Trennung erfüllte auf jeden Fall ihren Zweck.

Meine Erfahrung auf unternehmerischer Seite – sowohl als junger Erwachsener, als ich ein Musikunternehmen führte, als auch in der jüngeren Vergangenheit als Mitgründer eines erfolgreichen Startups – lehrte mich, dass die sogenannte Mauer zwischen Kirche und Staat mit Abstand der verheerendste Kardinalfehler des Journalismus im 20. Jahrhundert war. Macht den Anzeigenkunden klar, dass sie das Medienunternehmen nicht lenken (und meint es auch!). Doch ein Journalist, der keine Ahnung davon hat, wie seine Branche aus betriebswirtschaftlicher Sicht tatsächlich funktioniert, weiß über das große Ganze einfach zu wenig.

Wäre ich heute Chef eines Medienunternehmens, ob eines Startups oder als Teil eines Konzerns, ich würde sicher sein wollen, dass die Journalisten die veränderten Bedingungen der Medienwelt verstehen und zu schätzen wissen. Das schließt auch ein, die betriebswirtschaftliche Seite empathisch zu verstehen. Ich würde verlangen, dass sie die Vielzahl der Modelle nachvollziehen können, die Medien finanzieren – besonders das Unternehmen, für das sie arbeiten – und dass sie die entsprechende Sprache sprechen: TKP (Tausend-Kontakt-Preis), SEO (Suchmaschinenoptimierung) und so weiter. Ich würde von Journalisten nicht verlangen, ihr erstes Ziel darin zu sehen, die Zahl der Seitenaufrufe zu erhöhen – ein neuer Trend, der das Schlechteste in den Medien zum Vorschein bringt. Doch ich würde sehr wohl verlangen, dass sie wissen, was in allen Bereichen des Unternehmens geschieht, nicht nur bei den Inhaltsproduzenten. Vielleicht – nur vielleicht – hätte einer von den Journalisten die goldene Idee, die es braucht, um zu glänzen statt unterzugehen, wenn sie ihr Unternehmen wirklich verstünden.

Es gibt nicht so viele Wege, um ein Medienunternehmen nachhaltig zu gestalten. Zu ihnen gehören Abonnements, Werbung, Spenden, Mitgliedschaften, ehrenamtliche Mitarbeit und Nebenprodukte, die den Journalismus querfinanzieren. Zwei Beispiele: Eine Juraprofessorin könnte einen Rechts-Blog betreiben, der von ihrem Arbeitgeber unterstützt wird (und deshalb anzeigenfrei bleibt) und ihrer Karriere nutzt. Oder ein journalistisches Unternehmen könnte gewinnbringend Konferenzen veranstalten. Ich bin sehr angetan von der Vielzahl unternehmerischer Ideen in Medienunternehmen, und ich habe eine Menge Zeit damit verbracht, im *Mediactive*-Blog auf sie hinzuweisen. Für die Menschen, die solche Experimente wagen, sind die ethischen Probleme realer als je zuvor. Je näher der Journalist an die Menschen herankommt, die für den Journalismus bezahlen, desto mehr stellt sich ihnen die Frage, wie man sich an die grundsätzlichen Prinzipien halten kann. Transparenz wird zentraler denn je.

Wenn ich ein Medienunternehmen leiten würde (Teil 2)

Nennen Sie mich altmodisch, doch ich glaube immer noch daran, in einer Nachrichtenorganisation die Werkzeuge und Taktiken des 21. Jahrhunderts mit den zeitlosen Prinzipien von Exzellenz und Ehre zu kombinieren. Wir sind nahezu befreit von den Druckerpressen, der teuren Sendetechnik und vor allem den Top-Down-Hierarchien der Vergangenheit. Die großen Macher und Organisationen des Journalismus von morgen werden an eine Kultur glauben – und in ihr arbeiten –, welche die Möglichkeiten dieses Raums des Austausches und der Kollaboration willkommen heißt. Obwohl nun Vorschläge journalistischer Natur folgen und keine betriebswirtschaftlichen Ratschläge – ich weiß, dass keine dieser Ideen relevant sind, wenn das Unternehmen pleite ist – sind sie dennoch grundlegend für meine Vorstellung vom idealen Unternehmen. Nebenbei könnten die meisten dieser Vorschläge ohne zusätzliche Kosten umgesetzt werden. Und ich bin absolut überzeugt, dass sie helfen würden, journalistische Produkte zu produzieren, die vom Publikum wertgeschätzt werden. Ein Unternehmen, das seine Kunden nicht respektiert und schätzt, hat keine Zukunft.

Hier kommen einige Dinge, auf denen ich bestehen würde, wenn ich ein Medienunternehmen leiten würde: Als erstes würde ich unsere Nutzer einladen, sich am Journalismus zu beteiligen – auf eine Vielzahl unterschiedlicher Arten, Crowdsourcing, bloggende Nutzer, Wikis und anderes mehr eingeschlossen. Wir müssten verdeutlichen, dass es uns nicht um kostenlose Arbeitskraft geht – und ein System erarbeiten, das Zulieferer mit mehr als freundlichen Worten belohnt. Das Wichtigste ist, dass wir einen Informationsfluss von Nachrichten und Informationen in unterschiedliche Richtungen unterstützen wollen, bei dem die Nutzer eine wichtige Rolle spielen. Transparenz wäre ein Kernelement dieses Journalismus. Ein Beispiel unter vielen: Neben jedem gedruckten Artikel fände sich ein Kasten mit dem Titel „Was wir nicht wissen" – eine Liste von Fragen, die unsere Journalisten nicht beantworten konnten. Fernseh- und Radiogeschichten würden die wichtigsten Wissenslücken benennen. Egal in welchem Medium: Die Website des Mediums würde die Nutzer einladen, diese Lücken zu schließen – und jede Geschichte hat Lücken.

Wir würden Hyperlinks einfügen, wo immer es nur geht. Unsere Website würde eine möglichst umfassende Liste anderer Medien für unsere Community enthalten, egal ob es sich nun um eine Gruppierung bestimmter Interessen oder um eine geographische Gemeinschaft handelt. Wir würden zu allen wichtigen Blogs, Bild-Strecken, Videokanälen, Datenbanken und jeglichem anderen Material verlinken, das wir finden können. Wir würden unser redaktionelles Urteilsvermögen einsetzen, um die herauszustellen, die wir für die wertvollsten Mitglieder der Community halten. Und wir würden sehr offen aus unserem journalistischen Werk heraus zu anderen Arbeiten und Quellen verlinken, die für das Thema wichtig sind, dabei anerkennend, dass wir nicht Orakel sein wollen sondern Lotsen.

Wir würden einen Service anbieten, der Online-Nutzer auf Wunsch über Fehler in unseren Texten informiert, sobald sie gefunden werden. Die Nutzer dieses Services könnten entscheiden, ob sie nur informiert werden wollen, falls (unserer Meinung nach) schwerwiegende Fehler entdeckt werden oder bei allen Fehlern, für wie unwichtig wir sie auch halten mögen. Wir würden die Kommunikation zu einem wichtigen Bestandteil unserer Aufgabe machen. Unter anderem auf diese Arten:

- Falls wir eine Lokalzeitung wären, würden die Kommentar- und Meinungsseiten in moderierter Form das Beste aus den Konversationen in der eigenen und anderen Online-Communities drucken. Unsere Website würde zu anderen Kommentaren der üblichen Verdächtigen verlinken, syndizierte Kolumnen würden praktisch gar nicht mehr erscheinen.
- Kommentare würden als Blogs erscheinen, genauso wie Leserbriefe.
- Wir würden Leser zu Kommentaren und Forenbeiträgen ermutigen, allerdings in moderierten Bereichen, in denen die Nutzung von Klarnamen und Freundlichkeit sowohl selbstverständlicher wird als auch besser durchsetzbar ist.
- Kommentare von Nutzern mit überprüften Klarnamen würden als erste angezeigt werden (also bevorzugt behandelt).

Wir würden routinemäßig auf die Arbeit unserer Konkurrenten hinweisen, darin eingeschlossen (vielleicht sogar besonders) die besten Neuzugänge, z. B. Blogger die sich um Spezialthemen kümmern. Wenn wir das gleiche Thema bearbeitet haben, würden wir auf die Arbeit anderer Autoren hinweisen, um unseren Nutzern zu ermöglichen, eine breitere Perspektive zu bekommen. Wir würden auch auf Konkurrenten hinweisen, die Themen bearbeitet haben, die wir selbst ignoriert oder verpasst haben. Über das routinemäßige Hinweisen auf die Konkurrenz hinaus würden wir besonderen Wert darauf legen, über deren wichtigste Arbeiten zu berichten und zu verfolgen, ganz im Gegensatz zur heute üblichen Vorgehensweise, so zu tun, als gäbe es diese Konkurrenz gar nicht. Eine Grundregel wäre dabei, die Konkurrenz umso prominenter zu bewerben, je stärker wir uns wünschten, wir hätten das Thema selbst aufgegriffen. Das hätte mindestens zwei positive Effekte: Erstens würden wir unsere Community davon überzeugen, wie wichtig ein Thema ist. Zweitens würden wir den Menschen dabei helfen, den Wert von solidem Journalismus besser zu verstehen, egal von wem er gemacht wird.

Je mehr wir davon überzeugt wären, dass ein Thema für unsere Community wichtig ist, desto unnachgiebiger würden wir selbst das Thema behandeln. Hielten wir eine politische Entscheidung für schädlich, würden wir selbst eine Kampagne starten, um die Menschen von einem Kurswechsel zu überzeugen. Dazu hätten in der Vergangenheit zum Beispiel laute und beharrliche Warnungen vor den Gefahren der erschreckend offensichtlichen Immobilien- und Finanzkrise des letzten Jahrzehnts gehört.

Wir würden uns weigern, nur zu stenographieren und das dann Journalismus zu nennen. Wenn eine Fraktion oder Partei in einem Streit lügen würde, dann würden wir das auch so nennen und die notwendigen Belege erbringen. Würden wir feststellen, dass eine nennenswerte Zahl der Menschen in unserer Community Lügen über eine wichtige Person oder ein wichtiges Thema glauben würde, wäre es ein wichtiger Teil unserer Aufgabe, sie über die Wahrheit aufzuklären. Wir würden bestimmte Orwell'sche und PR-lastige Begriffe durch neutrale, präzisere Worte und Begriffe ersetzen. Falls jemand, den wir interviewen, die Sprache missbrauchen würde, dann würden wir das erklären, statt ihn direkt zu zitieren.

Wir würden Risiken ehrlich einschätzen. Journalisten nutzen regelmäßig anekdotische Evidenzen, um einer ängstlichen Öffentlichkeit Probleme größer erscheinen zu erlassen, als sie eigentlich sind. Wir würden es uns zur Angewohnheit machen, a) nicht von merkwürdigen oder tragischen Anekdoten auf eine grundsätzliche Bedrohung zu schließen, b) regelmäßig die bestehenden Hauptrisiken zu diskutieren und sie statistisch mit den kleineren zu vergleichen und c) die offensichtlichsten Beispiele an Horrorgeschichten zu entkräften, die unnötige Angst oder gar Panik hervorrufen könnten.

Unser Archiv wäre frei zugänglich, mit sogenannten Permalinks – also Internet-Adressen, die sich nicht verändern oder irgendwann verschwinden – für jedes einzelne Stück, das wir veröffentlichen, so weit in die Vergangenheit zurückreichend wie möglich. Wir würden einen einfachen digitalen Zugang bieten, der es anderen Menschen erleichtert, unseren Journalismus so zu nutzen, wie wir es vielleicht gar nicht erwartet hätten. Eine Kernaufgabe wäre es, Leute in unserer Community zu informierten Nutzern unserer Medien zu machen statt zu passiven Konsumenten, – und nicht nur zu verstehen, wie man zu informierten Nutzern wird, sondern auch warum sie das werden sollten. Wir würden mit Schulen und anderen Institutionen zusammenarbeiten, welche die Notwendigkeit kritischen Denkens anerkennen.

Wir würden keine Jubiläums-Geschichten bringen oder Kommentare, außer unter den seltensten Umständen. Sie sind nur eine Fluchtmöglichkeit für faule und einfallslose Journalisten. Wir würden auch niemals Top-10-Listen veröffentlichen. Die sind ebenfalls nur eine Krücke. Außer unter den drängendsten Umständen – wie z.B. wenn das Leben, die Freiheit oder die Existenzgrundlage eines Informanten bedroht wird – würden wir ungenannte Quellen weder zitieren noch indirekt wiedergeben. Würden wir es doch tun, bräuchten wir überzeugende

Belege von unserer Quelle, warum wir mit dieser ehernen Regel brechen sollten, und wir würden das Vorgehen in unserer Berichterstattung erklären. Zusätzlich würden wir unseren Nutzern folgenden Hinweis mit auf den Weg geben, wenn wir der Quelle Anonymität zugestehen: Wir glauben, dass es sich um eine der seltenen Situationen handelt, in denen Anonymität gerechtfertigt ist, doch wir raten zu angemessener Skepsis.

Falls wir Anonymität zugestünden und herausbekämen, dass unsere Quelle gelogen hat, würden wir die Anonymitätsvereinbarung als gebrochen betrachten und würden ihn oder sie öffentlich identifizieren. Natürlich würden die Quellen von diesem Grundsatz vor einer Veröffentlichung in Kenntnis gesetzt. Wir würden bei der Konkurrenz nach Beispielen suchen, bei denen eine anonyme Quelle nicht die Wahrheit gesagt hat und würden das ebenfalls veröffentlichen. Das Wort „muss" – so wie in „der Präsident muss dies oder das tun" – wäre von Kommentaren oder anderen Meinungsstücken unserer eigenen Journalisten verbannt und wir würden andere Autoren dringend bitten, darauf zu verzichten. Es ist ein leeres Wort, das nur die eigene Machtlosigkeit unterstreicht. Falls wir uns wünschten, dass jemand etwas Bestimmtes tun sollte, würden wir stattdessen versuchen, ihn zu überzeugen, indem wir erklären, warum es sich um eine gute Idee handelt (auch wenn sie mit ziemlicher Sicherheit nicht von uns stammt) und was die Konsequenzen sind, falls der Rat ignoriert wird.

Zu jeder Person oder jedem Thema, das wir regelmäßig behandeln, würden wir eine Zusammenfassung anbieten, einen Artikel (oder ein Video etc.), mit dem die Nutzer beginnen könnten, falls sie sich mit dem Thema noch nicht auskennen. Auf diese „Baseline" würden wir in jedem Beitrag zum Thema deutlich mit einem „hier starten" hinweisen. Wir könnten einen Wikipedia-ähnlichen Ansatz verfolgen, um Artikel aktuell zu halten. Es ginge darum, Zusammenhänge darzustellen, um unvorbereiteten Lesern eine Möglichkeit zu geben, sich schnell auf den aktuellen Stand der Dinge zu bringen und anderen zu erlauben, sich den Zusammenhang eines Themas zu erarbeiten. Bei jeder Berichterstattung, bei der es sinnvoll erscheint, würden wir den Nutzern sagen, was sie aus den neuen Informationen für ihre Entscheidungen lernen können. Das würde typischerweise in einem Kasten „Was Sie tun können" geschehen.

Wir würden unseren Nutzern auf jede denkbare Art sagen, wer hinter den Worten und Taten steht, über die wir berichten. Menschen und Institutionen versuchen häufig, den Rest von uns zu beeinflussen, ohne ihre Beteiligung an der Debatte offenzulegen. Wir würden unser bestes tun, um offenzulegen wer Geld spendet und im Hintergrund die Fäden zieht. Wenn unsere Wettbewerber sich weigern, solche Dinge offenzulegen oder es versäumen, ihren Quellen die offensichtlichen Fragen zu stellen, würden wir das Versagen dieser Journalisten in unserer Berichterstattung offen ansprechen. Wir würden keine Meinungsbeiträge von wichtigen Politikern, Managern oder Prominenten veröffentlichen. Fast nie schreiben sie Texte selbst, die unter ihrem Namen erscheinen und wir sind schlicht genauso unehrlich wie sie, wenn wir sie mit ihrem Namen veröffentlichen. Wenn sie eine bestimmte Art von Politik oder eine Sache voranbringen wollen, sollten sie Texte auf ihren eigenen Webseiten veröffentlichen, wir weisen dann gerne auf diese Seiten hin.

Ich könnte Dutzende mehr Vorschläge anbieten, doch diejenigen die ich aufgeschrieben habe, scheinen mir die wichtigsten zu sein. Sie sind weniger ein Rezept denn Teil einer Verpflichtung gegenüber der Gemeinschaft, der wir Journalisten dienen. Selbst für Organisationen, die an einer Einstellung à la „Wir haben es schon immer so gemacht" hängen, ist es nicht zu spät, etwas zu versuchen, das Potenzial hat, einen Trend umzukehren.

Sprechen Sie mir nach: Die Zukunft des Journalismus ist rosig

Ich bin neidisch auf meine Studenten. Ich wünschte, ich wäre noch einmal in ihrem Alter, würde noch einmal in den Beruf starten, auf einem leeren, sauberen Blatt Papier, mit allen Möglichkeiten und Chancen vor mir. Sie, nicht meine Generation, werden die Unternehmer sein, welche die Nachrichtenorganisationen der Zukunft erfinden, die uns alle als Mit-Macher des Journalismus willkommen heißen. Das Medienumfeld, das wir und schlussendlich unsere Demokratie braucht, um informiert Entscheidungen treffen zu können, wird nicht von selbst entstehen. Die Entscheidungen, die den neuen Journalismus ermöglichen werden, lasten nicht nur auf jenen, die Journalismus machen oder bei ihren Nutzern – die neue Ära setzt auch einen Wandel des juristischen, sozialen und betriebswirtschaftlichen Umfelds voraus.

Literatur

Gillmor D (2009) Paying for News: A Mega-Merger Thought Experiment. http://boingboing.net/2009/03/19/paying-for-news-a-me.html. Zugegriffen: 30. November 2011

Gillmor D (2010) Mediactive. http://mediactive.com/book/. Zugegriffen: 30. November 2011

Shirky C (2007) In Defense of „Ready, Fire, Aim". In: HBR List: Breakthrough Ideas for 2007. http://hbr.org/product/hbr-list-breakthrough-ideas-for-2007/an/R0702A-PDF-ENG. Zugegriffen: 30. November 2011

Knut Bergmann / Leonard Novy

Zur Konkretisierung der Debatte über philanthropische Finanzierungsmodelle[1]

Abstract

In der Diskussion um die finanzielle Zukunft der Medien gehört es seit Jahren zum guten Ton, philanthropische Finanzierungsmodelle zu erwähnen. Doch wie könnten solche Modelle in Deutschland tatsächlich aussehen? Knut Bergmann und Leonard Novy skizzieren, welche philanthropischen Modelle es bereits gibt, welche Modelle von Nebeneinander und Kooperation künftig eine Rolle spielen könnten – erklären, warum sich Mäzene für Medien engagieren sollten. Die entscheidende Botschaft: Eine Vielzahl deutscher Stiftungen ist auf dem Sektor der Vierten Gewalt nicht aktiv – obwohl sie könnten, wenn sie denn wollten.

Immer noch gibt es Menschen, die Zeitungen gern in Form von bedrucktem Papier lesen. In der seit nunmehr schon Jahren grassierenden Medienkrise gelten sie vielen als hoffnungslose Nostalgiker, die in romantischer Verklärung an der Zeitung, jener Verkörperung der „Vergangenheit in der Gegenwart" (Imhof 2008: 40), hängen. Tatsächlich wird sich manch einer von Ihnen wünschen, dass das Leben bisweilen doch der Fiktion beispielsweise eines Romans entsprechen möge, eines auf Papier gedruckten selbstverständlich. Eine hochgelobte Neuerscheinung des Jahres 2010 war „Die Unperfekten" des Kanadiers Tom Rachman. Er schildert in seinem Debütroman die Geschichte einer fiktiven englischsprachigen Zeitung in Rom. Durch das ganze Buch hindurch zieht sich die Frage, warum sich der Verleger dieses stets unprofitable Projekt über Jahrzehnte geleistet hat. Am Ende – im wahrsten Sinne, denn die Zeitung wird eingestellt – ist in seinem Vermächtnis zu lesen, dass ihm Journalismus eigentlich immer egal gewesen ist. Es war die Liebe zu einer Frau, die er als Redakteurin anstellte, die ihn über all die Jahre motiviert hatte, Unsummen zu investieren: „Ich bin gekommen, um mit Dir in einem Raum sein zu können, und wenn ich den Raum erst mal schaffen und mit Leuten und mit Schreibmaschinen und dem ganzen Rest füllen muss. Ich kann nur hoffen, dass Du verstehst, dass die Zeitung nur für Dich gedacht war." (Rachman 2010: 370)

---

[1] Teile der folgenden Überlegungen basieren auf Bergmann/Novy 2012.

Das Beispiel aus der Literatur lehrt uns, dass Mäzenatentum immer etwas mit sehr persönlichen Motiven zu tun hat. Das ist tatsächlich so, wobei auch jenseits der von Rachman erzählten Geschichte zu hoffen wäre, dass fähige Verleger und einflussreiche Philanthropen immer gemeinsam hätten, dass es ihnen allein – oder wenigstens: vor allem – um die Sache, nicht um persönliche Eitelkeit, politischen Einfluss oder gar unlautere Motive geht. Tatsächlich ist dies nicht immer so; der Mediensektor ist stark von wirtschaftlichen Interessen getrieben. Da sich seit Ende des 20. Jahrhunderts, jenes „Jahrhunderts des Journalismus" (Weischenberg 2010), das mit dem Aufstieg der Presse zu Massenmedien begann, die Erkenntnis durchsetzt, dass die Zeiten, in denen sich bedrucktes Papier problemlos in Geld verwandeln ließ, ein für allemal vorbei sind und verlorengegangene Erlösquellen nicht ohne weiteres durch zusätzliche Einnahmen im Netz zu ersetzen sein dürften, werden den Chancen und Grenzen philanthropischer Journalismusförderung zusehends mehr Beachtung geschenkt.

Die neuen Realitäten der Netzökonomie trafen die Zeitungsverleger, die jahrzehntelang kaum unternehmerisch denken mussten, um Geld zu verdienen, ins Mark. Ökonomisch betrachtet ergibt sich die Herausforderung daraus, dass die journalistische Leistung durch das Internet vollends ein öffentliches Gut geworden ist, also mit einem weiteren Nutzer nicht nur Grenzkosten von Null verbunden sind, sondern auch ein Ausschluss weiterer Nutzer nicht mehr effektiv möglich ist. 2011 fielen in Deutschland das zweite Jahr in Folge die Einnahmen aus dem Vertrieb der Zeitungen höher aus als die Einnahmen aus Anzeigen und Werbung. Die alte Faustregel, wonach zwei Drittel der Umsätze aus der Werbung und ein Drittel aus dem Verkauf der Tagespresse stammen, gilt zwar bereits seit der ersten großen Wirtschafts- und Werbekrise des Jahrzehnts (2001 bis 2003) nicht mehr, doch die Umkehrung der Verhältnisse signalisiert deutlich die strukturellen Veränderungen innerhalb der Branche. Die Annahme, dass sich die Werbeerlöse aus dem Print auf Online-Medien würden übertragen lassen, hat sich nicht erfüllt. 1998, im ersten Jahr, für das Daten für Online-Medien vorliegen, hatten Tageszeitungen an den Werbeaufwendungen noch einen Marktanteil von fast 30 Prozent, Onlineangebote kamen gerade auf 0,1 Prozent. 2010 hatten die Tageszeitungen fast 10 Prozent auf 19,4 Prozent verloren, doch der Anteil von Onlinemedien war gerade einmal auf 4,6 Prozent Marktanteil gewachsen. Ihr Zugewinn lag also nicht einmal bei der Hälfte dessen, was die Tageszeitungen verloren hatten (vgl. Bundesverband Deutscher Zeitungsverleger e.V. 2010: 20-21).

Förderung durch Stiftungen

Gerade in den USA, dem Land der ungezügelten Märkte, hat mäzenatisches Handeln im Mediensektor eine beträchtliche Tradition. Hier, wo alleine die Finanzkrise der Jahre 2008 und 2009 zu Umsatzeinbußen von 30 Prozent führte und die Zeitungsindustrie in den ersten zehn Jahren des neuen Jahrtausends 1,6 Milliarden Dollar (oder 30 Prozent) der für die Produktion journalistischer Inhalte zur Verfügung stehenden Mittel verloren hat, sind in den vergangenen Jahren eine Reihe von Initiativen entstanden, die sich dem drohenden Verlust an Meinungsvielfalt und publizistischer Qualität entgegenstemmen (vgl. Project for Excellence in Journalism 2011 und OECD 2010). Vor allem die seit ihrer Gründung 2007 mehrfach mit dem Pulitzer-Preis ausgezeichnete Recherche-Plattform *ProPublica* („Journalism in the public interest") ist zu einem vieldiskutierten Vorbild geworden. *ProPublica* wie auch der virtuelle Marktplatz *spot.us* sind Beispiele dafür, wie sich philanthropisch geförderter Journalismus Themen annimmt, denen von den kommerziellen Medien oft aufgrund des hohen Rechercheaufwands – oder in den USA auch wegen der zu erwartender Prozesskosten – nicht die wünschenswerte Beachtung zuteilwird. *Spot.us* arbeitet dabei nach dem Prinzip der Schwarmfinanzierung (Crowdfunding), während *ProPublica* jährlich mit zehn Millionen Dollar von dem Milliardärs-Ehepaar Herbert und Marion Sandler unterstützt wird, deren Vermögen aus der Golden West Financial Corporation stammt. Dazu kommen Gelder anderer Stiftungen wie der Knight Foundation sowie Kleinspenden. Finanziert wird davon eine Redaktion mit aktuell über 30 festangestellten Journalisten, die allein im letzten Jahr mehr als 100 Geschichten zu Themen aus Politik und Wirtschaft recherchierten und dabei diverse Enthüllungen für sich verbuchen konnten. Die Recherchen werden in der Regel kostenlos an verschiedene Medien wie die *New York Times*, die *Washington Post* oder National Public Radio weitergegeben und auf der eigenen Webseite veröffentlicht.

Auch in Deutschland – den milliardenschweren öffentlich-rechtlichen Rundfunkanstalten zum Trotz – ist eine zumindest in Expertenkreisen breite Debatte über nicht-kommerziellen, philanthropisch finanzierten Journalismus in Gang gekommen. Vollkommen neu sind solche Konstruktionen selbst bei uns nicht: Schon lange steckt hinter einer großen deutschen Tageszeitung, der *Frankfurter Allgemeinen*, ein kluger, aber wenig transparenter Stiftungs-Kopf (die FAZIT-Stiftung), wird die linksalternative *taz* stilecht genossenschaftlich unterstützt, sind auf lokaler Ebene von Vereinen getragene Blogs wie *Regensburg Digital* oder die *Kontext:Wochenzeitung* entstanden. Bekannt sind diese Modelle kaum – was bedauerlich ist. Denn obwohl weniger als 0,5 Prozent der deutschen Stiftungen ausdrücklich die Förderung des Journalismus in ihren Statuten und

Zielbestimmungen verankert haben, (vgl. Friedland/Konieczna 2011: 40) könnten gerade sie eine viel größere Rolle bei der Unterstützung einer freien Presse
spielen. Die Förderung der Demokratie findet sich als Ziel in sehr vielen Satzun-
gen – und die ‚Vierte Gewalt' ist schließlich Teil des demokratischen Tafelsil-
bers. Bislang kümmern sich Stiftungen vor allem um die Ausbildung von Journalisten; beispielsweise widmet sich die FAZIT-Stiftung unter anderem diesem
Zweck, genauso wie die taz.pantherstiftung. Weitverbreitet ist zudem die Vergabe von Journalistenpreisen. Auszeichnungen auszuloben ist zweifelsohne geübte
Stiftungs- und Vereinspraxis, wobei manch gestiftete journalistische Ehrung im
Ruf steht, dass die Kosten des öffentlichen Wirbels, der um sie gemacht wird,
deutlich höher sind als das Preisgeld. Zudem stellt sich die Frage der Wirksam-
keit, denn die Preise sind zum einen kaum je so hoch dotiert, dass sich davon
aufwändige Recherchen finanzieren ließen. Zum anderen existiert gerade im
Medienbereich eine fast unübersehbare Fülle von Auszeichnungen; die Seite
journalistenpreise.de listet derer fast 400. Jeder zehnte davon wird laut Zählung
von Friedland und Konieczna von einer Stiftung ausgeschrieben, womit diese
Kategorie die mit Abstand häufigste Förderung journalistischer Qualität durch
Stiftungen darstellt. Auf den Plätzen folgen Ausbildungsförderung, die 28 Stif-
tungen im Portfolio haben, die Organisation von Austausch- und Leadership-
Programmen (16), Konferenzen, Seminare, Workshops und Tagungen (sieben)
sowie medienpädagogische Projekte (vier) (vgl. Friedland/Konieczna 2011: 41).
So überrascht kaum, dass Experten und Praktiker sich mit Blick auf philanthro-
pische Unterstützung einen Wechsel der Perspektive vom Thematischen zum
Systematischen erhoffen – „Journalismus-Förderung statt Journalisten-
Förderung", lautet eine griffige Formel dafür. Auf der Wunschliste notiert wurde
zudem eine Art „Entwicklungshilfe für neue journalistische Formen", die Unterstützung bei der Exploration neuartiger Refinanzierungsmodelle, etwa durch
Spenden (vgl. BMW-Stiftung Herbert Quandt 2011).

Unterstützung von günstig bis teuer

„Stifter erkennen langsam, dass Journalismus für freie demokratische Gesellschaften von Bedeutung ist, deshalb ist auch der Etat für den Journalismus gestiegen", gibt der Chefredakteur von *ProPublica*, Paul E. Steiger, zu Protokoll
(zitiert nach: Kramp/Weichert 2010). Da eine funktionierende ‚Vierte Gewalt'
unabdingbar für ein freiheitliches Gemeinwesen ist, liegt es im Interesse von
Stiftungen, dazu beizutragen, denn sie sind selbst auf eine solche Grundordnung
angewiesen. Der damalige Bundespräsident Horst Köhler hat diesen Gedanken
2005 in einer Grundsatzrede zum Thema Stiftungen hervorgehoben, indem er

sagte, dass es „kein Zufall [ist], dass es in Diktaturen kein Stiftungswesen gibt. Diktatorische Systeme können sich nicht auf einen Wettstreit um die bessere Idee zum Wohle aller einlassen. Stiftungen sind ein Kennzeichen freier, demokratischer Gesellschaften" (Köhler 2005) Ein weiteres konstitutives Argument, das für eine stifterische Unterstützung von Medien spricht, liegt darin begründet, dass Stiftungen „auf den Erhalt einer informierten Öffentlichkeit angewiesen [sind], in der sie mit ihren Themen Impulse setzen, in Dialog mit ihren Zielgruppen treten und Resonanz erzeugen können. Ein funktionsfähiges Mediensystem mit einem qualitativ hochwertigen Journalismus ist somit nicht nur Voraussetzung für eine vitale Zivilgesellschaft, sondern auch strukturelle Prämisse für Stiftungsarbeit" (Friedland/Konieczna 2011: 38).

Hinzu kommt das Selbstverständnis von Stiftern und den von ihnen begründeten Institutionen, die sich selbst oft als Innovationstreiber, als eine Art „Stachel im Fleisch" der Gesellschaft verstehen – und die, zumindest bei den Resultaten ihrer Arbeit, eben nicht auf Quartalszahlen und Börsenkurse schauen müssen. Insofern können Investitionen in neuartige Formen des Journalismus attraktiv für sie sein, denn die genannten Projekte sind geeignet, Innovationen bekanntzumachen und voranzubringen. Dies gilt umso mehr, als sie neue, oftmals teure Arbeitsweisen wie etwa den Datenjournalismus, die Sammlung, Analyse und Veröffentlichung komplexer Daten, fördern. Mit einer Reihe von interaktiven *News Applications* und Visualisierungen, die komplexe Sachverhalte und unüberschaubare Datensätze für den Leser nachvollziehbar machen, hat *ProPublica* auch hinsichtlich neuer journalistischer Darstellungsformen Standards gesetzt. Dabei fördert die schon genannte John S. and James L. Knight-Foundation, die seit 1950 fast eine halbe Milliarde US-Dollar für die Förderung von Qualitätsjournalismus ausgeschüttet hat, nicht nur *ProPublica*, sondern stellt für diverse journalistische Startups die nötige Anschubfinanzierung zur Verfügung. Auch durch ihre Zuwendungen sind auf regionaler Ebene, die im Zuge der Medienkrise in den USA häufig zu einer Art medialem Notstandsgebiet verkommen ist, onlinebasierte Medienangebote entstanden wie die Voice of San Diego, der New Haven Independent, die MinnPost und der St. Louis Beacon, die über Themen aus der Region berichten. Diese Non-Profit-Projekte verdanken ihre Existenz allesamt gemeinnützigen Finanzierungsmodellen – sei es durch die Förderung durch Stiftungen, sei es durch die Unterstützung zahlungsbereiter Leser (vgl. Friedland/Konieczna 2011: 38) – und stellen mit ihrer lokalen Fokussierung eine auch für Deutschland vorstellbare Variante der mäzenatischen Förderung von Medien dar. Bei nahezu jeder Form bürgerschaftlichen Engagements lohnt es, das eigene Umfeld in den Blick zu nehmen, weil durch persönliche Nähe nicht zuletzt die Wirkung besonders erlebbar wird. Das gilt auch für Spender, Stifter und Philanthropen. Die können sich darüber hinaus viel einfacher vor der eigenen Haustür selbst einbringen;

der Wert von persönlicher Anteilnahme wird in der Philanthropie, wo es vermeintlich immer nur um große Summe geht, leicht unterschätzt. Die vom langjährigen Sprecher des US-Repräsentantenhauses Tip O'Neill stammende politische Weisheit „All politics is local", eigentlich auf Wahlerfolge gemünzt, gilt genauso im Kontext von Engagement. In den Kommunen, der kleinsten uns Menschen betreffenden Ebene des demokratischen Gemeinwesens, wird Politik unmittelbar erfahrbar und erlernbar.

Um auf der kommunalen Ebene zu verbleiben: Gut funktionieren könnte insbesondere im Lokaljournalismus eine Kombination der Schwarmfinanzierung, bei der ein Journalist erst dann an einem Beitrag beginnt zu arbeiten, wenn genügend Spenden dafür zusammengekommen sind, mit dem in der Philanthropie mittelweile weitverbreiteten Modell eines ‚Matching-Fund', bei dem ein Mäzen die eingehende Spenden verdoppelt oder vervielfacht. Ein Vorteil einer solchen Lösung wäre unter Compliance-Gesichtspunkten, dass die Macht eines einzelnen Spenders, der zumeist über eine erhebliche Lenkungswirkung verfügen dürfte, durch ein breiteres Publikumsinteresse gemildert wird. Weitere Möglichkeiten philanthropischer Medienförderung bestehen darin, etablierte, aber möglicherweise kränkelnde Medien durch die Zurverfügungstellung von Kapital von verlegerischen Renditeerwartungen in manchmal prozentual zweistelliger Höhe zu entlasten, oder sogar – zugegebenermaßen das teuerste Modell – auf diesem Wege ganz von wirtschaftlichen Zwängen zu befreien. Der chronisch defizitäre britische *Guardian* wird seit Jahren durch eine Stiftung, den Scott Trust, querfinanziert. Sogar die Transformation ganzer Medien in eine Non-Profit-Organisation mittels einer Stiftung wäre denkbar, wenn auch extrem kostenintensiv. Allerdings würde eine solche Lösung vermutlich die Einwerbung von Spenden und den Zugriff auf Fördermittel erleichtern, wie für den Spender die Steuervorteile ebenfalls interessant sein dürften. Generell spricht für das mäzenatische Modell, dass es nicht mit dem Selbstverständnis der Zeitungsverlage kollidiert, aus dem heraus sie eine direkte Unterstützung durch die öffentliche Hand ablehnen, wobei indirekte Hilfe, etwa mittels steuerlicher Erleichterungen, weniger skeptisch gesehen wird. Laut einer Untersuchung im Auftrag der Friedrich-Ebert-Stiftung treffen Privatspenden oder Fördergelder von Stiftungen insbesondere für kostenintensive journalistische Tätigkeitsbereiche wie Recherche und Auslandskorrespondenz auf Zustimmung (vgl. Kramp/Weichert 2012: 213-214).

Grenzen der Philanthropie

In allen Fällen gilt jedoch, dass mäzenatische Modelle, wie sie auch immer konkret ausgestaltet werden, kein Allheilmittel gegen die Krise der Medien sind.

Weder ist der Non-Profit-Sektor finanzstark genug, noch bedeutet Gemeinnützigkeit automatisch besseren Journalismus. Doch als Lieferanten von publizistischen Inhalten und Innovationstreiber bergen ganz oder teilweise philanthropisch finanzierte Medien, ob durch eine Stiftung, durch Einzelspenden, Crowdsourcing oder Matching-Fund-Modelle, beträchtliche Chancen. In der öffentlichen Förderung von Vielfalt und Innovation läge wiederum eines der auch symbolisch wichtigsten Potentiale für die Revitalisierung der deutschen Medienpolitik – etwa durch die Gründung einer „Stiftung Journalismus" zur Förderung journalistischer Projekte. Schon mit einem minimalen Anteil am öffentlich-rechtlichen Gebührenaufkommen – 0,5 Prozent ergäben ein jährliches Budget von zirka 35 Millionen Euro und könnten aus der Umwidmung von Gebührenmitteln für die Landesmedienanstalten erschlossen werden – wäre viel zu erreichen. Ein solches Projekt könnte sich zum Vorreiter und Partner für andere Stiftungen entwickeln (vgl. Novy 2011). In all diesen Szenarien bleiben eine Reihe offener Fragen: grundlegende, wie die nach der Übertragbarkeit von zivilgesellschaftlichen Ideen und Modellen von den kulturell in dieser Hinsicht so anders als Deutschland verfassten USA, nach der Compliance und sehr konkrete vor allem hinsichtlich der juristischen Konstruktion.

Ohne Transparenz keine Glaubwürdigkeit

An den Strukturen und Entscheidungsprozessen journalistisch aktiver Stiftungen entscheidet sich die Glaubwürdigkeit – und damit letztlich die Tragfähigkeit – entsprechender Modelle. Zunächst einmal bedarf es vollkommener Transparenz. Die ist leider generell nicht selbstverständlich im Stiftungssektor, weshalb der Ruf nach verbindlichen Regeln für mehr Transparenz und eine gesetzliche Publizitätspflicht in der Zivilgesellschaft immer lauter wird (vgl. Phineo 2011). Die vollständige Offenlegung der Rechnungslegung wie der Finanziers wäre bei der philanthropischen Förderung von Medien besonders wichtig, da immer die Frage nach Einfluss und Beweggründen gestellt würde.[2] Anhand einiger prominenter Beispiele wurde wiederholt die Frage nach der Unabhängigkeit mancher Stiftungen von wirtschaftlichen Interessen gestellt (vgl. beispielsweise: Rawert 2010). Im Kontext von Zeitungen und anderen publizistischen Formaten würde vermutlich noch genauer hingeschaut – allerdings wären in der Folge für den Philanthropen Ruhm und Ehre umso größer, je unabhängiger das Medium ist. Daraus

---

[2] Das in vielerlei Hinsicht extreme Beispiel des Verlegers Gerhard Frey und seiner National-Zeitung samt der Quersubventionierung aus Mitteln der Deutschen Volksunion verweist auf mögliche politische Implikationen, wobei die Verpflichtung zur Offenlegung der Finanzströme auch zur Eindämmung solcher Gefahren beitragen kann.

folgt ein weiteres Argument für mäzenatische Unterstützung von Journalismus, denn hier besteht für den Geldgeber die Chance, exemplarisch die ‚reine Lehre' vorzumachen. Ein philanthropischer Medieninvestor könnte Dank der hohen Visibilität, die er naturgemäß hätte, mit seinem Vorgehen selbst für vollkommen andere Bereiche des Mäzenatentums und des Engagements beispielhaft wirken. Zweifelsohne würden die Beweggründe seines Handelns stärker als bei den meisten anderen Engagements hinterfragt – Einflussnahme, Propaganda, Reinwaschung? –, weshalb der Mäzen sich jeden Einfluss auf die redaktionelle Arbeit versagen müsste. Genaugenommen dürfen im Falle von Medien außer dem guten Gefühl einer sinnstiftender Investition und der daraus erwachsenden Anerkennung keinerlei Interessen mit der Gabe verbunden werden. In der Kategorie Unabhängigkeit kann selbst die vielgelobte *ProPublica* noch zulegen, denn die Spender, Herbert und Marion Sandler, haben bislang zur Auflage gemacht, dass sie nicht Gegenstand von Recherchen der Plattform werden dürfen.[3]

Es bleibt – wie bei allen mäzenatischen Aktivitäten – das Problem, dass mit den steuerlich begünstigten Zuwendungen letztlich einige wenige sehr reiche Einzelpersönlichkeiten erheblichen Einfluss ausüben können (vgl. Bergmann 2011; Bergmann/Strachwitz 2011). Allerdings dürfte die Lenkungswirkung, die philanthropische Gaben etwa in der Bildungspolitik oder in der Kultur mit teilweise für die Allgemeinheit kostenintensiven Folgen entfalten, deutlich größer sein, als dies bei Investitionen in den Erhalt einer freien Presse der Fall ist – sofern diese den oben beschriebenen Compliance-Regeln folgen.[4] Um unbotmäßigen inhaltlichen Anliegen der Geber einen Riegel vorzuschieben, hat der Politik- und Medienwissenschaftler Hans J. Kleinsteuber die Einrichtung unabhängi-

---

[3] Auch stellt sich die Frage „To what lengths are [...] news networks willing to go to keep donors' dollars coming?" (Herskowitz 2011).

[4] Die Gefahr einer exklusiven Lenkungswirkung besteht übrigens nicht nur bei mäzenatischen Modellen. So weist der Medienwissenschaftler Stephan Russ-Mohl darauf hin, dass eine öffentlich-rechtliche Unterstützung von Printmedien „letztlich [...] auf weitere Umverteilung von unten nach oben hinaus[läuft]: Weil die Söhne und Töchter von Bildungsbürgern [...] in ihrer Rolle als „Konsumenten" aus freier Entscheidung kein Zeitungsabo mehr bezahlen wollen, sollen nicht nur sie, sondern auch steuerzahlende Facharbeiter und andere eher bildungsferne Schichten, die sich nie und nimmer eine *Süddeutsche Zeitung* oder eine FAZ kaufen würden, in ihrer Rolle als Staatsbürger quasi zu einem Zwangsabo solchen Qualitätsjournalismus verpflichtet werden und eine journalistische Kaste finanzieren, die sich hinter einer weiteren staatlich finanzierten Paywall häuslich einrichten darf" (Russ-Mohl 2011: 404). Fernab jedweden Kommentars über die Russ-Mohlsche Analyse der Nicht-Leserschaft von SZ und FAZ ließe sich dieses Argument selbstverständlich auch auf andere potentiell sozial-exkludierende Systeme übertragen, wie beispielsweise gebührenfreie Universitäten. Ausschließlich lautere Motive vermag sich der Medienwissenschaftler übrigens bei keinem Philanthropen vorzustellen: „Mäzene, Stifter, Klein-Spenden – alle sind zusätzlich hochwillkommen, obschon auch sie eine eigene Agenda verfolgen und kaum einfach selbstlos ‚guten', unabhängigen Journalismus finanzieren werden" (Ebd.: 410). Richtig ist zweifelsohne, dass viele gut gemeinte Engagements zu einer im Wortsinne exklusiven Kultur beitragen.

ger Gremien vorgeschlagen, etwa nach dem Vorbild der deutschen Rundfunkräte oder der Journalistenschulen in den USA. Überlegenswert seien zudem Ombuds-Modelle, in die erfahrene ältere Journalisten einbezogen werden (zitiert nach: Lilienthal 2011).

Grundlegend bleibt festzuhalten, dass Zusammenschlüsse mehrerer Geber in der Journalismus- und Medienförderung auch positive Effekte auf die Einhaltung von journalistischen Standards bei dem betreffenden Medium haben dürften, da sich die Partner gegenseitig kontrollieren. Die gemeinsame Aufsicht sollte ein Höchstmaß an medienethischer Prinzipientreue garantieren, und eine nicht damit in Einklang stehende Praxis zugunsten eines der Träger unterbinden – sei es hinsichtlich einer Aufweichung der strikten Trennung von verlegerischen Interessen und redaktioneller Arbeit, sei es mit Blick auf einseitige oder geschönte Berichterstattung oder andere denkbare Interessenkonflikte mehr. Besonders aussichtsreich sind Mischfinanzierungen, also von mehreren Stiftungen und NPOs getragene Projekte, die ihr Budget aus den Erträgen eines gestifteten Grundvermögens, Zustiftungen und anderen Zuwendungen (Spenden) sowie aus Erlösen am Markt erzielen.[5] Neben Gründen der Legitimation und Glaubwürdigkeit spricht das Volumen zumindest umfangreicherer Vorhaben für Kooperationsmodelle, wobei damit nicht allein der finanzielle Hebel größer wird, sondern genauso immaterielle Ressourcen potenziert werden, wie beispielsweise das Netzwerk, das Geber einbringen. Nicht zuletzt stellt ein solches Vorgehen eine moderne Form der Stiftungsstrategie dar. Die Ressourcen bedürfen allerdings einer nüchternen Betrachtung. Denn obwohl der Sektor boomt, kann kaum eine deutsche Stiftung wirklich über große Mittel verfügen – bei über 70 Prozent von ihnen beträgt der Kapitalstock unter einer Millionen Euro, die ausschüttbaren Erträge sind entsprechend gering. Generell wird ihre finanzielle Potenz oft überschätzt (vgl. Bergmann/Krüger 2011). Auf gerade einmal 0,3 Prozent bezifferte die Enquete-Kommission des Deutschen Bundestages zur „Zukunft des bürgerschaftlichen Engagements" den Anteil von Stiftungen an der Finanzierung des Dritten Sektors; ihr Beitrag „zur Gesamtfinanzierung des Gemeinwohls liegt im nicht mehr messbaren Bereich". Die wahre Bedeutung sei „in ihrem qualitativen Gemeinwohlbeitrag" zu sehen (vgl. Deutscher Bundestag 2002: 117). Dieser Befund lässt sich gleichermaßen auf den Bereich der Medienförderung übertragen. Selbst in den USA, wo Stiftungen schon lange auf diesem Feld tätig sind und wo generell mehr philanthropisches Kapital vorhanden ist, lassen die spärlichen Zahlen und Daten nicht darauf schließen, dass Unsummen zugunsten der „Vierten Gewalt" mobilisiert werden. Friedland und Konieczna schätzen den Gesamtbetrag der Spenden zugunsten der Förderung des Journalismus auf etwas

---

[5] Eine dem Stiftungszweck angemessene *Spenden-Policy* müsste auch regeln, wann und aufgrund welcher Kriterien Spenden von Einzelpersonen und Unternehmen abgelehnt werden.

über eine Milliarde Dollar; dem State of the News Media Report 2010 zufolge konnten gerade 10 Prozent der wegbrechenden Mittel durch ‚Non-Profit-Geld' kompensiert werden. Die Zuwendungen für Medienprojekte machen jedenfalls nur einen geringen Prozentsatz der Ausschüttungen von Stiftungen aus: „Geht man davon aus, dass sich Fördermittel für journalistische Kommunikation (abzüglich des öffentlich-rechtlichen Fernsehens und Hörfunks) jährlich auf etwa 100 Millionen Dollar belaufen, handelt es sich lediglich um 0,2 % des Gesamtspendenvolumens von 44 Milliarden Dollar" (Friedland/Konieczna 2011: 14).

Kooperationen als Königsweg

Diese Summen sind gemessen an den Bilanzen der Medienbranche ein Tropfen auf den heißen Stein, auch lösen sie die Probleme des Journalismus nicht – diesseits wie jenseits des Atlantiks. Doch reichen sie für die Finanzierung von Pilotprojekten absolut aus. Für Friedland münden diese Befunde in der Erkenntnis, dass der privatwirtschaftliche Medienmarkt keinesfalls durch Stiftungen ersetzt werden kann, dass diese aber die Transformation und den Wandel dieses Marktes fördern können (vgl. BMW-Stiftung Herbert Quandt 2011). In Deutschland, wo sich Journalismus traditionell über eine starke öffentlich-rechtliche und eine kommerzielle Säule finanziert, könnten solche Modelle (wie auch Genossenschaftsmodelle oder Beteiligungen von Bürgern als Aktionäre ohne Renditenerwartung) zu einem vitalisierenden Element einer Medienlandschaft werden, die sich ohnehin zusehends ausdifferenziert.

Friedland und Konieczna sehen die kritische Marke des Anteils von Stiftungsmitteln bei der Finanzierung von Non-Profit-Medienunternehmen bei 25 Prozent; diese Betriebe würden „nie ganz ohne stiftungsbasierte Fördermittel auskommen, können aber durchaus erfolgreich sein, wenn sie aus Abonnements und anderen Quellen 60 bis 75 % ihrer Betriebskosten decken" (Friedland/ Konieczna 2011: 38). Damit wären wir bei einem weiteren gewichtigen Einwand gegen das mediale Mäzenatentum: der Gefahr marktwirtschaftlich unerwünschter Nebenwirkungen. Bedenken, dass philanthropisch geförderte Medien zu Marktverzerrungen und Kannibalisierungseffekten führten, lässt sich entgegenhalten, dass es sich meist um journalistische Formate handeln wird, in die kaum mehr ein Verleger investiert, der ausschließlich unternehmerisch vorgeht. Vor allem werden Stiftungen trotz ihrer Ewigkeitskonstruktion eher in ‚Entwicklungshilfe' im Sinne der Exploration und Förderung zeitgemäßer journalistischer Recherche- und Darstellungsformen sowie der Unterstützung von finanziell risikobehafteten Formen von Journalismus ihre Aufgabe finden und nur in Aus-

nahmen darin, Medien mit betriebswirtschaftlich wie redaktionell überkommenen Modellen dauerhaft lebensverlängernde Maßnahmen zu finanzieren (vgl.
Starr 2012: 240). Selbstwirksamkeit ist seit je her eines der Hauptmotive bürgerschaftlichen Engagements. So war einer Begründer des modernen Journalismus,
Théophraste Renaudot, nicht nur Herausgeber der ersten französischen Zeitung
La Gazette, sondern er war auch ein bedeutender Mäzen. Doch er, der eigentlich
von Beruf Arzt war, wird nicht wegen der von ihm gegründeten Zeitung als Phi-
lanthrop gerühmt, sondern ob seines Engagements für die Ärmsten der Gesellschaft. Dennoch erschien seine Gazette ganze 284 Jahre lang – eine Zeitspanne,
die hoffen lässt. Zumindest hier übertrifft die Realität die Fiktion, denn die römi-
sche Auslandszeitung aus Tom Rachmans Roman überlebte nur einige Jahrzehnte.

Literatur

Bergmann K (2011) Damit gutes Tun nicht zum Danaergeschenk wird. Frankfurter All-
gemeine Zeitung, 24. Dezember 2011, S 14
Bergmann K, Krüger S (2011) Die Einkommensquellen der Zivilgesellschaft. For-
schungsjournal Soziale Bewegungen 24: 19-28
Bergmann K, Novy L (2012) Chancen und Grenzen philanthropischer Finanzierungsmo-
delle. Aus Politik und Zeitgeschichte (APuZ) 29-31: 33-39
Bergmann K, Strachwitz R G (2011) Wem nützt die Gemeinnützigkeit? Universitas 66,
Nr. 4: 98-106
BMW-Stiftung Herbert Quandt (Hg) (2011) Gemeinnützig finanzierter Journalismus.
Strategien, Ideen und Projekte. Ergebnisprotokoll des Akademietages am 20. Juni
2011 in Berlin. http://www.bmw-stiftung.de/de/asset/index/mid/16/lang/x/file/
o_document_de_460.pdf. Zugegriffen: 23. Oktober 2012
Bundesverband Deutscher Zeitungsverleger (2010) Die deutschen Zeitungen in Zahlen
und Daten. http://www.bdzv.de/fileadmin/bdzv_hauptseite/markttrends_daten/
wirtschaftliche_lage/2010/assets/Zahlen_Daten_2010.pdf. Zugegriffen: 23. Oktober
2012
Deutscher Bundestag (Hg) (2002) Bericht der Enquete-Kommission Zukunft des Bürgerschaftlichen Engagement. http://www.bmi.bund.de/SharedDocs/Downloads/DE/
Themen/Politik_Gesellschaft/GeselZusammenhalt/enquete_be.pdf?__blob=
publicationFile. Zugegriffen: 23. Oktober 2012
Friedland L A, Konieczna M (2011) Finanzierung journalistischer Aktivitäten durch
gemeinnützige Organisationen in den USA. http://www.wissenschaftsjournalismus.
org/fileadmin/content_wj/Studie_Stiftungsfinanzierter_Journalismus_in_USA_final.
pdf. Zugegriffen: 23. Oktober 2012
Herskowitz J E (2011) Newspapers and Nonprofits Team Up for Investigative Journalism.
Editor & Publisher, 26. Juli 2011. http://www.editorandpublisher.com/Features/

Article/Newspapers-and-Nonprofits-Team-Up-for-Investigative-Journalism.   Zugegriffen: 23. Oktober 2012

Imhof K (2008) Die seismographische Qualität der Öffentlichkeit. In: Bonfadelli H, Imhof K, Blum R, Jarren O (Hg) Seismographische Funktion von Öffentlichkeit im
Wandel. VS, Wiesbaden, S 17-56

Köhler H (2005): Rede des Bundespräsidenten auf der Jahrestagung „Zum Wandel ermutigen – Stiftungen als Innovationskraft" des Bundesverbandes Deutscher Stiftungen,
Freiburg,   13.   Mai   2005.   http://www.bundespraesident.de/SharedDocs/Reden/
DE/Horst-Koehler/Reden/2005/05/20050513_Rede_Anlage.pdf?__blob=
publicationFile&v=2. Zugegriffen: 23. Oktober 2012

Kramp L, Weichert S (2010) „Das Wiki-Prinzip kann nicht alles lösen". Interview mit
Paul E. Steiger. Focus.de, 16. Juli 2010. http://www.focus.de/digital/internet/
digitale-mediapolis/tid-19143/propublica-gruender-paul-steiger-das-wiki-prinzip-
kann-nicht-alles-loesen_aid_523421.html. Zugegriffen: 23. Oktober 2012

Kramp L, Weichert S (2012) Innovationsreport Journalismus. Ökonomische, medienpolitische und handwerkliche Faktoren im Wandel. Friedrich-Ebert-Stiftung, Bonn

Lilienthal V (2011) Die Zukunft des Qualitätsjournalismus – und was Stiftungen dazu
beitragen können (und was nicht). Vortrag „Forum Stiftungskommunikation", Berlin, 24. Oktober 2011

Novy L (2011) Stiftung Journalismus. Strategieorientierte Medienpolitik braucht praxis-
taugliche Konzepte. Funkkorrespondenz 41-42: 6-10

OECD (Hg) (2010) The Evolution of News and the Internet. http://www.oecd.org/sti/
interneteconomy/45559596.pdf. Zugegriffen: 23. Oktober 2012

Phineo (Hg) (2011) Positionspapier „Transparenz von gemeinnützigen Organisationen".
http://www.phineo.org/downloads/?p=1&filename=PHINEO_Positionspapier_Trans
parenz.pdf. Zugegriffen: 23. Oktober 2012

Project for Excellence in Journalism (2011) Overview. In: Project for Excellence in Journalism (Hg) State of the News Media 2010. http://stateofthemedia.org/2010/
overview-3/. Zugegriffen: 23. Oktober 2012

Rachman T (2010) Die Unperfekten. DTV, München

Rawert P (2010) Grundgütiges aus Gütersloh. Frankfurter Allgemeine Zeitung, 11. September 2010, S 35

Russ-Mohl S (2011) Der Dritte Weg – eine Sackgasse in Zeiten der Medienkonvergenz.
Replik auf den Beitrag von Marie Luise Kiefer. Medien- und Kommunikationswissenschaft 59: 401-414

Starr P (2012) An Unexpected Crisis. The News Media in Postindustrial Democracies.
The International Journal of Press/Politics 17: 234-242

Weischenberg S (2010) Das Jahrhundert des Journalismus ist vorbei. In: Bohrmann H,
Toepser-Ziegert G (Hg) Krise der Printmedien: Eine Krise des Journalismus? De
Gruyter, Berlin/New York, S 32-61

Stephan Weichert

Der dritte Weg
Warum wir stiftungsfinanzierte Medien brauchen

Abstract
Wie konstitutiv ist der Journalismus für eine freie demokratische Gesellschaft? Die Diskussion darüber, ob Artikel 5 des Grundgesetzes rechtfertigt oder gar fordert, dass der Staat einen funktionierenden, pluralistischen Journalismus finanziell erhalten müsste, ist spätestens seit Jürgen Habermas lakonischem Kommentar, eine Demokratie könne es sich ein Marktversagen auf dem Sektor des Journalismus nicht leisten, in vollem Gang. Wie könnte eine solche Unterstützung des Journalismus in der Praxis aussehen? Anhand konkreter Modelle skizziert Stephan Weichert einen ‚dritten Weg‘ zur nachhaltigen Finanzierung der Presselandschaft.

> *„Journalismus wird den Tod seiner Institutionen überleben."*
> (David Cohn, Gründer der Crowdfunding-Plattform *Spot.us*)

Zur Dringlichkeit eines grundlegenden Umdenkens

Die kräftezehrenden Verwerfungen der Finanzkrise haben in den vergangenen Jahren mindestens eines bewirkt: Wir haben zu spüren bekommen, was es bedeutet, wenn systemerhaltende Pfeiler demokratischer Gesellschaften ins Wanken geraten. Auch wenn Institutionen des Journalismus, die sowohl Garant für eine hochwertige als auch proaktive Berichterstattungskultur waren, in Deutschland seither noch heilere wirtschaftliche Welten vorzufinden scheinen als etwa in den USA, Großbritannien oder Frankreich, wo der Kahlschlag grassiert, ist der Qualitätsjournalismus, wie er gern genannt wird, auch hierzulande heftig angeschlagen: Die Krise hat, speziell im Pressewesen, tiefe Wundmale hinterlassen, die nicht mehr mit saisonalen Schwankungen oder der Volatilität der Märkte zu erklären sind. Dass viele Verlage inzwischen wieder Oberwasser hätten, ist mithin ein gefährlicher Trugschluss, der durch vordergründige Erfolgsmeldungen genährt wird wie die, dass die Axel Springer AG mit ihrem Digitalgeschäft Rekordgewinne in Millionenhöhe einfährt und Verlage von der Isar bis an die Elbe schon seit längerem Investigativ-Abteilungen unterhalten, was sie auch selbstbewusst nach außen tragen.

Gewiss, das alles ist mehr als nur Show. Auch lassen sich einige publizistische, aber auch wirtschaftliche Großtaten gar nicht leugnen, etwa dass *Spiegel*, *Süddeutsche*, ARD/ZDF und andere tonangebende Agenda-Setter nach wie vor regelmäßig durch bemerkenswerte Enthüllungen von sich reden machen, die den nervösen Politikbetrieb aufmischen; oder dass Leitmedien wie *FAZ/FAS*, Deutschlandfunk und *Bild* – die einen im Positiven, die anderen im Negativen – immer wieder für vergleichsweise breite Selbstverständnisdebatten über moralische Verfehlungen sorgen, die unserer Demokratie alles andere als abträglich sind; oder dass einige Verlage unverdrossen in ihre Markenfamilien – online wie offline – investieren und durchaus rentable Spartenangebote neu erfinden; oder dass die Online-Ableger der ehrwürdigen Printmedien wie *Zeit Online*, *Spiegel Online*" und *Süddeutsche.de* mit neuen Darstellungsformen wie etwa Datenjournalismus experimentieren; oder dass selbst beschaulichere Journalismusprojekte wie *Der Freitag* oder die *taz* uns stets aufs Neue mit unkonventionellen journalistischen Methoden, etwa unter Einbeziehung sozialer Netzwerke, überraschen.

Dennoch kann diese Bestenliste nicht darüber hinwegtäuschen, dass der Innovationsstandort Deutschland, wohl auch wegen der eher bescheidenen Auflagen- und Anzeigeneinbrüche hierzulande, hinter den internationalen Pressemärkten zurückbleibt: Eine Befragung unter 200 Experten im Auftrag der Friedrich-Ebert-Stiftung belegt nachdrücklich (vgl. Kramp/Weichert 2012), dass die Digitalisierung zwar in vielen Medienhäusern inzwischen zu einem Sinneswandel geführt hat und Online dort als *Innovationstreiber Nummer eins* gilt. Die Studie zeigt jedoch ebenso unmissverständlich, dass das Potenzial der digitalen Möglichkeiten noch nicht annähernd ausgeschöpft wird – und zwar weder in handwerklicher, publizistischer noch in betriebswirtschaftlicher Hinsicht. Vielmehr wird der aktuelle Strukturwandel zur digitalen Öffentlichkeit – ob in Bezug auf Finanzierungsfragen, organisatorische Abläufe in den Redaktionen oder Experimente mit interaktiven Darstellungsformen – eher aus der Ferne beobachtet oder bestenfalls als unabwendbares Schicksal eines zukünftigen Berufsbildes hingenommen denn im Hier und Jetzt leibhaftig praktiziert. *Dass* Impulse vom Online-Bereich ausgehen, bezweifelt dabei niemand; auch nicht, dass in Verlagen und Sendern schon länger über zukunftsfähigen Strategien gebrütet wird. Allerdings ist die *Dringlichkeit des grundlegenden Umdenkens im Journalismus* offenbar noch nicht in allen Köpfen der Verantwortlichen in den Führungsebenen angekommen.

Zwar werden die existenziellen wirtschaftlichen, strukturellen und hand-
werklichen Herausforderungen, vor denen der Journalismus in Deutschland unter
dem Eindruck der Digitalisierung steht, von den Entscheidern mithin erkannt.
Nur bleibt der „digitale Imperativ", wie ihn der ehemalige ZDF-Intendant Markus Schächter in einem programmatischen Beitrag für das Fachblatt *Funkkorrespondenz* ziemlich klug analysierte, in den Verlags- und Senderetagen der meisten
Unternehmen offenbar mehr Fabelwesen der digitalen Mythologie denn konkretes medienpolitisches Handlungsinstrument im Hinblick auf kreative Strukturan-
passungen. Im Ergebnis bedeutet diese mangelnde Innovationsbereitschaft unter
vielen Medienschaffenden auf dem Feld der Medienpolitik eine gewisse Reglo-
sigkeit, die, ob nun intendiert oder nicht, bestenfalls zu einer instrumentellen
Verzögerung des Strukturwandels, schlimmstenfalls zur systemimmanenten
Zukunfts*un*fähigkeit einer ganzen Branche führen könnte. Schächter hat also
nicht nur Recht in dem Punkt, dass die Finanzkrise zeige, warum „der Markt
nicht automatisch und aus sich selbst heraus zum Wohle des Einzelnen und der
Gesellschaft wirkt". Er identifiziert damit auch eines der Kernprobleme: dass
nämlich das Interesse einzelner Medienakteure „häufig den Interessen der Ver-
braucher und der Gesellschaft widerspricht". Anders ausgedrückt: Die Orientierung des Journalismus an den rein kommerziellen Bedürfnissen und Vorlieben
der Mediennutzer meint im Ergebnis in den seltensten Fällen eines – Journalismus.

Über das schwierige Geschäft des Journalismus

Nun muss man sich über das „Geschäft des Journalismus", wie es Max Weber
im Zuge seiner Überlegungen zur gescheiterten Presse-Enquete abschätzig nann-
te (vgl. Weischenberg 2012: 99), nicht mehr Gedanken machen als nötig. Immerhin hat seine privatwirtschaftliche Querfinanzierung auf den Werbe- und
Rubrikenmärkten über viele Jahrzehnte grandios funktioniert, um nicht zu sagen:
Es hat viele Leute auch sehr sehr reich gemacht. Das Nachrichtengeschäft, besonders auch das gedruckter Zeitungen, konnte den oftmals empfindlichen
Schwingungen des Marktes trotzen und hat bisher alle Wirtschaftskrisen heil
überstanden. Daneben existiert mit dem öffentlich-rechtlichen Rundfunk eine der
reichsten und – trotz anhaltender Sparmaßnahmen – luxuriös ausgestatteten Oa-
sen für Qualitätsjournalismus, die weltweit ihresgleichen sucht. Dass und inwie-
fern sich diese allgemeinen Rahmenbedingungen in absehbarer Zeit jemals so
drastisch verschlechtern sollten wie in anderen Mediensystemen, steht also bisher noch in den Sternen.

Dennoch liegt der Reiz, nach alternative Erlösmodellen zu suchen, vermutlich darin, schon zu Zeiten eines intakten journalistischen Systems Möglichkeiten seiner medienunabhängigen Finanzierung zu finden, – und nicht erst, wenn die kommerziellen Einnahmequellen vollends versiegen. Im Kern geht es Vertretern dieses Ansinnens, wie inzwischen auch von der Medien- und Kommunikationswissenschaft hinreichend skizziert (vgl. Kiefer 2011), um zuweilen höchst unterschiedliche Formen der öffentlichen und/ oder zivilgesellschaftlichen Fundierung journalistischer Dienstleistungen. Journalismus gilt diesem Verständnis nach als eine demokratietheoretisch relevante Institution, gewissermaßen ein öffentliches Kollektivgut, das im Dienste demokratischer Gesellschaften steht. Zentral für diesen inzwischen vielfach beschriebenen, jedoch in Deutschland noch nicht beschrittenen ‚dritten Weg' ist also die Frage, wie sich ein Modell öffentlicher Finanzierung gestaltet, das „mit dem Gebot der Staatsferne und der Pressefreiheit vereinbar ist" (Ebd.: 6). Kiefer zufolge müssten diesem Szenario zwangsläufig nicht nur diverse Selbstorganisationsprozesse innerhalb des Journalismus vorausgehen, sondern es müsste zunächst der Staat die Voraussetzungen zu seiner Entstehung schaffen.

Einer so gedachten öffentlichen Aufgabe geht es also vorrangig um die gesellschaftliche und nicht-kommerzielle Verankerung eines Qualitätsjournalismus, der – losgelöst von privatwirtschaftlichen Interessen und unabhängig vom Diktat des Marktes – existieren und eben auch langfristig prosperieren kann. Gemeint ist aber auch eine grundständige Finanzierung des Journalismus als „kollektiv organisierte und das heißt durch den Gesetzgeber geregelte Lösung" (ebd.). Journalismus ist in dieser Sichtweise also keine reine Ware, die sich am Markt verkaufen muss, noch zählt er zu den meritorisch betrachteten Gütern, die staatlich subventioniert oder über öffentlich-rechtliche Gebühren prolongiert werden müssen, um zu überleben. Weder Konsument noch Steuerzahler sollen also zwangsläufig für diese Art der Finanzierung aufkommen, vielmehr beschreibt der Modus einer *Kollektivfinanzierung* einen autonomen, vulgo: einen ‚dritten Weg' jenseits marktwirtschaftlicher Wettbewerbsmodelle und des öffentlich-rechtlichen Systems, der die gesamte Angebotspalette zivilgesellschaftlicher und öffentlicher Drittmittel auszureizen weiß – sei es beispielsweise über private und öffentliche Stiftungen, Privatspenden oder Kollaborationen mit bestehenden (auch staatlichen) Bildungseinrichtungen. Für weitere mögliche Geldquellen und indirekte Fördermöglichkeiten, darauf weist auch Kiefer hin, liefern Leonard Downie Jr. und Michael Schudson in ihrer Studie „The Reconstruction of American Journalism" aus dem Jahr 2009 einige wertvolle Anregungen.[1]

---

[1] Hierzu zählen u.a. steuerliche Begünstigungen und Differenzierungen unterschiedlicher Medien, aber auch Steuerbegünstigungen für die Stifter und Spender selbst, die in der Summe lediglich ge-

Auf ihre Bedenken, dass – vor allem bei gezielten steuerlichen Begünstigungen – die Unabhängigkeit der von Staatswegen organisierten Mittelverteilung gewährleistet sein muss, haben Stephan Russ-Mohl (2011) und andere hingewiesen (vgl. auch Stöber 2011): Ihnen scheint daran gelegen, einer dauerhaften „staatlichen Alimentierung" (Ebd.: 401) das Wort zu reden – womit der Vorschlag des ‚dritten Weges' aber nur unzureichend beschrieben ist. Denn Kiefer geht es, wie vielen Befürwortern auch, die diese Idee vor einiger Jahren in die Branche getragen haben, mitnichten um einen vom Staat finanzierten Journalismus, sondern um einen, der von der Zivilgesellschaft getragen wird. Dessen autonome Formationen erfordern jedoch ein vom Gesetzgeber erlassenes und moderiertes Regelwerk, um die entsprechenden medienpolitischen Rahmenbedingungen überhaupt erst zu schaffen. Das bedeute im Grunde auch, so Kiefer, dass „die Verfügung über die Mittel und ihre konkrete Verteilung mit Blick auf die gebotene Staatsferne [...] bei den Organen der journalistischen Kollegenorganisation anzusiedeln" (Kiefer 2011: 17) seien. Im Vordergrund der Überlegungen zur Erschließung alternativer Finanzierungsquellen für den Qualitätsjournalismus stehen somit zunächst eine *direkte und indirekte Förderung* über steuerliche Entlastungen beziehungsweise Begünstigungen, die eine strukturelle Entkoppelung seiner demokratisch-öffentlichen Aufgabe von den kommerziellen Interessen der Medienkonzerne zum Ziel hat, aber keineswegs eine Dauersubvention durch Steuergelder.

Vor einiger Zeit wurde im Hinblick auf ein solches Anreizsystem und die damit verbundene Frage entstehender Abhängigkeiten vom Staat, aber auch von potenziellen Mäzenen und Stiftungen in den USA über einen so genannten *Newspaper Revitalization Act* diskutiert: Benjamin L. Cardin, demokratischer Senator aus Maryland brachte 2009 das „Zeitungswiederbelebungsgesetz", eine Art Marshallplan zur Rettung der US-Presse, in die Debatte zur schwierigen Finanzierung des Journalismus ein. Überzeugt, dass das klassische Geschäftsmodell für Zeitungen – Vertriebs- und Werbeerlöse – überholt sei, sollten Zeitungsverlage laut Cardin künftig wie Bildungsträger wirtschaften können, um überlebensfähig zu bleiben: Indem sie den Status von Non-Profit-Organisationen erhielten, müssten sie, so der Vorschlag des Senators, ihre Umsätze geringer oder gar nicht mehr versteuern. Auch wären private Spenden und Stiftungsgelder für die Verlage nach diesem Gesetzesentwurf leichter von der Steuer absetzbar. Ein ziemlich drastischer Vorschlag, der von einem überzeugten Demokraten jenes Landes kommt, das den freien kapitalistischen Markt zum Primat moderner Gesellschaften erklärt. Der Vorschlag ist wohl nur aus der Angst der Politik heraus zu erklären, dass die Grundfesten der demokratischen Verfassung ohne

---

ringfügige Einnahmeeinbußen für die Staatskasse bedeuten würden (vgl. Kiefer 2011: 17). Weitergehende Modelle und Überlegungen dazu finden sich außerdem bei Weichert und Kramp (2009a).

hochwertigen Journalismus auf lange Sicht derart großen Schaden nehmen könnten, dass ein Mediensystem nicht mehr in der Lage ist, die handelnde Politik angemessen, fair und verständlich zu vermitteln. Ob der nordamerikanische Kontinent in dieser Angelegenheit zum Role Model für den europäischen, speziell für den deutschen Pressemarkt taugt, hängt auch davon ab, welche Konstellationen, Gesetze und Akteure die Zeit nach der Eurokrise auch im Mediensektor hervorbringen wird. Zumindest mehren sich hierzulande schon jetzt die Vorboten vom baldigen Verschwinden des gedruckten Wortes – aktuell dominiert selbst bei saturierten Großverlagen die Panik vor dem Sinkflug der Printauflagen.

Wozu noch Journalismus? Eine berechtigte Debatte

Die Auffassung von Journalismus als kultureller Institution und der Organisation seiner Finanzierung als öffentlicher Aufgabe wirft unweigerlich auch die Sinnfrage auf:[2] Wozu brauchen wir Journalismus, wenn er sich nicht mehr oder wenn sich nur ein bestimmtes journalistisches Segment am Markt behauptet? Warum sollten sich journalistische Leistungen nicht alleine über die Nachfrage der Konsumenten am Markt regulieren lassen? Wie erreichen journalistische Angebote in Zukunft ihre Leser, Hörer, Zuschauer und User? Hat der professionelle Journalismus angesichts der zunehmenden Ausdifferenzierung parajournalistischer und zumeist kostenloser Dienstleistungen im Internet noch eine Existenzberechtigung? Und falls ja, warum sollten dafür ausgerechnet Zivilgesellschaft und Staat finanziell einstehen?

Es mag bis zu einem gewissen Grade müßig sein, überhaupt solche Fragen zu stellen – trotzdem haben sie ihre Berechtigung. Denn natürlich brauchen wir als demokratisch verfasste Gesellschaft den Journalismus in seinen vielfältigen Ausprägungen: als Erklärer und Entdecker der Welt, als Enthüller von Wahrheit und Wahrhaftigkeit, als Kontrollinstanz von Wirtschaft und Politik, als *Public Service* zum Dienste des Gemeinwesens, als Instanz der politischen Bildung und auch als Anwalt der Pressefreiheit gegen Korruption und Zensur. Doch genauso grundlegend, wie wir den Journalismus brauchen, haben sich die Vorzeichen für Journalisten unter dem Eindruck der Digitalisierung und den damit einhergehenden technologischen Neuerungen verändert: Der Wandel hergebrachter Vermittlungs- und Vertriebsformen wirft nämlich nicht nur die Frage auf, ob und wie sich der Qualitätsjournalismus, der bis vor wenigen Jahren noch problemlos aus

---

[2] Vgl. hierzu auch den Diskussionsband „Wozu noch Journalismus?" mit Essays von Presse-Journalisten, Publizisten, Fernsehmoderatoren, Verlagsmanagern, Beratern und Medienwissenschaftlern zum Zustand des deutschen Journalismus (Weichert/Kramp/Jakobs 2010).

Anzeigen- und Distributionserlösen refinanziert werden konnte, in Zukunft noch selbst trägt. Damit eng verbunden ist auch die Tatsache, dass viele Nutzer nicht mehr über eine traditionelle Einbahnstraßenkommunikation im Journalismus erreicht werden können, geschweige denn bereit sind, für publizistische Erzeugnisse zu bezahlen. Beinahe alle Bezahlexperimente im Internet scheiterten grandios – Ausnahmen wie die mittlerweile leidlich akzeptierte Bezahlschranke der *New York Times* bestätigen die Regel.

Was dem Journalismus indes fehlt, sind strategische Experimente für intelligente Bezahlsysteme, die sich an den sublimen Nutzungsformen des *Long-Tail-Prinzips*, also entlang einer viralen Empfehlungs- und Filterstruktur, orientieren. Angesichts der Tatsache, dass die Ära der reflexhaften Automatismen – etwa der Griff zur abonnierten Morgenzeitung oder das abendliche Pflichtritual der „Tagesschau" – vorbei ist, stünde demnach zur Diskussion, ob und inwieweit der *strukturelle Bias in der Produktion und Rezeption des Journalismus* durch diese neue digitale Verweiskultur aufgefangen werden kann. Die Neigung jüngerer Menschen, sich in sozialen Netzwerken zu formieren und zu informieren, bedeutet ja auch, dass die herkömmliche Arithmetik zur Ermittlung der Zielgruppen – auf werblicher, aber auch auf inhaltlich-publizistischer Ebene – nicht mehr stimmig ist. Im Gegenteil fließt der konvergente (und zuweilen zeitgleiche) Konsum der Gattungen Presse, Radio, Fernsehen und Internet nunmehr seit einigen Jahren auf Smartphones und Tablet-PCs ineinander und erfordert angepasste Messinstrumente, die das *Kuratieren liquider Medieninhalte* nach den sozialen Empfehlungsprinzipien des Netzes stärker berücksichtigen. Dieselbe Herausforderung stellt sich zwangsläufig für journalistische Inhalte und deren Produktions- und Publikationsabläufe, die sich unvoreingenommener über die neuen Social-Media-Umgebungen positionieren müssen.

Inwieweit sich der stark veränderte Konsum von Journalismus auf die Medienmärkte auswirkt, lässt sich zum jetzigen Zeitpunkt eher vage prognostizieren denn statistisch berechnen. *Dass* aber die Kundenpräferenzen über das Schicksal des Metiers mitentscheiden werden, ist sicher. Denn der aus Perspektive der klassischen Angebots- und Vertriebsstruktur immer schwerer zu erreichende und ansprechbare Nutzer definiert die heutige Marktsituation wie ein Naturgesetz. Der Journalismus, will er profitabel bleiben, muss diesen Umstand daher als kreativen Neuanfang auch auf handwerklicher Ebene betrachten. Der Trendexperte Holm Friebe (2012) hat in einem weitsichtigen Essay die digitale Opulenz des Long-Tail-Prinzips am Beispiel des Fernsehens beschrieben und darauf hingewiesen, dass linear aufgebaute Medien nur unter Einbezug dieses ökonomischen Paradigmas der neuen Vielfalt prosperieren können, indem sie die „Vermischung" ihres journalistischen Angebots und das Kommunikationspotenzial sozialer Netzwerke als Chance begriffen. Die auf Synchronizität verpflichtete

Massenkultur des Mittelstandes, wo das Fernsehen noch einen Lagerfeuer-Ersatz mit Pflichtprogrammen wie „Wetten, dass...?" und dem „Tatort" böte, sei, so Friebe, einer individualisierten „Very-special-interest"- und „Gefällt-mir"-Kultur gewichen, die – entlang hybrider Spezialinteressen, Geschmäcker und Neigungen – gleichgesinnte Nutzer aus aller Welt zusammenführe. Das muss man wie Friebe durchaus als Vorteil anerkennen, der uns erst zu ‚vollständigen Persönlichkeiten' macht, „während das Zeitalter von Masse und Mainstream rückblickend als eine den limitierten Übertragungstechniken des 20. Jahrhunderts geschuldete Verknappung erscheint" (Ebd.: 19).

Ähnliches gilt natürlich für den *gesamten* traditionellen Journalismus in Deutschland, der sich diese neuartigen Verknüpfungs- und Filtermechanismen in Zusammenarbeit mit seinem Zielpublikum – Friebe nennt es den „sozial kuratierten Medienkonsum" – erst noch mühsam erarbeiten muss, wenn er Dreh- und Angelpunkt professioneller Beobachtungs- und Mediationsprozesse in der sich herausbildenden *Internet-Gesellschaft* bleiben will. Dieser fundamentale Sinneswandel zur Mitmach-Kultur hat sich bei einigen Redaktionen schon herumgesprochen, ist aber längst nicht vollzogen. Jegliche Versuche zur Implementierung des emanzipierten Publikums wirken zuweilen eher kraftlos und seltsam undurchdacht: Den redaktionell Verantwortlichen geht es gegenwärtig mitunter noch um die Zementierung bestimmter journalistischer Aggregatsformen, die durch einige kosmetische Eingriffe aufgehübscht werden. Aber eine *revolutionäre Neuprofilierung des Handwerks* angesichts der technisch-publizistischen Möglichkeiten, bei dem Journalisten nicht mehr *für* ihr Publikum, sondern *mit* ihm arbeiten, blieb bisher noch aus. Als allzu gewöhnungsbedürftig erscheint offenbar der Gedanke, Journalismus nicht mehr als abgeschlossenes Produkt zu denken, sondern als steten Kommunikationsprozess, der seine Funktionen, Rollen und Bestimmungen noch konsequenter in der Mitte der bürgerlichen Gesellschaft verankert. Gerade das Prozesshafte im Journalismus würde umso stärker auch seinen gemeinnützigen Charakter betonen und ihn – oder zumindest bestimmte Bereiche – als öffentlich förderungswürdig einstufen, was auch die zivilgesellschaftliche Trägerschaft durch Bildungseinrichtungen oder Stiftungen rechtfertigte.

Weiterhin gehört zum zeitgemäßen journalistischen Berufsbild, dass die unternehmerische Seite – auch im Sinne der Selbstvermarktung jedes einzelnen Journalisten – ein Kernelement im neuen Medienmix darstellt. In vielen renommierten journalistischen Kaderschmieden in den USA wird dieses Rollenbild seit kurzem unmissverständlich in den Curricula festgeschrieben: Im Zuge einer breit angelegten Förderinitiative sind in den vergangenen Jahren eine Reihe von Instituten entstanden, die dieses neue Ausbildungsprinzip vorleben – zum Beispiel das *Knight Center for Digital Media Entrepreneurship* an der Walter Cronkite

School of Journalism and Mass Communication der Arizona State University, das *Tow-Knight Center for Entrepreneurial Journalism* an der Graduate School of Journalism der City University of New York (CUNY) oder das *Tow Center for Digital Journalism* an der School of Journalism der Columbia University, die allesamt durch Fördergelder einflussreicher Stiftungen wie der John S. and James L. Knight Foundation oder der Tow Foundation in Größenordnungen von einer halben Million Dollar (Arizona State University, Laufzeit 2007-2011), fünf Millionen Dollar (Columbia University, Gründung 2010) und sechs Millionen (CUNY, Laufzeit 2010-2015) anschubfinanziert und unter Beihilfe zusätzlicher Privatspenden ausgegründet wurden.[3]

Jedes dieser Institute hat einschlägige Studiengänge und Programme aufgelegt, die dem Paradigmenwechsel zum *Entrepreneurial Journalism* in der Ausbildung Rechnung tragen wollen: Einerseits inspiriert von den wirtschaftlichen Erfolgs-Storys charismatischer Medienunternehmer und Online-Publizisten wie David Cohn (Gründer *Spot.us*), Adrian Holovaty (Gründer *Everyblock.com*), Jim VandeHei (Gründer *Politico.com*), Clay Shirky (Autor von „Cognitive Surplus: How Technology Makes Consumers into Collaborators") und Mark Briggs (Autor von „Entrepreneurial Journalism: How to Build What's Next for News"), andererseits instruiert von umtriebigen Vordenkern wie Jeff Jarvis (Direktor Tow-Knight Center for Entrepreneurial Journalism, CUNY), Dan Gillmor (Direktor Digital Media Entrepreneurship, Arizona State University) oder Emily Bell (Direktorin Tow Center for Digital Journalism, Columbia University), die diese Programme selbst entwickelt haben und leiten, wird angehenden Journalisten hier das nötige betriebswirtschaftliche Selbstbewusstsein eingeimpft, um ihre Leistungen auch profitabel zu vermarkten. Die gelehrten Arbeitstechniken, Darstellungsformen und Vermarktungsmechanismen haben eine Art neue Denkschule im Journalismus entstehen lassen, die eine ganz eigene Beantwortung der Sinnfrage gefunden hat; zumindest an den fortschrittlichen US-Journalistenschulen glaubt man, dass der Journalismus auch in dem veränderten Raum-Zeit-Kontinuum im Netz durchaus seine Daseinsberechtigung hat – und nicht nur das: Wenn er imstande ist, das besondere journalistische Qualitätspotenzial auszureizen und sich dadurch neue Erlösquellen zu erschließen – sei es über den öffentlichen Sektor oder eben den freien Markt – wird sich die Systemrelevanz des Berufs, so die Hoffnung, sogar noch festigen.

---

[3] Weitere große Stiftungen und NGOs in den Bereichen Medien- und Journalismusförderung waren und sind: The John D. and Catherine T. MacArthur Foundation, The Pew Charitable Trusts, Open Socitey Institute, The JEHT Foundation (Anfang 2009 eingestellt) (vgl. hierzu auch Weichert/Kramp 2009a: 93-103).

Einige Modelle zur Umsetzung des Dritten Weges

Spätestens seit der Sozialphilosoph Jürgen Habermas vor fünf Jahren in einem Essay für die *Süddeutsche Zeitung* die Debatte über den Strukturwandel zur digitalen Öffentlichkeit befeuerte, indem er zur angeschlagenen Presselandschaft lakonisch feststellte, dass sich „keine Demokratie ein Marktversagen auf diesem Sektor leisten" (Habermas 2007) könne, stellt sich die Herausforderung, ob und wie der Geist der gedruckten Presse – in welcher Aggregatsform auch immer – konserviert werden könne. Im Rekurs auf Habermas ließe sich jedoch auch viel grundsätzlicher argumentieren, dass Artikel 5 GG die Politik sogar dazu verpflichtet, eine vielfältige, freie Presse zu erhalten. Der Vorschlag, den Journalismus nicht als Umsatz und Gewinn, sondern als öffentliche Instanz der Aufklärung zu begreifen, wirft jedoch die Frage auf, welchen Journalismus sich unsere Demokratie leisten kann und möchte – und inwieweit sie bereit ist, die Abhängigkeit von Markt und Kommerz gegen mögliche neu entstehende Abhängigkeiten von öffentlichen Einrichtungen, Hochschulen, Philanthropen oder Stiftungen einzutauschen. Wenn sich die Lage für die Qualitätspresse weiter zuspitzt, und davon kann man heute ausgehen, ist eine breite Debatte über weiterführende Strategien und ‚dritte Wege' – auch unter Teilhabe der Öffentlichkeit – umso notwendiger, die auf die Verteidigung der Unabhängigkeit und Überparteilichkeit der Presse zielen muss. Es reicht dagegen bei weitem nicht, wenn sich die Medienpolitik mit der Verlagsbranche und dem öffentlich-rechtlichen Rundfunk in scheinbar endlosen Scharmützeln über Leistungsschutzrechte und Drei-Stufen-Tests ergeht, während es nach wie vor an kreativen Ausblicken und Szenarien mangelt, wie der Journalismus in zehn, 15 Jahren überhaupt noch funktionieren könnte.

Gefragt werden sollte deshalb nicht in erster Linie nach der Zukunft von publizistischen Verwertungsketten und merkantilen Befindlichkeiten, sondern danach, wie die bewährten Grundprinzipien eines verantwortungsbewussten, anspruchsvollen Metiers unter Absicherung seiner finanziellen Ressourcen auf lange Sicht in die *digitale Moderne* transformiert werden können. Leif Kramp und ich (2009b) haben dazu in der *Zeit* fünf unserer Ansicht nach viel versprechende Lösungen vorgestellt, die in einen *dritten Weg* zur nachhaltigen Finanzierung der Presselandschaft münden und heute aktueller denn je sind:[4]

---

[4] Hier findet sich eine leicht abgewandelte Aufzählung und Reformulierung dieser Punkte.

Die zivilgesellschaftliche Lösung: Crowdfunding

An wohl keinem Finanzierungsversuch scheiden sich die journalistischen Geister so sehr wie an der Möglichkeit, den Nutzer bei der Aufrechterhaltung von Qualität höchstselbst in die Pflicht zu nehmen – und zwar als direkten Finanzier journalistischer Geschichten: Während die Strategie, Artikel gegen Einzelgebühren downzuloaden oder kostenpflichtige Paywalls einzurichten, weitgehend als gescheitert gilt, ist das so genannte *Crowdfunding* („Schwarmfinanzierung") – nicht nur im Journalismus, sondern auch in anderen unterfinanzierten öffentlichen Bereichen wie Kultur und Bildung – in Deutschland groß im Kommen.[5] Ein „dritter Weg" wäre hier zunächst am undeutlichsten erkennbar, weil, so ließe sich argumentieren, derlei Spenden an gemeinnützige Redaktionen, Organisationen und Initiativen letztlich nur die Abverkäufe journalistischer Produkte am Markt kompensieren helfen. Andererseits ist diese alternative Finanzierungsmöglichkeit durch Klein- und Einzelspenden der Nutzer (*crowd*) vielleicht die ureigenste und ehrlichste Form einer zivilgesellschaftlichen Unterstützung für journalistische Inhalte.[6] Mithin erscheinen Appelle an die Solidarität der Leser aussichtsreicher als integrierte Zahlsysteme, an die sich viele Medienmanager klammern. Schließlich gibt es auch mit direkten Beteiligungen des Publikums in Form von Volksaktien bei der *taz* ein Modell, das bereits seit 1992 existiert, bisher allerdings nur wenige Nachahmer gefunden hat. Dass ähnlich radikale Crowdfunding-Ansätze auch im großen Maßstab funktionieren, zeigt jedoch ein hyperlokales Portal aus San Francisco: Der Name *Spot.Us* ist hier Programm – nach dem Prinzip ‚Rent-a-Journalist' können zahlende Nutzer mit Beträgen ab 20 US-Dollar einzelne Reporter unterstützen, damit diese kommunale Reizthemen im sozialen Milieu der Bürger recherchieren und publik machen. Reporter ziehen erst los, wenn ein bestimmtes Honorar für die geplante Story gespendet wurde. Das ursprüngliche Abonnementmodell findet hier also seine Entsprechung auf der Mikroebene: Der Leser investiert nicht mehr in teures Papier und Vertriebswege, sondern das Geld fließt direkt in die journalistische Arbeit.

---

[5] Vgl. hierzu die sehr gut gemachte Info-Grafik zur „Short Introduction to Crowdfunding" von Pelasefund.us (2012) http://www.pleasefund.us/projects/strength-in-numbers.

[6] Dass die Crowdfunding-Plattform *Spot.Us* (www.spot.us) eine besondere internationale Strahlkraft hat, zeigt sich auch daran, dass eine Reihe ähnlicher Portale mittlerweile existieren oder in Planung sind: *J'aime l'info* in Frankreich (www.jaimelinfo.fr), *YouCommNews* in Australien (www. youcommnews.com) und *Spot us* in Italien (www.spotus.it). Vgl. für Deutschland Wehly (2012).

Die stiftungspolitische Lösung: Mäzenatentum

Privates Kapital, das reiche Mitbürger und Unternehmer spenden, hat als zivilge-
sellschaftliches Instrument der Journalismusförderung eine enorme Relevanz
bekommen. Gerade, wenn es sich um Millioneninvestitionen von einzelnen Philanthropen wie im Falle des unabhängigen Redaktionsbüros *ProPublica* in New
York City (www.propublica.org) handelt, das seit Anfang 2008 vorrangig von
der milliardenschweren Stiftung des US-Bankiersehepaars Herbert und Marion
Sandler mit rund zehn Millionen Dollar jährlich gefördert wird, wird schnell
klar, dass dies ein sehr mächtiges Förderinstrument ist. Non-Profit-Projekte und -
initiativen in dieser Liga, die wie *ProPublica* im großen Stil über Stiftungen
finanziert werden, gibt es in den USA inzwischen zuhauf – und es werden mit
jedem Monat mehr. Bei diesem Modell des Mäzenatentums kommt unweigerlich
auch der Gedanke ins Spiel, dass auf diese Weise dauerhaft geförderte Medienunternehmen eigene Stiftungen ausgründen, um als gemeinnützige Organisationen in nicht-kommerzieller Trägerschaft agieren zu können – was allerdings
nicht neu ist: So verteidigt die FAZIT-Stiftung seit Jahrzehnten die finanzielle
Unabhängigkeit der Frankfurter Allgemeinen Zeitung, in Großbritannien wähnt
sich der Guardian in der Obhut des gemeinnützigen Scott Trust, und in den USA
braucht die St. Petersburg Times durch den Schutz der mächtigen Poynter-
Stiftung die Schwingungen der Wall Street kaum zu fürchten.

Die medienpolitische Lösung: öffentliche Gebühren

Geradewegs in das Epizentrum der deutschen Medienpolitik zielt die Idee einer
durch öffentlich-rechtliche Gebührengelder getragenen *Stiftung für Qualitätsjournalismus*, bei der sich Interessenten (Journalisten, Redaktionen, Blogger,
Online-Portale) beispielsweise um eine Förderung für aufwändige Recherchepro-
jekte, Exzellenzstipendien und Auslandsaufenthalte im Dienste des Qualitätsjournalismus bewerben können. Ein Stück des gesamten Gebührenkuchens, der
mit über sieben Milliarden Euro auch im internationalen Vergleich sehr üppig
ausfällt, würde erhebliche finanzielle Lücken zu schließen helfen und langfristige
Sorgenfreiheit bedeuten. Den Horrorvisionen des Missbrauchs als politisches
Druckmittel und der staatlichen Einflussnahme zum Trotz, hat sich gerade in der
Medienkrise gezeigt, wie immun der öffentlich-rechtliche Journalismus gegenüber den Schwankungen des Wettbewerbs ist – und sich im Gegensatz zum labi-
len Marktmodell der Presse behaupten konnte. Eine geringe monatliche Abgabe
aller rund 40 Millionen deutscher Haushalte von sagen wir zwei Euro entspricht
einer knappen Milliarde Euro pro Jahr, die einem solchen Pressefonds zur Förderung innovativer journalistischer Initiativen und Projekte aus Print, Fernsehen,

Hörfunk und Online unter dem Vorzeichen der Digitalisierung zufließen könnten, erscheint gegenüber den häufig überzogenen Renditeerwartungen mancher Verlagsgeschäftsführer als zu verschmerzender Solidaritätsbeitrag für das öffentliche Seelenheil unserer Demokratie. Das geringe Restrisiko einer schwierigen bis ungerechten Verteilung dieser Mittel würde man zugunsten einer Stärkung der journalistischen Vielfalt und der inneren Pressefreiheit billigend in Kauf nehmen.

Die wirtschaftspolitische Lösung: Kultur-Flatrate

Eine weitere Lösung steckt hinter dem Modell einer gesetzlich geregelten Zugangsgebühr, die jeweils von Internetprovidern und Kabelnetzbetreibern pauschal entrichtet wird und idealerweise von einer branchenübergreifenden Behörde, das beide Wirtschaftszweige vertritt, zentral verteilt würde. Diese ‚Kopfpauschale' auf Internetanschlüsse, die nun schon länger unter dem Stichwort der *Kultur-Flatrate* unter anderem von den GRÜNEN propagiert wird und zuletzt in der Urheberrechtsdebatte wieder eine große Rolle spielte, dient dazu, Urheberrechtsvergütungen für das digitale Kopieren von Inhalten pauschal abzugelten. Eine an Rechteinhaber ausgeschüttete Pauschalgebühr müsste, um einen „dritten Weg" zu gehen, noch um den publizistischen Förderaspekt zum Erhalt des Qualitätsjournalismus erweitert werden: Während die Zugangsanbieter, die den Nutzern per Soft- oder Hardware den Weg ins Internet ebnen, jeden ihrer Kunden mit einer monatlichen Zusatzgebühr in Höhe von wenigen Cents zur Kasse bitten könnten, müssten Suchmaschinen wie Google die Produzenten journalistischer Inhalte prozentual an ihren Werbe- und Anzeigenumsätzen beteiligen, um deren Beiträge und Bilder uneingeschränkt verlinken und aufrufen zu können. Kino- und Musiksektor machen mit der GEMA seit Langem vor, dass dieses Modell praxistauglich ist. Um die digitale Kulturgebühr möglichst gerecht erheben und an Journalisten, Filmemacher, Publizisten und Fotografen ausschütten zu können, sollten am ehesten Verwertungsgesellschaften wie GEMA, VG Bild-Kunst und VG Wort Nutzungs-Richtwerte des jeweiligen Medienangebots ermitteln.

Die bildungspolitische Lösung: Öffentliche Einrichtungen

Das im Vergleich mit den anderen Modellen etwas abgespeckte, aber ebenso beachtenswerte Szenario ist mehr Ergänzung denn Basismodell: Es fußt auf der korporativen Vernetzung bestehender öffentlicher Bildungseinrichtungen, gemeinnütziger Institute, unabhängiger Initiativen und Vereine, um eine publizistische Vielfalt zu gewährleisten. Ohnehin schon größtenteils aus Steuergeldern finanziert, verspräche eine stärkere Einbindung von Hochschulen, Medienakademien, Kirchen und Bildungsträgern in die journalistische Aus- und Weiterbildung, aber auch zur Errichtung journalistischer *Innovation Labs* und Denkfabriken, bei der Vergabe von Exzellenzstipendien und zum Anstoß konkreter Förderprogramme nicht nur die nötige Kontinuität einer öffentlichen Alimentierung des Journalismus. Es ergäben sich zwischen Redaktionen und Hochschulen gegenseitige, generationenübergreifende Lerneffekte – eine Art Win-Win-Situation für alle Beteiligten. Die Herausforderungen des digitalen Medienwandels lassen sich gemeinsam nicht nur besser verstehen, sondern auch bewältigen: Während sich traditionelle Redaktionen in solchen Kooperationen stärker als lernende Organisationen begreifen, zeichnen sich viele Ausbildungsstätten durch hohe Flexibilität und ein enormes Kreativpotenzial aus. Eine mit üppigeren Finanzmitteln ausgestattete und vom Innenministerium stärker entkoppelte Bundeszentrale für politische Bildung wäre speziell in Deutschland aufgrund ihrer bildungspolitischen Leitziele als Clearingstelle zur Sicherung des Qualitätsjournalismus wie geschaffen. Voraussetzung wäre, den Erhalt des Qualitätsjournalismus auch als Aufgabe der Bildungspolitik für eine reibungslos funktionierende demokratische Grundordnung zu begreifen. Noch radikaler wäre es, Redaktionen selbst den Status einer Bildungseinrichtung zuzuerkennen, damit diese weitgehend steuerbefreit arbeiten können. Solche indirekten staatlichen Anreize wären für den Journalismus allemal eine bessere Lösung, als etwa einzelne Gattungen wie die Zeitungen über Jahrzehnte nach dem Gießkannenprinzip mit einer Art Medien-Abwrackprämie zu bezuschussen, wie es in anderen Ländern Europas geschieht.

Es soll hier nicht in Abrede gestellt werden, dass privatwirtschaftlich finanzierte Medien und der öffentlich-rechtliche Rundfunk auch weiterhin unsere publizistische Grundversorgung gewährleisten können und müssen – zumindest für die kommenden 15 Jahre. Spätestens dann wird allerdings eine der wenig vergnüglichen Fragestellungen die nach einem funktionierenden Geschäftsmodell für den *Journalismus* als demokratie-relevanter Säule sein, wie wir ihn kennen. Bis dahin geht es nun darum, rückläufige Nischenangebote und innovative Neugründungen im Journalismus über einen „dritten Weg" durch eines der beschriebenen Modelle abzusichern – gerade weil von ihnen ganz wesentliche Impulse für die Runderneuerung des Handwerks ausgehen können, von der im Idealfall die gesamte Medienbranche – und damit auch die Zivilgesellschaft – profitieren.

Die Wiederbelebung der Medienkritik: Zur Konkretisierung einer Förderstrategie

Konsequenterweise erscheint mir angesichts der Vorboten des digitalen Strukturwandels in Deutschland insbesondere der mit Medien befasste Journalismus, der die fortschreitende Dynamisierung und Technisierung des Journalismus analytisch aufgreift und diskutiert, in Deutschland als defizitär: Der Medienjournalismus gilt trotz des vergleichsweise breiten Angebots mitunter seit Jahren als unterfinanziert, strukturschwach und interessengesteuert – und ist daher stärker als andere Tätigkeitsfelder im Journalismus auf den dritten Weg angewiesen. Medienkritische Dialoge über die Qualität des Journalismus, aufbereitet und anmoderiert für ein breites Publikum, werden nur schwerfällig als zentrales Thema der politischen Bildung akzeptiert, Medienkompetenz wird zuweilen in opaken Spezialisten-Zirkeln verhandelt, eine medienpolitische Debatte wird öffentlich erst gar nicht kultiviert. Die Einbettung des Medienjournalismus in eine gemeinnützige, von ökonomischen Imperativen entkoppelte Struktur, die sinnvollerweise im Netz anzusiedeln wäre, würde nicht nur seine Funktion als Moderator des Wandels vom Einbahnstraßen-Journalismus zur digitalen Medien-Community stärken, sondern würde ihm auch neuartige Handwerkszeuge und Publikationsmöglichkeiten an die Hand geben – etwa über Social Networks, Microblogging-Dienste und Whistleblower-Plattformen in der Machart eines *MediaLeaks*. Dies würde den Medienjournalismus wieder stärker zu seiner Rolle als Innovations- und Qualitätstreiber zurückführen, der zugleich jedoch als Kontrolleur der Branche wahrgenommen wird. Zwangsläufig ergeben sich einige Felder, die ich für förderungswürdig halte:

Netzbasierte Portale zur Verknüpfung von Medien- und Gesellschaftsthemen wie *Bildblog*, *Diskurse* (DLR), European Journalism Observatory und *Vocer* helfen nicht nur, die Branche besser zu verstehen, sondern zu entschleunigen, indem sie Diskurse über den digitalen Strukturwandel der Öffentlichkeit anregen, reflektieren und moderieren – etwa über neu entstehende Key Player, Konstellationen und Instrumente. Im Zentrum stehen folglich Analyse und Meinung, Dialog und Nutzerorientierung, Internationalität und Vernetzung, um mit analytischem Tiefgang und längeren Formen dem Journalismus mehr Raum und Zeit zu verschaffen, so dass ein gezielter Kontrast zur Kurzatmigkeit des Metiers entsteht (Slowmedia). Gleichzeitig dürfen solche Portale nicht in einen „Akademismus" abgleiten, sondern müssen einer breiten gesellschaftlichen Basis ein Mitsprache- und Mitmachrecht offerieren. Besonders reizvoll erscheint deshalb, nicht nur über die Zukunft des Journalismus zu reflektieren, sondern *innovation as it happens* unmittelbar zu erproben. Diese Schnittstellen für Mediendebatten im Netz dienen somit der Förderung eines selbstkritischen Dialogs zwischen

beteiligten Akteuren und dem Publikum über die Qualität des Journalismus und
seiner Inhalte.

Moderierte Beschwerde- und Ombudsplattformen für medieninteressierte
Bürger, aber auch für Medienopfer nach dem Vorbild einer „Stiftung Medientest" sind ureigener Bestandteil einer stärker zivilgesellschaftlich organisierten
Medienkultur. Zwar müsste die Idee dieser Stiftung gehörig entstaubt und den
digitalen Umgebungen angepasst werden, weil sie sonst tatsächlich nur ein nebu-
löses Konzept aus dem „Papierkorb der guten Ideen" wäre, das nie zu Ende gedacht wurde (vgl. Schneider 2012). Aber mit einem arretierten Ansatz, der die
Verschmelzung von professioneller und partizipativer Kommunikation zum
publizistischen Vorteil nutzt, könnte unter Beteiligung der Nutzer (*Crowdsourcing*) ein medienkritisches Bürgerforum im Internet geschaffen werden, das
mithilfe der ‚Crowd' Informationen zu den Risiken im Umgang mit den Medien
in den aktuellen medienkritischen Diskurs einfließen lässt. Ob die damit verbundenen Erwartungen aufgehen, hängt freilich auch von der zu entwickelnden
Medienkompetenz des teilhabenden Publikums ab.

Hochwertige Stipendien und Fellowships für junge Medieninnovatoren wirken im globalen Maßstab nicht gerade wie Mangelware, in Deutschland sind sie
jedoch noch unterrepräsentiert – im Bereich der Förderung des medienjournalis-
tischen Nachwuchses bilden sie ohnehin die Ausnahme. Neuerungen auf publizistischer, strategischer und praktischer Ebene könnten kontinuierlich vorangetrieben werden, wenn junge Talente unter handwerklicher Anleitung erfahrener
Mentoren über mehrere Monate mit innovativen Darstellungsformen und Re-
cherchemöglichkeiten experimentieren könnten, um den Berufsalltag aus einer
multimedialen, vernetzten Perspektive kennenzulernen. Ebenso versierte wie
qualifizierte Aus- und Weiterbildungsprogramme in diesem Förderbereich können per se nur abseits der selbstbezüglichen Ausbildungszentren der Medienunternehmen entwickelt werden, wenn sie sich nicht nur als erratisches Rekrutie-
rungsinstrument verstehen, sondern auf ein *Medienstudium generale* in Kooperation mit gemeinnützigen Initiativen hinwirken wollen. Um sich aus der mitunter
eigenwilligen Online-Defensive zu befreien, erscheint hier eine interdisziplinäre
Didaktik zielführend, wonach Teams zu bilden sind, die unterschiedliche
Schwerpunkte bearbeiten.

Eng damit zusammen hängt der personelle, strukturelle und institutionelle
Ausbau von *Journalismuslaboren auf der Basis von Research-&-Development-
Ansätzen*, die an Vereine, Institute, Hochschulen oder andere gemeinnützige
Gesellschaftsformen angegliedert werden. Um die aktuellen Trends der Medien-
branche aufzufangen und um dem Journalismus neue Impulse zu geben, sollte
damit zum einen die innovative Journalistenausbildung im Zeitalter der digitalen
Öffentlichkeit in einer unabhängigen Trägerschaft gefestigt werden, indem sie

sich in der Gestalt redaktioneller Thinktanks formiert. Zum anderen können solche Labore mit ihren anwendungsbezogenen Recherche- und Forschungstools effiziente Berichts- und Monitoring-Instrumente implementieren, die eine kontinuierliche und kritisch-selbstreflexive Analyse der internationalen Medienmärkte und ihrer Akteure mit Fokus auf innovativen Anwendungen, Darstellungsformen und Erlösmodellen erlauben. Angesichts der Zentralität der Institution Journalismus in demokratischen Gesellschaften sollte die Wiederbelebung der Basis einer so verstandenen Medienkritik – so Kiefer (2011: 18) – „nicht nur als internes Kontrollsystem [...], sondern auch als Transparenz- und Rechenschaftspflicht gegenüber der Gesellschaft" begriffen werden.

Paul Steiger hat anderthalb Jahre nach seinem Antritt als Chefredakteur von *ProPublica* gesagt, er glaube, dass es gut sei, „wenn Philanthropen und Stiftungen die Unabhängigkeit der Demokratie in diesen harten Zeiten stärken". Damals im September begann sich die US-Immobilienkrise durch den Exitus der US-Großbank Lehmann Brothers gerade in eine weltweite Finanzkrise auszuweiten, war aber noch nicht als Staatsschuldenkrise in Europa angekommen. Unter dem Eindruck dieser Finanzkrise, die sich extrem nachteilig auf dem amerikanischen Mediensektor und damit auch für den Journalismus bemerkbar machte, betonte Steiger mit Blick auf das *ProPublica*-Modell: „Die Wirtschaftskrise hat zwar einige Vermögen dezimiert, aber als ich das letzte Mal nachgeschaut habe, gab es immer noch etliche Milliardäre in Deutschland. Ich sehe also keinen Grund, warum so etwas nicht auch in Deutschland, Italien oder Frankreich funktionieren sollte." Und auf die immer wieder gestellte Frage, wie eine Förderung durch Stiftungen mit der Verfasstheit einers liberalen Pressemarktes konform gehe, antwortete er salomonisch: „Die Stifter erkennen langsam, dass Journalismus für demokratische Gesellschaften von Bedeutung ist, deshalb ist auch der Etat für den Journalismus gestiegen. Der Informationsfluss ist das, was einen aktiven politischen Prozess vorantreibt. Und wenn etwas in dem System derzeit fehlt, ist es Aktivität. Warum sollte man also neben Museen oder Opern nicht auch den Journalismus fördern? Ich vermute, dass einige Leute in Europa oder Japan das genauso sehen."[7]

Es kann also ein guter Weg sein, diese Möglichkeiten sinnvoll zu stimulieren oder – noch besser – zu kombinieren. Der digitale Strukturwandel hat die Medienmacher fest im Griff, zumal sich die Finanzierungssorgen weder schönreden noch wegdiskutieren lassen. Immerhin glaubt das Gros der Journalisten, mittlerweile besser vorbereitet zu sein: Statt in die Schwanengesänge vom Untergang des gedruckten Wortes einzustimmen, werden die Online-Medien nun als Innvotationstreiber weitgehend anerkannt und eine Experimentierlust ist in

---

[7] Vgl. dazu auch das Video bei vocer.org: http://www.vocer.org/de/artikel/do/detail/id/86/%22in-deutschland-gibt%27s-doch-noch-ein-paar-milliardaere%22.html

einigen Medienhäusern inzwischen deutlich zu erkennen (vgl. Kramp/Weichert 2012). Dennoch könnte sich der Beruf noch wandlungsfähiger, seine Akteure diskussionsfreudiger zeigen, zumal Journalisten, die das Internet als Chance begreifen und sich dazu öffentlich bekennen, als selbstverliebt oder gar renitent gelten. Nur vereinzelt, wenn irgendein Gelehrter wieder einmal den definitiven Todestag der Zeitung hochrechnet, dann regt sich Gelächter oder leiser Protest – aber das sind oft wenig mehr als ein paar nervöse Zuckungen, die meist so schnell wieder verschwinden wie sie gekommen sind. An einer langfristigen Debatte, geschweige denn an einer strukturellen Analysphilantre, wie es weitergehen könnte, haben offenbar nur wenige Kollegen Interesse. Über das Potenzial der digitalen Revolution im Journalismus, wie schmerzhaft oder glorreich sie auch verlaufen mag, sind nur derart wenige Journalisten bemüht nachzudenken, dass man sich fragen muss, ob diese eigentümliche Haltung nicht von mangelnder Weitsicht oder schlicht intellektueller Impotenz zeugt. Vielleicht muss es deshalb auch gar nicht verwundern, dass stiftungsfinanzierte, anfangs eher belächelte Projekte wie *ProPublica, Politico, California Watch, Spot.us, MinnPost, The Texas Tribune* und *Voice of San Diego* erst im Angesicht der US-Zeitungskrise zu unverzichtbaren Zugpferden und Leuchttürmen wurden. Trotzdem ist hierzulande das, was in der Schumpeter'schen Phase der „schöpferischen Zerstörung" als experimentelles Vakuum hätte genutzt werden können, bereits während der Krise verpufft. Dabei wäre dies der vermutlich richtige Zeitpunkt gewesen, den Beruf zu neuen Erlösmodellen – auch im Sinne eines *dritten Weges* – zu führen.

Literatur

Downie L Jr., Schudson M (2009) The Reconstruction of American Journalism. Columbia University Graduate School of Journalism. http://www.cjr.org/reconstruction/the_ reconstruction_of_american.php. Zugegriffen: 12. Juni 2012

Friebe, H (2012) Will TV find me? Fernsehen nach Facebook und im Zeitalter des „Long Tail". In: Adolf Grimme Institut, Deutsches Fernsehmuseum, Gemeinschaftswerk der Evangelischen Publizistik, Funkkorrespondenz, Institut für Medien- und Kommunikationspolitik (Hg) Jahrbuch Fernsehen 2012. Institut für Medien- und Kommunikationspolitik, Berlin, S 16-22

Kiefer, ML (2011) Die schwierige Finanzierung des Journalismus. Medien & Kommunikationswissenschaft, 59:1, S 5-22

Grueskin B, Seave A, Graves L (2011) The Story so far. Whar We Know About the Business of Digital Journalism. Columbia Journalism School/Tow Center for Digital Journalism, New York

Habermas J (2007) Medienmärkte und Konsumenten. „Die besondere Natur der Waren Bildung und Infomation" – Die seriöse Presse als Rückgrat der politischen Öffentlichkeit. Süddeutsche Zeitung, 16. Mai 2006, S 13

Kramp L, Weichert S (2012) Innovationsreport Journalismus. Ökonomische, medienpolitische und handwerkliche Faktoren im Wandel. Friedrich-Ebert-Stiftung, Bonn

Ruß-Mohl S (2011) Der Dritte Weg – eine Sackgasse in Zeiten der Medienkonvergenz. Replik auf den Beitrag von Marie Luise Kiefer in M&K 1/2011. Medien & Kommunikationswissenschaft, 59:3, S 401-414

Schächter M (2011) Der digitale Imperativ. Die Sicherung des Qualitätsjournalismus als medienpolitische Aufgabe. Funkkorrespondenz 48, S 50-53

Schneider N (2012) Aus dem Papierkorb der guten Ideen: Die Stiftung Medientest. Vocer vom 1. März 2012. http://www.vocer.org/de/artikel/do/detail/id/129/aus-dem-papierkorb-der-guten-ideen-die-stiftung-medientest.html. Zugegriffen: 12. Juni 2012

Stöber R (2011) Eine gefährliche Finanzierung des Journalismus. Replik auf den Beitrag von Marie Luise Kiefer in M&K 1/2011. Medien & Kommunikationswissenschaft, 59: 415-419

Wehly L (2012) Crowdfunding im Journalismus: Potenziale und Perspektiven für Deutschland. Bachelorarbeit im Studiengang Medienwirtschaft und Journalismus, Jade Hochschule Wilhelmshaven

Weichert S, Kramp L (2010) „Das Wiki-Prinzip kann nicht alles lösen". Interview mit Paul Steiger. Focus.de, 16. Juli 2010. http://www.focus.de/digital/internet/digitale-mediapolis/tid-19143/propublica-gruender-paul-steiger-das-wiki-prinzip-kann-nicht-alles-loesen_aid_523421.html. Zugegriffen: 12. Juni 2012

Weichert S, Kramp L (2009a) Das Verschwinden der Zeitung? Internationale Trends und medienpolitische Problemfelder. Friedrich-Ebert-Stiftung, Bonn

Weichert S, Kramp, L (2009b) Eine Art Marshallplan. Fünf Modelle, wie die Zeitungsbranche gerettet werden kann. Die Zeit, 9. Juli 2009, S 50

Weichert S, Kramp L, Jakobs HJ (Hg) (2009) Wozu noch Zeitungen? Wie das Internet die Presse revolutioniert. Vandenhoeck & Ruprecht, Göttingen

Weichert S, Kramp L, Jakobs HJ (Hg) (2010) Wozu noch Journalismus? Wie das Internet einen beruf verändert. Vandenhoeck & Ruprecht, Göttingen

Weischenberg S (2012): Max Weber und die Entzauberung der Medienwelt: Theorien und Querelen – eine andere Fachgeschichte. VS Verlag, Wiesbaden

Fazit

Leif Kramp / Leonard Novy

Journalismus in der digitalen Moderne: Aufbruch in eine ungewisse Zukunft

Abstract

Der Beitrag fasst die wesentlichen Schlussfolgerungen aus den drei Sektionen des Sammelbandes zu einem Fazit zusammen, das weniger die Krisenmetaphorik als vielmehr die Aufbruchsstimmung im zeitgenössischen Journalismus aufgreift, um einen konstruktiven Ausblick für die weitere Entwicklung des Journalismus als Berufsstand und Kulturpraxis zu unternehmen.

Die mit den Umbrüchen der Gegenwart zusammenhängenden Probleme sind einerseits bestens dokumentiert, entziehen sich jedoch andererseits oberflächlichen Erklärungen und einfachen Lösungsvorschlägen: Zu dynamisch und teils widersprüchlich sind die ihnen zugrundeliegenden Entwicklungen, zu unterschiedlich die Auswirkungen für verschiedene Marktteilnehmer. So wird oft vergessen, dass die Jahre 2006 und 2007, also in der Zeit direkt vor der schlimmsten Rezession der Nachkriegsgeschichte, als das Internet bereits ubiquitär war und Zeitungen seit einigen Jahren sinkende Auflagen und Erlöse zu verzeichnen hatten, Pressehäuser noch sehr profitable Unternehmen waren. Auch weisen eine Reihe von Indikatoren darauf hin, dass das pauschale Diktum von der fehlenden Zahlungsbereitschaft für journalistische Inhalte nicht stimmt, zumindest nicht in der simplen Kausalität, mit der von dem bisherigen Fehlen einer vertrieblichen Erlösstruktur für Journalismus im Internet auf das tatsächliche Wert- und Qualitätsbewusstsein von Nachrichtenkonsumenten geschlossen wird.

Nach diversen Versuchen mit ‚Bezahlschranken' hat die *New York Times* seit 2011 mit ihrem hybrid-porösen Modell ein Mittel gefunden, ihre Abonnentenzahlen mit digitaler Hilfe wieder in die Höhe zu treiben und gleichzeitig das Online-Anzeigengeschäft zu stabilisieren. Auch die Entwicklung mobiler Apps, die bequemen Zugang zu integrierten Inhalten und exklusiven Funktionen bieten, deutet darauf hin, dass Premium- und Freemium-Modelle, bei denen ein Teil oder das ganze journalistische Angebot nur gegen Bezahlung erhältlich sind, durchaus auf eine Zahlungsbereitschaft bei Lesern stoßen. Gleichzeitig boomen im US-amerikanischen Auge des Krisen-Orkans vielfältige Formen von Non-Profit-Modellen. Doch Charity ist kein dauerhaft verlässliches Geschäftsmodell, und dafür, dass Stiftungsgelder innovative Journalismusprojekte anstoßen, die sich dann innerhalb eines überschaubaren Zeitraums beginnen sich über selbst generierte Erlöse zu tragen, gibt es zwar erste hier und da positiv stimmende Anzeichen, aber kaum generalisierbare Belege (vgl. Enda 2012). Ein Allheilmittel sind auch diese Formen der Journalismusfinanzierung bei weitem nicht. Doch können solche Modelle ein komplementierendes Element in einem sich ohnehin ausdifferenzierenden Feld der Refinanzierungsoptionen für Journalismus werden, und sie können als Brücken in die Zukunft fungieren.

Der vorliegende Sammelband hat mit seinen insgesamt siebzehn Beiträgern versucht, sich den vielfältigen Herausforderungen des Journalismus in der digitalen Moderne analytisch zu nähern und ihnen – letztlich konsequent subjektiv – programmatisch zu begegnen:

- Aus den im vorderen Drittel des Bandes versammelten *Einsichten* bleibt mehr übrig als ein Hoffnungsschimmer: Professioneller, redaktionell organisierter Journalismus ist und bleibt eine Aufgabe und demokratiepolitische Notwendigkeit. Doch die Umbrüche der letzten Jahre hätten dramatischer kaum sein können, sie stellen Journalismus als System vor grundlegende strukturelle Herausforderungen und journalistische Akteure vor massive Anpassungsprobleme. Neben Risiken und Nebenwirkungen bietet die digitale Moderne auch Chancen, die zu erkennen und zu nutzen sich viele journalistische Organisationen lange schwer taten. Doch resultiert aus ihnen ein immenser Handlungsbedarf, der sich als akuter Nachholbedarf präsentiert. Ein Diskurs, der darauf geeicht ist, in den Veränderungen der Gegenwart nur Niedergang und Verfall zu sehen und die krisenhafte Entwicklungen der letzten Jahre gewissermaßen zum Naturgesetz zu erklären, mit der sich prekäre Arbeitsbedingungen und immer weiterreichende Rationalisierungsmaßnahmen präventiv entschuldigen lassen, wird der Situation, in der wir uns befinden, nicht gerecht. Es ist diese Mischung aus Strukturkonservativismus und Besitzstandswahrung an vielen Stellen der massenmedialen Trägerinstitutionen, die einen zukunftsgerichteten konstruktiveren Umgang mit den Potenzialen des Netzes, ein ganzes Berufsfeld neu zu erfinden und unter Einbeziehung der Nutzer zentraler in der Mitte der Gesellschaft zu positionieren, erschwert hat. Vor allem für viele Verlagshäuser rächt sich dies nun.
- *Ansichten* zur Lage des Journalismus und seiner Entwicklungspotenziale gibt es viele und wahrlich kontroverse. Dieser Band ließ einige ausgewählte Praktiker zu Worte kommen, die mit ihren Aktivitäten signifikant zum Wandel des Journalismus beitragen oder aber dazu berufen erscheinen, zu wesentlichen Problembereichen im zeitgenössischen Nachrichtenwesen

pointiert Stellung zu beziehen. Das Umdenken hinsichtlich tradierter Geschäftsmodelle, die Überwindung der Spannungen zwischen Verlagen und Journalisten, der Aufstieg von (in der Praxis häufig lokalen) Blogs als Ergänzung zur traditionellen Berichterstattung, die stärkere Öffnung journalistischer Redaktionen gegenüber vormals passiven, heute in der ein oder anderen Form häufig selber Inhalte produzierenden Rezipienten, die Chancen des Datenjournalismus und das Selbstverständnis von Zeitungshäusern zeigen die Komplexität, aber auch die Potenziale, welche die aktuellen Wandlungsprozesse für die journalistische Praxis bereithalten.

- Die *Aussichten* eröffneten einen Erwartungshorizont, der weder bescheiden noch verzagt erscheint: Programmatisch wurde eine *journalistische* Innovationskultur eingefordert, die ihrem Namen gerecht wird, aber von denjenigen (Verlegern, Geschäftsführern, Intendanten etc.) protegiert werden muss, deren Interesse in erster Linie der Wertschöpfung von Journalismus gilt. Journalisten brauchen Freiräume – aber auch Inspiration – wenn es darum geht, mit ihren technologischen Möglichkeiten zu experimentieren und Neues zu entdecken – ein Terrain, auf dem manche Journalisten, die von der Technikdistanz des analogen Journalismus sozialisiert wurden, erst Tritt fassen müssen. Wem dies gelingt und unternehmerischer Instinkt nicht fremd ist, hat eine gute Zeit für sein journalistisches Wirken zu erwarten, glaubt man den Autoren Stefan Plöchinger, Jens Radü und Dan Gillmor. Zusätzlich braucht der Journalismus aber auch alternative, zivilgesellschaftlich breit und tief verankerte Förderstrukturen, die Markt- beziehungsweise Unternehmensversagen und erkennbare publizistische Dysfunktionalitäten mindestens zeitweilig kompensieren und überbrücken helfen. Dies kann durch eine größere Verantwortung von Stiftungen funktionieren, sofern Stifter die demokratiestützende Funktion von Journalismus auch in Deutschland stärker als förderungswürdig begreifen, aber auch durch weitere Modelle der – im besten Sinne altruistischen – Förderung journalistischer Institutionen, Initiativen oder Akteure.

Patentrezepte gibt es keine. Fest steht nur: Professionell, redaktionell organisierter Journalismus sieht sich im Zeitalter der digitalen Moderne vielerorts mit einer Gefährdung seiner existentiellen Grundlage, seiner Prinzipien und Werte konfrontiert. Es bieten sich aber auch beträchtliche Chancen. Digitale Medien werden anders konsumiert als gedruckte Medien, sie fördern Partizipation und damit die Emulsion vormals strikt getrennter Welten: Mediennutzer und Medienprofis gestalten mit jeweils unterschiedlichen Hintergründen, Zielen und Praktiken die medialen Öffentlichkeiten unserer Zeit. Journalisten und Laien bleiben bei diesem pluralisierten Prozess der gesellschaftlichen Selbstbeobachtung und Selbstverständigung idealerweise in ihren jeweiligen Rollen und Kompetenzen sichtbar. Eine der zentralen Herausforderungen bleibt, die Transformationsphase mit vielfältigeren und komplexeren Geschäftsmodellen auf eine sichere Grundlage zu stellen. Insofern wird der ökonomische Erfolg von und mit Journalismus voraussetzungsvoller.

Letztlich stehen damit auch Medienunternehmen vor dem Problem der Anpassung an eine Kultur, die „ihre Eigenwerte und Eigenfunktionen" verstärkt in „Netzwerken der Verknüpfung ihrer Entscheidungen in Wertschöpfungsketten ‚flussaufwärts' in Richtung der Lieferanten und ‚flussabwärts' in Richtung der Kunden" (Baecker 2011: 327) findet. Statt triste Momentaufnahmen wie die Schwierigkeit, Journalismus angesichts ungleich niedriger Werbe- und Vertriebserlöse im Netz zu refinanzieren, wie Naturgesetze zu behandeln und sich im taktischen Kleinklein zu verlieren, müssen Medienunternehmen strategisches Veränderungsmanagement betreiben: ihre Arbeits-, Produktions- und Distributionsweisen unter dem Primat journalistischer Qualität hinterfragen, neue Lösungen testen und deren Erfolg wie Misserfolg systematisch analysieren.

Wer es jetzt schafft, aus den neuen gesellschaftlichen und technischen Rahmenbedingungen, den neuen Mitmachbedürfnissen und den publizistischen Potenzialen des Netzes innovative journalistische Formen zu entwickeln und konsequent umsetzen, kann sich im volatilen Marktgemenge einen Vorsprung sichern. Für Medienmarken bedeutet das, dass sie sich im Zweifelsfall von der Konkurrenz absetzen, indem sie sich durch technisch innovative und publizistisch Mehrwert versprechende Formen des Moderierens und Kuratierens als Lotsen und Stifter von Kontextwissen im Netz positionieren. Durch Dialogbereitschaft und die aktive Miteinbeziehung der Nutzer wiederum werden aus passiven Publika belastbare Netzwerke, von denen journalistische Akteure publizistisch und wirtschaftlich profitieren. Die positiven Effekte hinsichtlich Vertrauen und Markenbindung als auch die Möglichkeiten des konstruktiven wie journalistisch sinnvollen Engagements von Nutzern als Augenzeugen, Zuarbeiter, Informanten und Netzwerker sind bislang weder ausgeschöpft noch erkannt.

Doch bisher basierten gerade journalistische Inhalte im Internet häufig auf identischem Agenturmaterial und werden die Möglichkeiten des Netzes, Nachrichten im Sinne des transmedialen *Storytelling* multimedial aufzubereiten, über mehrere Plattformen zu begleiten und dadurch für digitale Angebote einen essentiellen Mehrwert zu schaffen, zugunsten sich im Wesentlichen an Print orientierender, textlastiger Produkte vernachlässigt, erschöpft sich Interaktivität und Lesereinbindung in Votings und Klickstrecken. Damit wird im Zeitalter digitaler Überall-Kommunikation und -Information kein tragfähiges Erlösmodell mehr aufrechtzuerhalten sein. Ähnliches gilt für die Suche nach neuen Finanzierungs- und Werbeformen. Während hier längst andere Akteure den Takt vorgeben, orientieren sich die Verlage im Wesentlichen an analogen Modellen und folgen dem online längst obsoleten Prinzip des Tausender-Kontaktpreises, um sich (nur noch klägliche) Werbeeinnahmen im Netz des qualitativen Zielgruppenmarketings zu sichern.

Ob der Journalismus seine gesellschaftliche Funktion, Akzeptanz und damit auch ökonomische Tragfähigkeit bewahrt, hängt letztlich davon ab, ob er den dahinter liegenden, grundlegenden Wandel, für den das Internet nicht nur sinnbildlich steht, annimmt und sich ihm stellt. Dies setzt voraus, dass sich alle Akteure von der liebgewonnen Betrachtung der strukturellen Probleme des Journalismus aus der Partikularperspektive einzelner Gattungen und Organisationsformen lösen, aber eben auch die ritualisierten Grabenkämpfe (,Pixel versus Papier') hinter sich lassen und einen Perspektivwechsel vollziehen. Der Rat: Weg vom Denken in Auslieferungstechnologien – „Heilig ist die Schrift, nicht das bedruckte Papier" (Seidl 2010) – hin zu der Frage, wie Journalismus angesichts neuer technischer Möglichkeiten und sich rasant verändernder kultureller und ökonomischer Rahmenbedingungen der Vielfalt der an ihn gerichteten Erwartungen gerecht werden kann.

Denn in einem Punkt sollte sich niemand, der mit Journalismus Geld verdienen möchte, irren: Der Nutzer, das einstmals unbekannte Wesen (vgl. Noelle-Neumann 1971), lässt sich heute im Netz in seinen Gewohnheiten zwar besser studieren als jemals zuvor. Das heißt jedoch nicht, dass der Nutzer weiß, was er will, geschweige denn seine Ziele stringent verfolgt. Vielmehr ist davon auszugehen, dass Mediennutzer wie Medienpraktiker gleichermaßen unbedarft ihre Optionen in den sich auffächernden digitalen Medienwelten erkunden. Umso wichtiger ist die Annäherung zwischen den Gruppen, ein gegenseitiges Unterhaken nur konsequent. Dazu gehört natürlich die Akzeptanz der Tatsache, dass (Laien-)Blogs, Wikipedia und soziale Medien insgesamt Teil einer breiten Strömung sind, die den Zugang zu und die Produktion von Information und Wissen demokratisieren. Sie sind Ausdruck und Treiber jenes umfassenden gesellschaftlichen Wandels, dem sich klassische Medienunternehmen längst hätten stellen müssen und dessen Ursachen sie nun im Sinne eines transparenteren, ihre Arbeitsweisen offenlegenden und Nutzer zur Mitwirkung einladenden Journalismus in die eigene Arbeit zu integrieren haben. Nur dann können sie verhindern, dass der gesamtgesellschaftliche Stellenwert des Journalismus als verlässlicher Mittler und Orientierungsgeber leidet und seine sozio-kulturelle Relevanz einem demographischen Bruch zum Opfer fällt, weil er junge Bevölkerungsgruppen nicht mehr erreicht.

Literatur

Baecker D (2011) Organisation und Störung. Aufsätze. Suhrkamp, Frankfurt
Enda J (2012) Staying Alive. In: American Journalism Review, August/September 2012.
  http://www.ajr.org/Article.asp?id=5389. Zugegriffen: 28. Oktober 2012
Noelle-Neumann E (1971) Der Leser – das unbekannte Wesen. ZV + ZV 68: 1500-1503
Seidl C (2010), Leuchtende Texte. Frankfurter Allgemeine Sonntagszeitung, 26. Dezember 2010, S 8

Die Autoren und Herausgeber

Dr. Dennis André Ballwieser hat Medizin studiert und an der LMU München promoviert. Zusätzlich absolvierte er eine Redakteursausbildung an der Deutschen Journalistenschule in München. Nach dem Studium war er als Anästhesist am Klinikum der Universität München tätig. Von 1997 bis 2012 arbeitete er parallel als freier Journalist unter anderem für den *Spiegel*, *Süddeutsche Zeitung*, *Apotheken Umschau*, *Stern* und das Hörfunk-Programm des Bayerischen Rundfunks. Ballwieser war Associate im Projekt „Zukunft des Journalismus" der Stiftung Neue Verantwortung, Berlin. Seit April 2012 ist er Redakteur bei *Spiegel Online* im Ressort Gesundheit.

Dr. Knut Bergmann studierte Politische Wissenschaften, Psychologie und Öffentliches Recht an der Universität Bonn. Von 2005 bis 2009 war er Grundsatzreferent im Bundespräsidialamt und Redenschreiber des Bundespräsidenten, anschließend von 2010 bis 2012 Mitarbeiter in der Presse- und Kommunikationsabteilung des Deutschen Bundestages. Bergmann leitet das Hauptstadtbüro des Instituts der Deutschen Wirtschaft Köln (IW). Er lehrt an der Zeppelin University Friedrichshafen, der Freien Universität Berlin und der Hochschule für Technik und Wirtschaft Berlin.

Dan Gillmor ist der Gründungsdirektor des Knight Center for Digital Media Entrepreneurship an der Walter Cronkite School of Journalism and Mass Communication der Arizona State University, USA. Gillmor war von 1994 bis 2005 Tehnologie- und Medienkolumnist der San Jose Mercury News im Silicon Valley.

Philip Grassmann ist seit September 2008 Chefredakteur der Wochenzeitung *der Freitag*, davor war er Politikkorrespondent im Berliner Büro der *Süddeutschen Zeitung* und Film-Redakteur bei der *Welt*. Grassmann studierte an der Freien Universität Berlin und der London School of Economics Politikwissenschaften.

Simone Janson ist Journalistin, Gründerin von *Berufsbilder.de*, Beraterin und Speakerin u.a. für die Deutsche Bahn oder die Bundeswehr. Sie ist Expertin für digitale Berufe am Institut für Kommunikation in sozialen Medien (ikosom). Sie hat mehrere Bücher verfasst, u.a. „Die 110%-Lüge" und „Nackt im Netz. Wenn Social Media gefährlich wird". Für den MBA-Studiengang Marketing an der Europäischen Fernhochschule Hamburg erstellt sie Lehrwerke. Janson studierte in Heidelberg, Siena und Bonn Geschichte und Linguistik.

Nicolas Kayser-Bril arbeitet als Medienökonom, Software-Entwickler und Daten-journalist. Er ist CEO und Mitbegründer von *Journalism++*, einem Start-Up, das Journalisten und Entwickler zusammenbringt, um Journalismus neu zu denken. Zuvor leitete er das Datenjournalismus-Team beim Pariser Online-Projekt *Owni.fr*.

Dr. Leif Kramp ist Kommunikations- und Medienwissenschaftler sowie Histo-riker und arbeitet als Forschungskoordinator am Zentrum für Medien-, Kommu-nikations- und Informationsforschung (ZeMKI) der Universität Bremen. Er ist Autor und Mitherausgeber mehrerer Fachbücher über Medien und Journalismus, zuletzt „Innovationsreport Journalismus" (Bonn 2012) und „Gedächtnismaschine Fernsehen" (Berlin 2011). Kramp ist Mitglied des Herausgebergremiums des Online-Portals *Vocer* sowie Gründungs- und Vorstandsmitglied des Vereins für Medien- und Journalismuskritik. Im Jahr 2011 wurde er in die Jury der Initiative Nachrichtenaufklärung (INA) berufen.

Dr. Ansgar Mayer ist Chief Product Officer der Computer Bild-Gruppe bei der Axel Springer AG in Hamburg. Zuvor war er Director Digital Strategy bei der internationalen Marken- und Strategieberatung Greenkern in Berlin. Mayer war bereits fünf Jahre als „Head of Crossmedia" im CEO-Thinktank der Axel Sprin-ger AG beschäftigt. Das von ihm verantwortete Crossmedia-Projekt www.littleberlin.de gewann den Grimme-Online-Award 2010. Mayer studierte Politik, Geschichte, Journalistik, Theologie und BWL und promovierte 2011 zum Thema Mobile Media und App-Economy.

Dr. Leonard Novy ist Mitglied der Institutsleitung am Institut für Medien- und Kommunikationspolitik, Berlin, und Herausgeber des Mehrautorenblogs car-ta.info. Er studierte Geschichte und Politikwissenschaft in Berlin und Cam-bridge. Er war Gastwissenschaftler bei der Stiftung Wissenschaft und Politik (2004) und Visiting Fellow an der Harvard University. Er lehrt und publiziert regelmäßig zu den Themen Internationale Politik, Demokratie und und Öffent-lichkeit. Er lebt in Berlin und Wien.

Emily M. Olson ist Redaktionsleiterin bei der US-amerikanischen Tageszeitung *Register Citizen* in Torrington, Connecticut. Zuvor war sie Redaktionsleiterin für eine Reihe von kleinerer Wochenzeitungen aus dem Journal Register Verlag für die Regionen Litchfield, Canton, Simsbury, Avon, Granby und Thomaston. Sie arbeitete auch als geschäftsführende Redakteurin beim *Litchfield Enquirer* und der *New Milford Times*.

Bernd Oswald ist Berater für crossmediale Medienprojekte sowie Autor und Trainer für digitalen Journalismus. Acht Jahre lang arbeitete er bei *Süddeutsche.de*, dem Online-Auftritt der *Süddeutschen Zeitung*, anfangs als Politik-Redakteur, zuletzt als Ressortleiter Nachrichten/Aktuelles. Oswald doziert unter anderem an der Akademie der Bayerischen Presse und der Deutschen Journalistenschule (DJS).

Stefan Plöchinger ist seit Feburar 2011 Chefredakteur von *Süddeutsche.de* als Nachfolger von Hans-Jürgen Jakobs. Zuvor war er vier Jahre lang Textchef, dann Chef vom Dienst und zuletzt geschäftsführender Redakteur bei *Spiegel Online*. Der Absolvent der Deutschen Journalistenschule studierte Journalistik, Politologie, Soziologie und Wirtschafts- und Sozialgeschichte in München und arbeitete nach dem Studium unter anderem bei der *Süddeutschen Zeitung*, bei der Münchener *Abendzeitung* und der *Financial Times Deutschland*.

Hardy Prothmann ist „aus Prinzip" freier Journalist und Gründer des *Heddesheimblog*. Er studierte von 1989 bis 1995 Politische Wissenschaften und Germanistik sowie Philosophie in Mannheim (M.A.). Er entschied sich gegen die wissenschaftliche Karriere und startete spät, mit 25 Jahren, als freier Mitarbeiter für den *Mannheimer Morgen*. Ab 1995 arbeitete er als freier Journalist, Fachautor, Seminarleiter, Entwickler, Korrespondent, Rechercheur, Redakteur und Reporter für verschiedene Medien in den Bereichen Print, Hörfunk, TV und Internet. Seine Beiträge erschienen u.a. in der *Süddeutschen Zeitung*, *Die Welt*, *Die Woche*, *Die Zeit* oder wurden bei ARD/ZDF ausgestrahlt. Seine Spezialgebiete sind Medien, Wirtschaft und Politik.

Jens Radü ist seit Februar 2006 Experte für digitale Technologien beim *Spiegel*. Er studierte Journalistik und Politikwissenschaften in Dortmund und Kaunas, Litauen. Seit 1998 arbeitete er als freier Journalist für verschiedene Zeitungen und Rundfunkstationen, schloss ein Volontariat und eine Redakteursvertretung beim Westdeutschen Rundfunk in Köln an und absolvierte Stationen beim ARD-Morgenmagazin und WDR 5. Im Jahr 2009 gehörte er zu den „Top 30 unter 30" der Fachzeitschrift Medium-Magazin. Bei *Spiegel Online* baute er das Multimedia-Ressort auf. Seit 2010 leitet er das Multimediateam beim *Spiegel*, das Videos und Multimedia-Reportagen für die digitale Ausgabe des *Spiegel* produziert. 2010 erhielt er zusammen mit Konrad Lischka und Chris Kurt den Internationalen Journalistenpreis Ruhr.

Jörg Sadrozinski war 13 Jahre lang Redaktionsleiter von *tagesschau.de* in Hamburg, bevor er als Leiter der Deutschen Journalistenschule (DJS) nach München wechselte. Sadrozinski studierte von 1985 bis 1990 an der LMU München Journalistik auf Diplom und absolvierte parallel die 24. Lehrredaktion der DJS. 1991 kam er zum NDR und wurde Redakteur der zentralen Nachrichtenredaktion ARD-aktuell, wo er unter anderem als Chef vom Dienst bei den *Tagesthemen* und beim *Nachtmagazin* arbeitete.

Dr. Stephan Weichert lehrt seit 2008 als Professor für Journalismus und Kommunikationswissenschaften an der privaten Macromedia Hochschule für Medien und Kommunikation in Hamburg, wo er den Studiengang für Journalistik leitet. Der Medienwissenschaftler und Publizist hat für nahezu alle großen deutschsprachigen Zeitungen sowie Internet-Portale gearbetet und berät Verlage, Unternehmen und den öffentlichen Sektor. 2011 hat er *Vocer* gegründet, ein Non-Profit-Debattenportal zur Medien- und Gesellschaftskritik, das er mit herausgibt. Er ist zudem Gründungsmitglied und Sprecher des Vereins für Medien- und Journalismuskritik sowie Initiator und Herausgeber der „Journalismus-Bibliothek", einer praxisorientierten Lehrbuchreihe im Halem Verlag.

Karsten Wenzlaff studierte Philosophie und Volkswirtschaftslehre in Berlin und International Relations an der University of Cambridge, Großbritannien. In seiner Jugend war er Jungpionier in der DDR, im US-amerikanischen Wahlkampf 2008 Unterstützer von Barack Obama. Seit 2006 arbeitet Wenzlaff freiberuflich als Berater für Social Media, mittlerweile am ikosom – Institut für Kommunikation in sozialen Medien in Berlin. Er war Associate im Projekt „Zukunft des Journalismus" der Stiftung Neue Verantwortung, Berlin.

Sachregister

Agenda Setting 88, 142, 214

Amazon 42, 142, 145-146

Apple 17, 21, 49, 51, 65, 85, 110, 145-146, 154, 174, 180-182

Apps (auch Applications) 21, 49, 142-143, 149, 154, 167, 177, 179, 181, 205, 235, 242

Arabischer Frühling 68, 151

Arbeitsbedingungen 10-11, 40, 81, 85-86, 236

ARD 20, 44, 68, 152, 174, 214

Associated Press 118

Audio-Slideshow 54, 77-78, 92

Aufbruch 54, 235

Aufmerksamkeit 8, 21, 23, 39, 64, 75, 91, 149, 151, 153, 155, 157, 177

· Aufmerksamkeitsdividende 38-39

· Aufmerksamkeitsökonomie 148-149

Ausbildung 11, 23, 77, 81, 87, 92-93, 108, 204, 220-221, 226, 228

Axel Springer Verlag (auch Springer) 34-35, 41, 106, 169, 213

Bayerischer Rundfunk (BR) 125, 165

Berliner Gazette 155

Beruf (Journalismus als) / Berufsbild 33, 40, 43-44, 55, 73, 77, 81-82, 87, 89, 93-94, 157-158, 163, 166, 170-171, 187, 214, 220-221, 230, 235-236

Bezahlschranken 28, 132, 155, 219, 235

Bild-Zeitung (auch BILD) 74, 99

Bildblog 74-75, 129, 149, 214, 227

Bildungspolitik (bildungspolitisch) 208, 225-226

Blogs 21, 24, 26, 37, 41, 44, 48, 52, 54, 64, 66-67, 69-72, 75, 86, 92, 99-108, 111, 114, 125-133, 150, 153, 155, 185, 194-196, 237, 239

Bundesverfassungsgericht 28, 38, 53

Center for Investigative Reporting 23

Closed Web 45

Cloud 145

Community 99-104, 121-123, 143, 155, 168, 178, 195-197, 227

Compliance 206-208

Content 38, 141-142, 145, 147, 177, 179

Content-Fabrik/-Farmen 26, 39

Crossmedia 52, 86, 107-108

Cross-Ownership 22

Crowdfunding 76, 107, 113, 147, 150-153, 156, 203, 223

Crowdsourcing 54, 73-74, 107, 112, 139, 152, 195, 207, 228

Darstellungsformen 12, 53, 78, 81,
    174, 176, 178, 205, 210, 214,
    221, 228-229
Deister-Leine-Zeitung 41
Demokratie 13, 18, 26-27, 37, 55,
    81, 131-132, 204, 213-214,
    216, 222, 236-237
Deprofessionalisierung 49
Deutsche Journalistenschule 81,
    89, 92
Deutsche Presse Agentur (dpa) 24
Deutscher Journalisten-Verband
    DJV 82, 93
Deutschlandfunk (DLF) 42, 214
Dialog 54, 63, 65, 119, 123, 168,
    171, 177, 178, 181, 205, 227,
    238
Digital first 141
Digital Narratives (narratives of
    the digital world) 50
Digital Natives 143-144
Digitale Moderne 7, 9-10, 38, 43,
    55, 82, 147, 153, 156-157,
    222, 235-237
Digitalisierung 7, 9, 28, 63, 82,
    143, 166, 169, 214-215, 218,
    225
Dritter Weg 213, 216-217, 222-
    223, 225-227, 230
DuMont Schauberg 41

Economist, The 190
Enquete-Kommission 209, 215

Facebook 8, 17, 21, 26, 28-29, 41-
    42, 45, 51, 64, 66-69, 72, 85-
    87, 91, 110, 118, 121,123,
    137, 139, 143, 145-146, 153,
    177-178
FAZIT-Stiftung 203-204, 224

Fernsehen 17, 27, 30, 43, 45, 48,
    68, 73-74, 92, 110, 131, 145,
    148, 165, 167, 169, 178-179,
    181, 219-220, 224
Flattr 113, 150, 155
Flickr 42, 110
Flipboard 25, 41, 149, 177, 181
Focus 23
Förderung 41, 88, 202-207, 209-
    210, 217, 221, 228-229, 237
Foursquare 42, 146
Fragmentierung 20-21, 30
Frankfurter Allgemeine Zeitung
    (FAZ) 203, 208, 214, 224
Frankfurter Rundschau (FR) 23,
    70, 106
Freitag, der 76, 99-104, 150, 155,
    214

Gatekeeper 20, 63-64, 83-85, 87,
    113, 153
Gazette, La 211
Gebühren (öffentliche) 207, 216,
    224
Geschäftsmodelle und -strategien
    20, 28, 34-36, 44, 49, 53, 105,
    107, 111, 113-114, 142, 146-
    148, 152-157, 169, 179, 187,
    217, 226, 235, 237-238
Gesellschaft
·   Demokratische Gesellschafts-
     ordnung 36
·   Gesellschaftswandel 47
·   Informationsgesellschaft 35
·   Netzwerkgesellschaft 54
·   Rahmenbedingungen 18, 26-
     27, 50, 53, 81, 85, 187, 215,
     217, 238-239
·   Redaktionelle Gesellschaft 44
·   Selbstbeobachtung 9, 43, 237

- Selbstverständigung 17-18, 24, 29, 37-38, 43
- Zivilgesellschaft 26, 35-36, 46, 205, 207, 216-218, 220, 223-224, 226, 228, 237

Glaubwürdigkeit 207, 209

Goldenes Zeitalter (auch Goldene Zeiten) 33, 38, 41

Google 17, 21, 23-25, 28-29, 42, 47, 50-51, 64, 67-69, 85, 123, 145, 153, 179-181, 192, 225

Guardian, The 50, 74, 76-77, 91, 112, 149, 206, 224

Guttenplag-Wiki 26, 73-74, 91

Heddesheimblog 125, 128, 130, 132

heute (Nachrichtensendung) 41, 145

Honorar (Zeilenhonorare etc.) 39-40, 52, 86, 88, 148-149, 223

Hörfunk 17, 23, 43, 48, 53, 71, 73, 86, 92, 131, 165, 169, 174, 177, 181, 191, 195, 219

Hybridität (hybrid) 87, 235

Informations- und Kommunikationstechnologien (IKT) 17, 42 43, 51, 138

Informationsfreiheit 26, 37

Informationszeitalter 17, 86

Innovation (auch Veränderungsmanagement) 49-51, 54, 78, 91, 99, 105-110, 114, 238

Instagram 42, 145

Interaktion (auch interaktiv) 41, 63, 75, 77-78, 131, 137-138, 143, 168, 171, 177, 179, 205, 214, 238

iPad 27, 65, 107, 110, 145, 149, 177, 179

iPhone 27, 145, 167

Journalismus
- Bürgerjournalismus 8, 47, 84, 123, 153
- Community Journalism 123
- Datenjournalismus (data journalism) 77, 112, 135, 137-139, 167-168, 205, 214, 237
- Fachjournalismus 150
- Fluid Journalism 55
- Hyperlokaler Journalismus 25, 125-127, 154, 223
- Institution 19, 34, 213, 216, 218, 229, 237
- Investigativer Journalismus 23, 36, 87, 132, 151-152, 155, 168, 181, 214
- Jahrhundert des Journalismus 36, 202
- Journalismus als Vierte Gewalt 34, 37, 85, 201, 204, 209
- Lokaljournalismus 70, 107, 126, 132, 206
- Meinungsjournalismus 150
- Mobile Journalism 54
- Nachrichtenjournalismus 48
- Partizipativer Journalismus 100-101, 103
- Prozessjournalismus 72
- Public Journalism 46
- Qualitätsjournalismus 7, 18, 24, 86-87, 92, 128, 136, 188, 205, 208, 214-218, 222, 224-226
- Watchdog-Funktion 81, 84

Journalistenschulen 40, 89, 92, 138, 209, 221

Kachingle 150, 155
Knight-Foundation (John S. and James L. Knight-Foundation) 151, 203, 205, 221
Kommentare 48, 71-72, 100-103, 111-112, 121, 131, 153, 178, 190, 196-198
Kommunikation
· Echtzeitkommunikation 25-26, 49, 66, 77, 100, 174
· Many-to-Many-Kommunikation 64
· Massenkommunikation 8, 63-64
· Massenselbstkommunikation 20
· Öffentliche Kommunikation 9, 38, 45, 47, 54, 108, 143
· One-to-Many-Kommunikation 63-64
· Sender-Empfänger-Modell 73, 130, 156
Kontext:Wochenzeitung 203
Kultur-Flatrate 154, 225
Kuratieren 21, 25, 69-71, 73, 90-91, 150, 156, 219-220, 238

Landesmedienanstalten 207
LinkedIn 42, 192
Long Tail 219

Mäzenatentum 201-203, 205-206, 208, 210-211, 224
Marken
- Personenmarken (auch Human Brands) 45, 52, 148
Mediactive 186, 189, 194
Mediatisierung 43
Medienpolitik 18, 29-30, 207, 215, 217, 222, 224, 227

Medienwandel 33-34, 123, 187, 226
Meinungsbildung 19, 93, 128-130, 132-133
Meinungsfreiheit 87
Meinungsvielfalt 23, 203
Merging Media 42
Microblogging 64, 66, 227
Micropayments 148, 150, 153, 156
MinnPost 205, 230
Mittelbayerische Zeitung 125
Multimedia 10, 42, 63-64, 71, 77-78, 91-92, 178-181, 228, 238
MySpace 45

Nachrichtenagentur(en) 35, 63, 67-69, 71, 76, 153
Nachrichtenwebsites 41, 175
Nano-Publishing 48
National Public Radio 36, 203
Nationale Initiative Printmedien 18
Netzökonomie 202
Netzpolitik 103
Netzwerk 25, 43, 54-55, 111, 138, 144, 148, 167, 209, 238
Netzwerk Recherche 37, 87-90
Neue Ruhr Zeitung/Neue Rhein Zeitung 23
New Economy 17
New England Center for Investigative Reporting 23
New Haven Independent 205
New York Times 27-28, 36, 70, 77-78, 122, 139, 142, 149, 177, 189-190, 203, 219, 235
Newspaper Revitalization Act 217
Non-Profit(-Sektor) 132, 193, 205-207, 210, 217, 224, 235
Nutzer
· Nutzerperspektive 41, 47

Nutzungsverhalten 20, 91

Objektivität 83, 114, 127-128, 137, 145, 170
Öffentlichkeit
· massenmediale Öffentlichkeit 47
· Netzöffentlichkeit 50, 52, 55
· persönliche Öffentlichkeiten 47
Öffentlich-rechtliche Rundfunkan-stalten 8, 41, 68, 92, 147, 153, 155, 203, 210, 215, 222, 226
Öffentliche Meinung 88, 128
Öffentlichkeitsarbeit (siehe PR)
Ombuds-Modelle 209, 228
Open Newsroom 54, 118, 122-123
Open-Source Plattform 135
Open Web 44
Organisation
· Journalismusorganisation 35, 53, 195, 199, 217, 236
· Medienorganisation 8, 21, 24, 34-36, 50-51, 136
· Nachrichtenorganisation 38, 44, 49, 135, 139, 187, 190-191, 193-194, 199
· Non-Governmental-Organizations (NGOs) 84, 148, 221
· Non-Profit-Organisation 113, 206, 217, 224
· Organisationsmodelle 8, 239
· Redaktionsorganisation 34-36
Owni 138

Partizipation 19, 100-101, 103, 228, 237

Philanthropie (Philanthropische Finanzierungsmodelle) 36, 201-211, 222, 224, 229
Podcast 54, 64, 75, 109, 153, 156, 168
Politico 230
PR / Public Relations 9, 24, 39, 87-90, 162
Prenzlauer Berg Nachrichten 125, 127
Presseverlage 7, 35, 51, 106, 147, 202
Professionalisierung 24, 39, 49, 89, 168-169, 178
ProPublica 36, 203-205, 208, 224, 229-230

Qualifikation (journalistische) 65, 93
Qualitätsjournalismus (siehe Jour-nalismus)

Radio (siehe Hörfunk)
Regensburg digital 125, 130, 205
Register Citizen, The 11, 117, 119
Reuters 23, 175
Rezession 36, 38, 235
Rheinischer Merkur 41
RSS-Feeds 66, 149
RSS-Reader 66
Ruhrbarone 125, 127, 129-130
Rundfunk Berlin Brandenburg (RBB) 125-126

San Jose Mercury News 186
Schwarmintelligenz 74
Scott Trust 206, 224
Sender-Empfänger-Modell (siehe Kommunikation)

SEO (Suchmaschinenoptimierung)
      170, 194
Shitstorm 46
Smartphones 20, 27, 49, 144, 149,
      173-174, 180, 219
Social Media 66-68, 70, 87, 91, 93,
      104, 108, 118, 120, 167-168,
      175, 181, 219
Social Payments 107, 113, 147,
      150-151, 153, 155-156
Soziale Netzwerke/ Social Net-
      works 41, 45, 47, 64-69, 71-
      72, 85, 91, 143-144, 150, 153,
      175, 177-178, 180, 214, 219,
      227
Spiegel Online 131, 145, 149, 155-
      156
Spiegel, Der 19, 23, 42, 53, 77,
      169, 214
Spot.us 76, 113, 151, 203, 223,
      230
St. Louis Beacon 205
Start Ups 185, 187
Stern 23, 75, 155
Stiftungen (Journalismus und) 36,
      152, 156, 201, 203-207, 209-
      210, 213, 216-217, 220-222,
      224, 228-230, 236-237
Storytelling 11, 46, 50, 63, 77-78,
      91, 141, 180, 238
Strukturwandel (auch Struktur im
      Allgemeinen)
- von Öffentlichkeit 19-20, 45,
      214, 222, 227, 229
Studium (auch Akademiker) 40,
      93, 228
StudiVZ 45
Suchmaschinen 21, 39, 110, 225
Süddeutsche Zeitung (SZ) 23, 37,
      42, 73-74, 77, 169, 208, 214

Süddeutsche.de 77, 214
Südwestdeutsche Medienholding
      23
Systemrelevanz 36-38, 221

Tablet-PCs 20, 27, 49, 146, 154,
      167, 173, 177-181, 190, 219
Tagesschau 41-42, 92, 219, 244
Tagesspiegel, Der 125-127
tageszeitung, die (taz) 76-77, 105,
      113, 150, 155, 203, 214, 223
Tageszeitungen 21-23, 27, 34, 88,
      105, 110-111, 149, 153-155,
      169, 174, 190, 202
taz.pantherstiftung 204
Technologie 8, 26, 42-43, 47, 49,
      55, 157, 173, 175, 180-181,
      187, 192, 239
Transmedialität (transmedial) 50,
      54, 238
Transparenz 45, 52, 68, 73, 75-77,
      82, 87-89, 103, 113-114, 123,
      143-144, 157, 176, 194-195,
      203, 207, 229, 239
Trimedial(ität) 86, 92, 165
TV on demand (siehe Fernsehen)
Twitter 21, 26, 42, 45, 51, 64, 66-
      70, 72, 76, 86-87, 91, 108,
      111-112, 118, 121-123, 130,
      138, 146, 153, 162-163, 177-
      178

Unternehmertum 22, 51-53, 127,
      185-186, 189, 191-194, 199,
      202, 210, 220, 224, 237
urbia.de 41
User Generated Content 24, 64,
      143, 179
Ushahidi 112, 136, 138

Video 23, 48, 64, 68-71, 75, 77-78,
  86, 91-92, 113, 118, 136, 143,
  145, 167-168, 175, 177-180,
  186, 198
Vierte Gewalt (siehe Journalismus)
Voice of San Diego 205
Volontäre 23, 92, 143-144, 148,
  175

Wall Street Journal, The 23, 190
Walled Gardens 154
Washington Post, The 35, 70, 190,
  203
WAZ-Konzern 23, 35, 41
Web 2.0 8, 64-66, 100
Welt, Die 109, 143
Werbeerlöse/Werbeeinnahmen 22,
  202, 217, 225, 238-239
Werbekunden 35, 109, 193
Werbung / Onlinewerbung 88, 90,
  179, 202, 215
Westdeutsche Allgemeine Zeitung
  (WAZ) 75, 125-126
Westdeutscher Rundfunk (WDR)
  125-126
Westfälische Rundschau 23
Whatsapp 42
Wikileaks 26, 75-77, 135
Wikipedia 28 29, 41, 112, 178,
  198, 239
Wired 45

Xing 41, 153, 175

YouTube 23, 26, 42, 44, 51, 68,
  91, 145, 153, 175, 179-180

Zeit, Die 77, 222
Zeit Online 72, 214

Zeitungsverleger (siehe Pressever-
  lage)
Zivilgesellschaft (siehe Gesell-
  schaft)
Zweites Deutsches Fernsehen
  (ZDF) 68, 152, 166, 175, 214

Neu im Programm
Politikwissenschaft

Springer VS